版权声明

Gardening with Young Children, 2nd Edition

by Sara Starbuck, Marla Olthof, and Karen Midden

Copyright © 2014 by Sara Starbuck, Marla Olthof, and Karen Midden

Published by arrangement with Redleaf Press c/o Nordlyset Literary Agency

through Bardon-Chinese Media Agency

Simplified Chinese translation copyright © 2023

by China Light Industry Press Ltd. / Beijing Multi-Million New Era Culture and Media Company, Ltd.

ALL RIGHTS RESERVED

保留所有权利。非经中国轻工业出版社"万千教育"书面授权，任何人不得以任何方式（包括但不限于电子、机械、手工或其他尚未被发明或应用的技术手段）复印、拍照、扫描、录音、朗读、存储、发表本书中任何部分或本书全部内容，以及其他附带的所有资料（包括但不限于光盘、音频、视频等）。中国轻工业出版社"万千教育"未授权任何机构提供源自本书内容的电子文件阅览、收听或下载服务。如有此类非法行为，查实必究。

原著第二版

Gardening with Young Children
(Second Edition)

与幼儿一起做园艺

通过花园对孩子进行自然教育

[美] 萨拉·斯塔巴克（Sara Starbuck）
　　玛拉·奥尔索夫（Marla Olthof）　/ 著
　　卡伦·米登（Karen Midden）

骆桦 / 译

中国轻工业出版社

图书在版编目(CIP)数据

与幼儿一起做园艺：通过花园对孩子进行自然教育 /（美）萨拉·斯塔巴克（Sara Starbuck），（美）玛拉·奥尔索夫（Marla Olthof），（美）卡伦·米登（Karen Midden）著；骆桦译. —北京：中国轻工业出版社，2023.12
ISBN 978-7-5184-4356-7

Ⅰ.①与… Ⅱ.①萨… ②玛… ③卡… ④骆… Ⅲ.①自然教育-学前教育-教学参考资料 Ⅳ.①G613.3

中国国家版本馆CIP数据核字（2023）第132719号

责任编辑：牟　聪
策划编辑：吴　红　　　　责任终审：张乃柬
责任校对：刘志颖　　　　责任监印：吴维斌

出版发行：中国轻工业出版社（北京东长安街6号，邮编：100740）

印　　刷：三河市双升印务有限公司

经　　销：各地新华书店

版　　次：2023年12月第1版第1次印刷

开　　本：710×1000　1/16　印张：18

字　　数：170千字

书　　号：ISBN 978-7-5184-4356-7　　定价：72.00元

读者热线：010-65181109，65262933

发行电话：010-85119832　传真：010-85113293

网　　址：http://www.chlip.com.cn　http://www.wqedu.com

电子信箱：1012305542@qq.com

如发现图书残缺请拨打读者热线联系调换

221712Y1X101ZYW

译者序

近些年来，我国正在逐步推进绿色发展和生态文明建设，不断加强和重视教育的质量，越来越多的家庭、幼儿园、学校和组织机构都在努力尝试开展自然教育，让更多的儿童回归大自然，促进其身心的健康成长，实现人与自然的和谐与可持续发展。随着城市化进程的加快，很多儿童从出生开始就生活在"钢筋混凝土"的环境中，城市里高楼林立，没有乡村和郊野那种丰富的原生态自然环境。在这种情况下，如何有效利用各种资源，为儿童参与自然教育创造条件，成为困扰众多人士的难题。我们当下所面临的问题，正如多年前美国教师所面对的。

本书作者通过扎实的理论功底和丰富的实践经历，为我们讲述了美国的儿童曾经遇到什么样的问题，为什么走进户外自然那么重要，以及她们在美国如何利用园艺活动带儿童接触自然并进行有意义的教学活动。同时，她们通过各种案例为我们展示，如何根据自身实际情况建设不同类型的室内外花园。这些内容通俗易懂，为很多零基础的教师和家长提供了有价值的参考。

此外，本书所涉及的教育对象涵盖0—3岁婴幼儿、3—6岁学龄前儿童以及6—8岁的小学低年级学生，是为数不多的、从自然环境角度出发且覆盖这几个年龄段的书籍，对我们的实践有非常大的指导意义。这几个年龄段是一个人最重要的成长时期，儿童从小建立的与大自然的联结将影响他们的一生。希望本书能带给教师和家长一点启发，让他们从自身做起，从身边做起，保护好儿童与生俱来的亲自然、亲生命的属性。

诚然，由于时间紧迫以及译者的能力有限，不足之处在所难免，请各方读者提出宝贵的意见。

骆 桦

原 著 序

在2002年，我们出版了本书的第一版——《儿童园艺项目：蜀葵与蜜蜂》(Hollyhocks and Honeybees: Garden Projects for Young Children)。当时我们从未想过今天会是什么样，也从未想过与幼儿一起做园艺以来我们所看到的变化。在写第一版的时候，我们正在南伊利诺伊大学卡本代尔分校的儿童发展实验室建设和维护自己的花园，这份经验为我们写这本书打下了基础。当时我们在那里的角色决定了这一切的开始——萨拉是项目主管，玛拉是幼儿园的一名主班教师，卡伦是一名景观设计师、景观园艺专业的副教授及两个孩子的母亲。

卡伦的一名研究生叫杰茜卡·钱伯斯（Jessica Chambers），她提出要打造一系列的儿童花园，并将此作为她的硕士论文项目，从这时起我们便一起开启了"园艺之旅"。杰茜卡对这些花园进行了精妙绝伦的设计，在我们还不知道的时候，很多家庭、工作人员、大学教师以及社区成员就已经纷纷加入我们，他们让我们的整个花园充满了生机。在接下来的5年里，从每年春季到秋季，这个花园就成为我们课程中的重要部分。

之所以开始着手写《儿童园艺项目：蜀葵与蜜蜂》这本书，是因为我们希望把自己在这段经历中的收获分享给更多的人。这其中有两个主要原因：一是我们确实有太多的东西想要分享；二是我们很难找到与儿童园艺有关的、有参考价值的资料。我们认为，在这方面我们还是挺成功的。现在我们再回顾当时的第一版时，可以看到我们所做的一切，以及在儿童发展实验室的那段美好时光。

不过，我们还是要向前看。萨拉现在已经是东南密苏里州立大学人类环境研究方向的副教授。她一直热衷于通过各种活动推动儿童与大自然建立联结，例如她参与世界论坛基金会的自然教育工作论坛，成为儿童自然行动合作组织的成员。在当地、全国甚至国际的各大平台上，她经常针对"自然教育"这一话题发表演讲。玛拉现在是一名全职太太，在印第安纳州西北部与她的丈夫及三个女儿一起在家庭花园里种植花卉和蔬菜。现在她也在当地的一所小学协助开展花园课程。卡伦的女儿都已经上大学了，而她仍是南伊利诺伊大学景观园艺专业的教授，对可持续的景观设计实践、城市农耕以及儿童还保持着浓厚的兴趣，这让她能够在地面、墙壁和屋顶上，不断探索各种园艺项目。她一直强调我们要尊重地球环境，并且要在生活过程中积极响应这一观念。

随着我们不断向前发展，世界上的其他地方也在向前发展。我们希望通过这本书的新版，反映过去几十年来我们所见证的各种变化，包括：儿童逐渐远离大自然，在户外游戏的时间逐渐变短，以及儿童肥胖逐渐成为一种流行病。与此同时，我们也想拓宽"花园"所涵盖的范围。在第一版中，我们只是介绍了自己的故事，而在这一版中，我们将分享其他人的不同园艺经历，希望为居住在有限空间或城市里的人们传递一些观点和想法。我们也会展示一些在国内发现的优秀项目。此外，对于那些从事婴幼儿相关工作的人士，我们也希望为他们提供更多有参考价值的资料，因为这些低年龄段的儿童常常被边缘化，但其实他们同样需要参与园艺活动。

最重要的是，我们要把教师和家长调动起来，让他们带着孩子一起参与园艺活动。拿起一把铲子，买一个花盆和一些陶土，或者抓起一包种子，然后开始种植吧，土地里到处都是宝藏。

第二版介绍

　　如果你在读这本书，说明你对儿童参与园艺活动是很感兴趣的。我们写这本书旨在为那些与婴幼儿到小学三年级的儿童打交道的教育工作者提供参考。我们希望本书能够吸引更广泛的读者，不仅仅是传统学校和幼儿园的教师及保育人员，还包括家庭儿童保育服务人员、启蒙项目成员、在家自学的人士及对儿童参与园艺活动感兴趣的家长。我们希望婴幼儿教师和保育人员可以让更小的儿童参与园艺活动。同时，我们也为小学教师提供了一些案例，告诉他们如何通过园艺引导儿童参与有意义的课程。本书中的案例囊括了乡村和城市的花园，不管你面对的空间和资源有多少，我们都可以提供一些参考意见和想法。我们已经联系了国内各地相关的项目和教师，他们为我们分享了自己的故事和经历，希望你在这本书里能找到你想要的。

　　你可以从头到尾地读这本书，不过这不是唯一的阅读方式。你可以在其中的一两章找到最契合你需要的内容，从那一两章读起。你也可以单独阅读某一章。当然，你也可以进行简单的翻阅，并从图片中寻找灵感和想法。不管你如何阅读，你都要知道所有的主题内容都是交织在一起的，并且形成了一个整体。

　　第一章会解释为什么园艺对儿童很重要，这些内容将为你开展花园项目提供理论依据。如果你需要在这个项目上获得大家的支持，请仔细阅读吧。同时，你可以更深入地理解儿童如何在园艺活动中受益。无论是基于儿童在身体、社交、情感等方面的发展，还是基于过去几十年来社会和自然景观的变化带给儿童的影响，我们都需要强调接触大自然的重要性。

在第一章中，你还可以了解到让儿童弄脏一点的好处，这是经过科学验证的。我们讨论了国际上让儿童接触大自然的做法，也提到了很多儿童无法理解食物来源以及食物从种子到餐桌上的过程。我们仔细思考了教师的角色，确保他们有能力带儿童参与园艺活动。"教师需要知道什么"这一部分，适合所有与儿童打交道的人阅读，包括教师、家长、保姆、课程协调员、护理人员和"托育人员"。此外，我们还为项目管理者分享了一些他们在开展花园项目的过程中可能面临的困难。

第二章的主题是让儿童参与园艺活动。我们希望他们能够充分地融入，而不只是一个旁观者。因此，花园项目和一些相关的计划会随着儿童的兴趣发生变化，儿童在这个过程中的学习也将最有意义。在这一章中，我们会讨论：如何通过在教室里的相关学习来积累经验，从而让儿童为亲自参与园艺活动做准备；如何帮助儿童找到他们的兴趣点；如何基于这些兴趣点来构建花园课程。第二章会涵盖一些教师可操作的具体方法，例如："自言自语"——把想法说出来；话题盒子——让儿童从盒子里挑选不同的物品；地板书——在地面的空白纸上记录儿童的话语和想法。此外，我们将深度探讨如何在课程中保持知识的完整性，也就是说，如何确保你教给儿童的东西是值得学习的、所提供的材料是真实且符合相关学科要求的，以及儿童在真实的体验中能够把这些内容与实际生活联系起来。

在第二章中，我们还会阐述对概念的理解如何帮助我们开展计划和实施教学。构建一个概念网络，可以帮助你在整个项目过程中发现你要解答的问题，从而为你的课程提供指导方针。在这一章中，你还可以学习如何构建整合课程，把多方面的内容结合在一起，以及如何将项目教学法应用到花园课程中。同时，我们分享了如何与儿童在花园里进行互动，如何支持他们进行同伴之间的交流，如何通过有效的问题和科学方法促进他们的学习。这一章可以指导你让儿童实地参与花园活动，并在准备阶段和后续工作中提供具体的建议。在研究和记录所应用的技术方面，我们也会交流一些看法。最后，关于如何把户外花园中所发生的故事与教室里的学习相结合，我们也会提供

很多可参考的内容。

第三章会带你熟悉设计花园的整个过程。我们从一开始就会帮助你明确目标，并在花园地址的选择上提供一份清单。我们还会分享如何把儿童、教师、志愿者及其他相关人员纳入进来，一起讨论和决定花园建设和设计的类型。第三章还会讨论不同类型花园的优势和劣势，涉及容器花园、种植箱花园、地面花园、墙壁或栅栏上的垂直花园，以及屋顶花园。我们也会提供一些主题花园的设计样本，更好地帮助你开始着手。关于如何让儿童参与花园设计的过程，我们会在整章中提供很多建议。

第四章会介绍如何建造花园。我们在一开始会针对如何获取资源、材料和资金提出一些建设性意见，也会分享一些成功获得外部资源支持的真实项目案例。我们会讨论如何在建造花园的过程中让孩子参与进来，以及为什么这个过程如此重要。关于如何建造本书中所展示的每一种类型的花园，这一章也会提供具体的措施——基于花园设计方案选择建筑材料，聘请施工人员，采购材料，然后开始建设。

第四章还包括植物的选择及相关考虑因素，例如是从种植种子开始，还是从移栽幼苗开始。这些选择与花园条件、课程目标和可用资源息息相关。本地的植物以及需要避免的植物都会有所涉及。另外，对于如何利用温室以及如何防止植物被破坏，这一章也会提供一些建议。

第五章会介绍如何与儿童一起在花园里工作。我们会分享如何与儿童一起种植和维护花园，还会提出一些具体维护措施，比如护根覆盖和病虫害防控。我们还将探索花园生态系统，包括土壤里的微生物、昆虫和其他小生物，以及小鸟和松鼠等动物，进一步讨论哪些是有益的，哪些是有害的，并给出相关建议。

丰收是你在花园里辛勤劳动的回报。在第五章中，我们会针对采摘、品尝和烹饪活动提出建议。对于非食品类产品及如何收获和保存种子，我们也会提供一些思路。最后，我们将探讨如何通过展示和具有仪式感的活动，进行记录并与他人一起分享工作过程。

在第六章中，我们重点关注婴幼儿参与的园艺活动。我们单独考虑这个年龄段的儿童，是因为他们有特定的需要，而且当我们讨论园艺时，他们很容易被忽视。在婴幼儿阶段，关系的建立很重要，包括与人的关系和与自然的关系。我们会在这方面提供具体的建议，让婴幼儿走进户外，接触各种植物和花园里的动物。本章还包括一些教师成功开展相关教学活动的案例，以及关于适合婴幼儿照料的植物的建议。我们也讨论了如何让家长了解到婴幼儿走进户外的重要性。

第七章旨在介绍一些不依赖某一个具体植物或环境，但可以应用于其他花园的经验。你可以在这一章中找到各种活动介绍，其中还有行之有效的方法。每一种活动都包括需要学习的概念、需要准备的材料、循序渐进的说明步骤、多样化的拓展思路，以及必要时的安全考虑因素。

第七章的目的在于为你提供一些创造室内和户外学习体验的具体方法。这些活动设计并不一定与具体的植物有关，很多活动甚至都不需要花园。你可以直接阅读这一章，在开始建造自己的花园前深入了解这些活动。这可能有助于你在班级里激发儿童对园艺的兴趣。我们还希望这些经验能够激发你的思考，让你迸发出新的想法。这只是一个开始，你的花园将带你踏上属于自己的旅程。

希望你认为本书是有价值的参考书。不用担心在户外会把它弄脏，快乐地阅读，开心地实践吧！

目录 CONTENTS

第一章　为什么要走进花园 / 1

儿童需要大自然 / 1

身体、社交和情感的发展 / 5

脏是有好处的 / 9

儿童需要时间走进户外 / 11

从种子到餐桌的学习 / 13

教师的角色 / 15

第二章　让儿童参与园艺活动 / 25

培养儿童对园艺的兴趣 / 26

通过生成课程进行园艺教学 / 26

确保智力的发展 / 30

整合园艺课程 / 36

在园艺中采用项目教学法 / 38

与儿童一起在花园里 / 39

让儿童参与科学探索的过程 / 45

实地考察 / 50

与儿童一起绘图 / 56

使用参考资料 / 59

科技与花园中的学习 / 59
记录儿童的学习成果 / 64
把花园课程带进室内 / 69

第三章　设计你的花园 / 79

思考一下园艺项目的内容 / 80
选择花园的场地 / 83
花园的种类 / 90
花园主题 / 99

第四章　建造你的花园 / 115

整合资源 / 115
建造不同类型的花园 / 121
植物的选择 / 132
防止破坏行为 / 144

第五章　与儿童一起在花园里工作 / 147

花园种植 / 147
在花园里照看儿童 / 151
维护花园 / 153
花园里的动物 / 162
采摘植物和种子 / 173
与他人分享你的花园 / 180

第六章　与婴幼儿一起做园艺 / 185

把婴幼儿带到户外 / 187
如何与婴幼儿一起散步 / 193
为婴幼儿选择植物 / 195

把花园带进室内 / 196

第七章　通用的花园学习体验 / 203

探索植物的活动 / 204

探索植物的生长需要 / 221

探索花园的生物 / 231

附录 1　有关花园及其动植物的儿童读物 / 251

附录 2　有关花园动植物的参考书目 / 257

附录 3　书中植物的名称 / 259

附录 4　有毒植物 / 263

参考文献 / 267

图片清单 / 271

第一章
为什么要走进花园

有句话说得好,每一片雪花都与众不同——没有两片是完全一样的。大自然中的一切皆是如此,每一片树叶、每一颗松果、每一朵鲜花都会与众不同。你不相信吗?带着儿童一起走出户外,试着找两片一模一样的叶子。相比待在教室里,我们在户外可以学到更多,而且儿童盼望着走到户外,他们很容易被大自然吸引——在草地上拾起小花朵,在岩石下挖出小潮虫,在沙箱旁抓住小蟾蜍。对于成年人司空见惯的东西,孩子们都会留意。在他们看来,大自然永远都充满了魔力。

儿童需要大自然

很遗憾,儿童在户外的时间比以前的任何时候都更少了。这种情况不仅仅发生在美国,全世界都如此。在过去的几十年里,世界所发生的变化已经影响儿童现有的游戏方式,这是我们在50年前无法想象的。我们很多人从小就在户外长大,不管是在乡村小镇,还是在城市的街道或者农田野地,我们都会奔跑、探索、做游戏、挖沟渠、追逐萤火虫。随便问一些40岁以上的成年人,他们的童年回忆是什么,你都会听到很多在户外的美好故事。很可惜,这些都变了。

理查德·洛夫(Richard Louv)在《林间最后的小孩》(*Last Child in the Woods*)一书中,呼吁人们关注过去几十年来儿童与大自然之间所发生

的明显变化。他创造了一个术语叫"自然缺失症",主要指"人们远离大自然后感官使用减少,注意力集中困难,生理和心理疾病发病率更高"(2005,p. 34)。导致儿童远离大自然的因素有很多,比较重要的因素有:儿童与高科技产品的互动逐渐增加,自然环境逐渐消失,成年人不敢放手让孩子在大自然中自由漫步或与大自然进行互动。

过去的 20 年来,技术的改变是革命性的。作为作者,我们一想到要用打字机敲出这本书里的文字就受不了。记得以前还没有计算机的时候,打印书稿的过程是痛苦的,大家经常会担心重新打印的时候还有错误,或者丢失了唯一的原稿。作为教师,我们发现很多新技术其实是非常了不起的。儿童可以通过这些技术,马上找到并辨别出正在吃黄瓜的昆虫是什么。通过利用这些技术,儿童可以对昆虫进行拍照,把学习故事写出来,并将其与对应的照片存放在一起。当进行教学时,我们可能无法提供足够多的参考书目,而这对于互联网来说只是冰山一角。如果我们拍照,那么胶卷会极大地限制照片的数量以及冲洗和打印照片的方法。因此,我们非常感谢新技术带来的便利性,然而我们也要意识到这种变革是需要付出代价的。

很多孩子在很小的时候就被计算机、游戏、平板电脑吸引。在医院的候诊室里,一位妈妈一手捧着婴儿,一手拿着手机。在等待医生的过程中,她不停地用手机应用程序逗孩子玩。在更早的时候,在电子产品出现之前,可能这位妈妈为了不让自己闲着,会花时间与孩子说话。父母和保姆都在用手机和平板电脑为孩子提供娱乐节目,玩具厂商更是推波助澜,推出各种带屏幕的玩具,甚至鼓励年龄更小的孩子使用带屏幕的产品。2003 年的研究发现,

6岁以下的儿童每天有2小时对着各种屏幕,涉及电视、计算机、DVD[①]播放器,以及电子游戏(Rideout, Vandewater, & Wartella, 2003)。现在这个数值可能会更高,因为儿童有更多的机会接触这些产品。当孩子们的世界只局限于一个小屏幕的时候,他们就会对户外缺乏好奇心。他们会关注电视里来自遥远地方的外来生物,却对生活在自家后院的野生动物一无所知(Louv, 2005)。

如果儿童要到户外探索,那么他们会面临诸多障碍。我们可以环顾一下小区周边,以前它们还是开放的、自然的,而现在已经到处都是房子、购物中心或者办公楼的停车场。随着城市化的发展,孩子们可以玩耍的开放且自然的区域越来越少。他们的世界已经被景观和水泥占据,没有太多绿色的、可探索的空间。

儿童过去经常在户外玩耍,可以自由探索很大的空间,并且没有成人的干预。他们可以探究自然区域、搭城堡、挖溪流、找虫子。然而在过去的几十年间,孩子们的玩耍范围已经大幅度缩小,因为与以前相比,父母把孩子看得更紧了,他们担心罪犯、陌生人甚至大自然本身会威胁到孩子的安全。

与此同时,人们开始担心地球的未来,人类的足迹不断侵入自然区域,很多物种的栖息地正在逐渐消失。林地、湿地、雨林的面积正在缩小,环境污染问题日益严重。忧心忡忡的成人希望儿童能够关注这些问题,关心我们的地球。有先见之明的教师想知道,如何用最好的方式培养孩子对大自然的热爱和对环境的尊重。

我们会本能地告诉儿童地球发生了什么,让他们参与拯救地球的行动。

[①] 英文全称为"Digital Video Disc",指高密度数字视频光盘。——译者注

戴维·索贝尔（David Sobel）对这种方法提出了质疑。当儿童被要求解决超出其理解范围的成人问题时，他们可能不仅会心不在焉，还会变得焦虑不安。索贝尔把这种不安称为"生态恐惧症"，即"对生态问题和自然界感到害怕"（1996，p. 5）。索贝尔指出，让儿童参与解决环境问题的课程，可能会让他们失去动力，甚至让他们感到绝望。相反，教师应该寻找方法来强化儿童的亲生命性，即强化儿童内心深处对自然界的热爱。在每一个发展阶段，"儿童都渴望在一个相对封闭、可感知的世界里沉浸其中、独自探索和互动交流"（1996，p. 12）。要想办法给儿童独处的时间，不要打扰他们。无论是在户外，还是在花园里，都要让他们充分参与和沉浸在自然的世界里。要给儿童足够的时间探索、观察、专注和思考，这对于他们建立与自然的联结尤为重要。

现如今，很多儿童对于距离他们很遥远的动物，比他们自家后院的动物都要了解得更多。他们通过电视和电影知道野外的动物，但是他们很难从屏幕中与这些动物建立真正的联系。正如洛夫提出的，"这样的方式无法取代与大自然的直接接触"（2005，p. 23）。当儿童在花园里工作时，他们可以近距离地观察围绕在花丛旁的蜜蜂和蝴蝶。他们会捧着在树叶上发现的瓢虫，用放大镜观察在藤蔓间织网的蜘蛛。他们会在手和膝盖上一只一只地数蚂蚁，研究它们如何前拥后簇地把食物搬回蚁穴。他们还会发现蜗牛喜欢躲藏在石头下潮湿的地方，兔子会时不时地闯入花园里偷吃莴苣。大自然是真实的，孩子们在很长的时间里能触摸、绘画、拍照和研究。这些都是他们的真实经历，而不是其他人拍照、编辑和告诉他们的。正因为这是自己的故事，他们才能够把这些经历融入真实的生活，成为他们人生的一部分。

那些对环境非常关心的成人，列举了两个让他们热爱大自然的因素——童

年能够花很多时间在自然中玩耍，身边的成人对大自然表现出热爱和尊重（Sobel，1996）。如果一个成人能够带着孩子参与园艺活动，慢下来陪着孩子一起挖土，坐在向日葵房子里，分享蜜蜂跳舞的喜悦，那么这个成人就能够帮助孩子发现大自然中的乐趣和奇妙。

身体、社交和情感的发展

现在，美国儿童的健康状况令人担忧。历史上第一次出现孩子未来的寿命可能比他们的父母更短的情况。根据美国疾病控制与预防中心的统计，2007 年有 9.5% 的 4—17 岁儿童被诊断为注意缺陷多动障碍，自 2003 年以来，这一数据提高了 21.8 个百分点（2010）。儿童的肥胖比例更是以惊人的速度增长，因为他们的运动减少了。洛夫（2011）在他的《自然法则》（*The Nature Principle*）一书中指出，大自然具有强大的改变力量，维生素 N ［N 代表自然（nature）］是加强身心健康的必要元素。

研究也证实了接触大自然对于儿童身心健康发展的重要影响。南希·M. 韦尔斯和加里·W. 埃文斯（Nancy M. Wells & Gary W. Evans，2003）发现，在自然环境中成长的孩子，在身体上更精力充沛，在心理上更健康，压力更小。安德烈亚·费伯·泰勒和弗朗西丝·E. 库奥（Andrea Faber Taylor & Frances E. Kuo，2011）也证实，如果儿童在绿色环境中玩耍，那么他们的注意缺陷障碍症状会有所减轻。还有研究显示，仅仅是站在花园里，人的心率和血压就会降低（Cleveland Botanical Garden，2014）。哪怕是教室里的植物，都会对儿童的行为、情绪和健康产生积极影响。走进自然能够产生洛夫所说的心灵、身体、自然的联结，这对于我们的身心健康非常重要，有生命的事物会让人感觉良好。

儿童需要通过感官刺激进行学习，园艺活动的整个过程就可以很好地刺激他们所有的感官。花卉、蔬菜和其他小生命带来的视觉冲击将儿童吸引到花园里，在那里他们可以马上触摸到这些正在生长的植物。同时他们会闻到花朵和香草的香气，听到小草在风中的沙沙声，以及蜜蜂在金花菊上的嗡嗡声。他们会摘一片薄荷，第一次品尝到香草的天然味道。随后他们可以把蔬菜和香草摘下来并进行烹饪，也许这是他们第一次品尝一种新的食物，毕竟这是他们自己种的。

做园艺是一种运动，孩子们需要动起来，他们是控制不住自己的。如果你要求一群3岁儿童一动不动地坐着，那么你会看到这对他们来说比跑步和爬山困难得多。我们都知道运动有利于身体的发展，现在有研究人员证实运动对大脑的发育是必不可少的。花园是一个很好的场所，有助于儿童锻炼精细动作和粗大动作技能。孩子们在土里挖一个坑就可以进行播种或育苗，他们可以拿起一小粒种子放进坑里，或者在某一片区域播撒种子。他们可以用手推车收集护根覆盖物，并把它们铺在花园里，然后握着水管给这些植物浇水。除草时要仔细筛选不需要的植物，摘花头也需要技巧和练习——如果摘得太用力，那么它的根就会出来；如果剪的位置太高了，那么它就没有足够长的茎，难以插进花瓶。有些花可以用手折断，有些花则需要用剪刀剪下来。孩子们在采摘蔬菜的时候，必须用足够的力量摘下所需的部分，以免损伤其余部位。

儿童在花园里一起工作时就在发展社交能力。他们要学会相互倾听并分享他们所知道的。每个人的经历都不同，所以他们需要相互学习。当他们轮流操作、相互谦让和分享的时候，他们的社交能力就会得到发展。当儿童意识到先让其他人操作，最后才轮到自己的时候，他们的耐心和延迟满足的能力就会得到培养。在花园里，儿童和成人需要配合工作。园艺活动是一个团队项目，大家要决定种什么植物，谁负责什么工作，如何开展工作，植物采摘后用来做什么，此时的商量和讨论非常必要。遇到问题的时候，大家需要共同解决问题，培养团队精神。

儿童在花园里工作时还能增强自信心。如果他们在探索中发现新的小动物，那么他们会克服自己内心的恐惧，仔细观察它们，把它们放在手中，最后放它们回家。即使是不喜欢被弄脏的孩子，也会被吸引到种花这项活动中。他们会用铲子挖土，尽管他们会戴上手套或者只是握住植物的茎，以避免接触泥土，但实际上他们已经参与其中并迈出第一步了。花园对于残疾儿童或者尚在学习通用语言的儿童同样具有吸引力。一个好的教师可以用各种方法把所有人都纳入进来。

花园是美丽的。近年来，许多教师开始意识到学院派风格的建筑和教室缺乏美感，而审美对于儿童学会欣赏生活非常必要。瑞吉欧教育理念强调儿童与环境的关系，把环境称为第三位教师，这对教师树立新观念是有帮助的。添加一个花园，可以让户外空间变得柔和，也为改善户外游戏体验提供了着力点。儿童和教师可以把鲜花或枝叶从花园带进教室，在室内进行相同的操作。一些植物在室内也长得很好。

喜欢园艺的人都知道，通过翻土、轻轻地把幼苗种进地里、观察植物和花园里栖息的动物等过程，人们可以获得平静感。花园需要人们学会等待，植物以自己的速度生长。花园让孩子们有机会慢下来，有充分的时间仔细观察。那些仔细观察的孩子一定会注意到花园里每一天的小变化、每一周的大变化。他们知道这个过程需要耐心和观察，而此时他们已经开始成长了。

在开展园艺活动的过程中，教师可以为儿童创设私密的空间。很多文章都已经指出，参与一日集体活动的儿童有必要拥有一些私密的空间。事实上，虽然教师偶尔会休息一下，但儿童通常不可以离开教室，他们每天通常要在一大群孩子中待 9 小时，甚至更长的时间。作为成年人，我们都知道独处的重要性，因为我们需要思考，从远处进行观察。花园的空间可以为孩子们提供独处的机会，教师可以建造一些特殊的结构来满足这一需求，比如建造格子小屋，或者设计一个有狭小、封闭空间的花园。这个空间可以在一棵低垂的树下面、灌木丛后面、一排排植物之间，或者精心建造的向日葵房里。不管在哪里，孩子们都会很享受与大自然单独相处的那份安逸。

对于某些孩子来说，花园所带来的静谧及其内部的生态系统可能有特别的作用（如疗愈）。园艺疗法在很多地方都得到了广泛的应用——从儿童医院到成人的慢性和精神疾病治疗。当然教师不是技能高超的理疗师，但他们可以充分利用花园的这种疗愈作用。培育植物就是一个赋予力量的过程，园艺疗法的一个很重要的特点就是掌控（Millet，2009）。当儿童与植物打交道时，他们能够为植物提供生长所需的要素。当儿童播下一颗种子的时候，这棵植物的生命周期便开始了。儿童在呵护这棵植物时，植物也在通过不断的生长进行回应。对于一个孩子来说，他可能无法掌控自己的生命，但对这个过程的体验对他很有意义。

花园里的感官要素也有疗愈作用。很多医院现在都在建设疗愈花园。医生们也注意到，那些能够看到花园的病人比看不到花园的病人康复得更快，吃药更少。生活充满压力或遭受过精神创伤的孩子，可能会在花园里找到他们在其他地方所无法获得的那种平静。教师可以通过创设独处的空间，为儿童营造宁静的感觉。儿童可以在这种空间里思考、阅读或绘画。

脏是有好处的

作为幼儿教育工作者，我们经常会做清洁工作，比如洗手、给活动场地和餐具消毒，尽己所能地让儿童远离那些令人讨厌的细菌。这是很有道理的，尤其是当一大群孩子一整天都待在一起的时候，因为其中的任何一个孩子都可能得传染病。与此同时，细菌也变得越来越强大，对抗生素越来越有耐药性，越来越多的孩子患上了过敏和哮喘等疾病。这是怎么回事呢？

在过去的 20 多年里，从事儿童教育相关工作的教师都会目睹发达国家的过敏症发病率急剧攀升。以前花生酱是教室里最常见的食物，孩子们很喜欢蘸着花生酱当点心吃，或者在午餐时大口咬着带花生酱的三明治。这个黏稠状的食物现在被禁止了，理由是有些孩子如果触碰到一点点花生酱的残留物，他们就可能出现过敏性休克。现在美国的大多数教师都需要经常应对儿童的过敏问题。美国哮喘与过敏基金会（Asthma and Allergy Foundation of America，2014）声称，每五个美国人里就有一人患有哮喘或过敏。卫生假说理论可以用来解释为什么过敏症发病率不断攀升，即"过度干净会影响我们免疫系统的正常发展，这种变化导致了过敏症的增加。换句话说，'现代化'的生活方式已经阻碍了免疫系统所需的细菌种类和数量的自然变异，这种变异将有利于我们减少过敏，保持一个相对健康和稳定的状态"（UCLA Food and Drug Allergy Care Center，2014）。卫生假说理论已经得到近期多个研究的证实，从这些研究中可以看到，如果儿童的家里养狗（Bergroth et al.，2012）或者在农场里长大（Lewis et al.，2012），那么他们的免疫系统会更强大。玛丽·鲁布什（Mary Ruebush）在她的著作《为什么脏是有好处的》（*Why Dirt Is Good*）中这样解释：

> 从婴儿期开始，你的身体对抗的每一个细菌都会增加你日后抗击这种细菌的能力，同时会强化你的免疫系统细胞之间的协作能力，让你的身体能够更快地对入侵细菌进行反击。如果你的免疫系统没有遇到太多的脏东西，那么它就没有得到很好的刺激，非但不会对细菌做出迅速且准确的反应，相反它还会反应迟钝，让你容易患上更严重的疾病。如果儿童没有接触足够多的脏东西，那么他们的免疫系统就会犯严重的错误，从而导致儿童患上免疫系统疾病（如过敏和哮喘）。当你的年龄比较小的时候，你的免疫系统如果可以定期接触足够多的脏东西，那么它就能定期得到锻炼，并建立起防御系统，以做好随时抗击细菌入侵的准备（2009，p. 101）。

这些证据说明，所有的孩子从婴儿期开始就需要在户外玩耍、接触植物、玩泥土。我们无须担心他们把手和身体的其他地方弄得很脏，吃一点点灰还不至于让他们受伤，从长远来看这只会让他们更健康。

儿童需要时间走进户外

在过去的 10 年里，人们一直在努力让游戏场地变得更安全、更容易保养。不幸的是，这导致很多户外游戏空间变得索然无味，有些甚至完全脱离自然。小草和大树经常需要被移走，为大型攀爬设备和周边有塑胶覆盖的地方腾出空间。有时候游戏场地完全由人造塑胶地面组成，没有任何自然的材料。在这样的空间里，儿童没有什么机会接触大自然。

尽管如此，为儿童争取更多的自然游戏环境的运动正在逐步壮大。大家开始认识到这些工业制造的环境不能满足儿童的需要，同时很多人开始担心自然环境正在逐渐消失，正因如此，大家发起了一场让儿童与自然联结的运动。其中的一个例子就是，儿童自然行动合作组织（Nature Action Collaborative for Children，NACC）从 2006 年开始资助自然教育工作组织。这个组织是跨领域的，其成员有 1600 名，分别来自 6 个大洲，包括早期教育工作者、环境教育工作者、卫生健康专家、景观设计师以及环保人士。

儿童自然行动合作组织有多个目标，其中一个目标就是在幼儿园、学校和社区环境中为儿童创设自然游戏的空间。作为植树节基金会（Arbor Day Foundation）和多维教育研究基金会（Dimensions Educational Research Foundation）的合作方，"自然探索"（Nature Explore）组织在这项运动中扮演着领军者的角色，同时它是自然教育工作组织的资助方之一。这个组织对户外教室的设计规定了一系列的原则，为遵循这些原则的项目提供认证，还提供支持员工发展的培训，鼓励家长参与进来。目前，美国有超过 100 个经过认证的自然探索教室。

一个自然游戏景观包括很多儿童可以探索的自然元素——木桩、沙子、护根覆盖物、岩石、不同形状的木头、豆荚、贝壳和种子。不管怎样，植物才是让自然游戏空间保持生机的关键。事实上，对"自然探索"的认证就要求建设一

个花园区域或途经植物的步道。植物不但能够为环境带来生命力，还能够为其他生命提供孵化的场所。一些地下生物（如蚯蚓和蛴螬）会来到这里，其他昆虫也会到植物旁寻找同伴，蝴蝶和蜜蜂可以前来采花蜜，鸟儿和小型哺乳动物会找地方搭窝和觅食，在很短的时间内，一个新的生态系统就组建完成了。在本书的第三章和第四章中，针对如何在户外的自然游戏景观中打造一个可持续的花园，并用最佳方式评估环境和资源，我们会提出一些建议。

从种子到餐桌的学习

儿童在户外的时间减少导致的最明显后果就是肥胖率持续攀升，甚至学龄前儿童也是如此。根据疾病控制与预防中心的统计，七分之一的低收入家庭中的学龄前儿童患有肥胖症。实际上，自1980年以来，儿童和青少年肥胖人数几乎增长了两倍。大约17%的2—19岁孩子是肥胖的（Centers for Disease Control and Prevention，2014）。为什么肥胖症在美国如此流行？很显然缺乏锻炼就是原因之一。儿童需要更多的运动时间。此外，快餐和深加工食品的过度消费在美国也成为严重的问题。现如今的儿童往往对食物的来源缺乏清晰的认识。肉类出现在超市的塑料包装袋里，水果和蔬菜通常来自罐头，或者被切片、捣碎、油炸后出现在盘子里。一些儿童生活在"食物沙漠"地区，这些地方没有新鲜的水果和蔬菜。这些儿童可能无法接触未经加

工的食物，因为他们的家庭买不到新鲜的农产品。

杰米·奥利弗（Jamie Oliver，2010）在 TED[①] 平台上的演讲，让我们对上述问题有了更深刻的认识。奥利弗给我们展示了一段他在西弗吉尼亚州亨廷顿市的一所幼儿园里跟班上孩子互动的视频。他拿起一串成熟的番茄，然后问："谁知道这是什么？"一个孩子回答："土豆。"他把一棵花椰菜递给一个金发男孩："你知道这是什么吗？"这个男孩摇了摇头。他又问第二个孩子："你知道这是什么吗？"这个孩子回答："花椰菜？"奥利弗又拿出一个茄子："谁知道这是什么？"一个孩子回答："梨？"最后他把很多孩子平时吃的爱达荷州土豆拿出来，问他们："你们知道这是什么吗？"按道理他们应该知道，但是大家的回答却是"我不知道"。

孩子们怎么连薯条和土豆泥的原材料都认不出来呢？他们从来没见过这些食物是怎么制作的吗？他们从来没见过新鲜的蔬菜吗？难道我们真的离食物的原材料如此遥远，以至于我们的孩子连基本的蔬菜都认不出来了吗？正如奥利弗所说："如果孩子不知道一样东西是什么，那么他们是不会吃的。"

园艺活动能够为儿童提供这样一个机会，让他们亲眼看到食物如何从种子经过一系列的变化和加工，最后被送到餐桌上。儿童可以把西葫芦的种子撒在小土丘上，给它们浇水，等待它们发芽，长出幼苗。很快，这些幼苗就会长出一株株绿色的藤蔓。儿童可以观察到藤蔓上逐渐开出黄色的花朵。如果仔细看，那么儿童就会发现一些花附着在藤蔓上的地方长出了小瓜。随着绿

[①] "Technology Entertainment Design" 的缩写，指代技术、娱乐和设计，是一个致力于传播创意的非营利组织。——译者注

色的瓜长大，儿童还会注意到上面的条纹。如果儿童触碰叶子或者藤蔓，那么他们会有一点刺痛感。他们继续等待与观察，时间就这样过去了。儿童可以用这样的新方式理解时间的概念。食物不是自动产生的，它们是慢慢生长的。最后，儿童可以把西葫芦摘下来，用不同

的方法烹饪和品尝，比如清蒸西葫芦、烤西葫芦条以及制作西葫芦面包。他们可以比较不同大小的西葫芦，从而认识到较小的西葫芦是嫩的，较大的西葫芦比较硬。

研究证明，如果儿童亲自种植蔬菜，参与烹饪活动，并在同一段时间内反复接触同一种蔬菜，那么他们会更偏爱这些蔬菜（Kalich，Bauer，& McPartlin，2009）。园艺活动可以通过独一无二的方式把儿童与食物联系在一起。他们亲自制作食物，知道食物取自植物的根还是茎，知道蔬菜生长前会开花。他们还会把吃蔬菜叶的昆虫冲洗掉，在蔬菜周边筑起篱笆，以防止兔子进来。他们很熟悉这些食物，并且更有可能品尝这些食物，而不是那些只出现在盘子里的东西。如果儿童不断接触自己种植的食物，那么他们会更愿意品尝，更有可能喜欢它们的味道。

教师的角色

一些教师在刚开始的时候会犹豫要不要开展园艺教学，这主要是因为教师在园艺方面缺乏个人经验。他们可能对自己是否具备足够多的、可教给孩子的种植知识，感到非常不确定。我们可能都有过这样的经历，当细心呵护一棵植物的时候，它却莫名其妙地枯死了。一直有教师跟我们诉苦："我什么

都种不好,我压根就不适合做园艺。"其实你可以放心,你过去的经历并不重要,你可以跟着孩子们一起操作,不需要事事都成功。有些植物可能长得比较好,有些植物可能长得没那么好,最重要的是这个过程,每个人都可以参与进来。

教师需要知道什么

与儿童一起做园艺的最大好处就是任何人都可以操作。只要你有积极的态度和学习的意愿,即使你从未播下过一颗种子,你也可以做得很好。当我们开始进行第一个花园项目的时候,只有卡伦有真正的园艺背景。萨拉的园艺经验仅限于与幼儿园里的孩子开展一些小项目以及在家里养玫瑰。尽管玛拉从小与父母、祖父母在农场的菜园里干活,但我们开始项目时她从来不参与园艺活动。所幸的是,幼儿教师在一开始并不需要掌握很多的园艺知识。你需要的是一种发自内心的兴趣,这样在你和孩子们一起学习的时候,你才会有动力不断地探索和发现。在引导儿童寻找答案的过程中,你应该学会承认自己不知道一些事情。通过这种示范方式,儿童就能自由提问。

我们有两点非常肯定。其一,不管你的专业水平如何,你在与儿童做园艺的时候总会学到新的东西;其二,当事情不如你所愿时,只要你愿意再次尝试,那么你就会从失败中学到更多。作为一名教师,在如何保持兴趣和好奇心方面,你必须树立榜样。如果你希望孩子们充满热情,那么你自己的热情也是必不可少的。如果想要孩子们到处充满好奇心,那么你也必须保持一颗好奇心。其实这并不难,即使是狂热的园艺爱好者,当看到一株灌木在冬季休眠后开始发芽,或者1厘米长的种子长成3米高的向日葵时,他也依然会有一种惊奇感。

约瑟夫·康奈尔(Joseph Cornell,1998,p. 13)在《与孩子共享自然》(*Sharing Nature with Children*)一书中就提出,"教得少一点,分享多一点"。这对于幼儿教师来说应该是最好的建议了。你可以多分享一些自己接触大自然的故事,谈一谈你的感受而不是你所具备的知识,从儿童身上找到一些让你感到惊奇的地方,分享你内心深处的喜悦。当遇到不如愿的事情时,你可以尽可能地表达自己的失望,并展示再次尝试的决心。此外,你需要准备丰富的材料,并经常使用它们。如果遇到一个新的昆虫品种,那么你需要学会从书本或互联网上找资料。即使教室里到处都是高科技产品,你也应该尽可能地准备一些纸质参考书。如果真的这样做,那么你就会发现孩子们长时间乐此不疲地探索这些资料。不管是在教室里,还是在花园里,他们都会单独或与同伴一起阅读,不用担心他们把书弄坏。有一次,在教师的指导下,两个孩子查阅了关于蝉和日本金龟子的资料,随后他们又花了30分钟翻阅弗兰克·洛温斯坦(Frank Lowenstein)和谢里尔·莱赫纳(Sheryl Lechner)合著的《小虫子》(*Bugs*)一书。

你的角色对于儿童获得成功的花园学习经历至关重要。虽然你不需要知道所有问题的答案,但你必须保持好奇心和兴趣,并愿意协助他人一起寻找答案。花园项目不应该被视为列一份清单,清单上列有很多植物的名称,我们需要记住或研究它们的特征。要避免给儿童灌输一大堆知识,并通过一些问题来检验他们的学习效果。对于儿童来说,产生想法远比学习花园里的事物更重要。当你作为一个榜样,充满热情地回应儿童的时候,他们便会充分地参与进来。当儿童充分参与其中的时候,他们的学习自然而然就开始了。

要允许儿童探索一些不正确的答案。科学实验的一个部分就是检验假设并进行反驳。不要急于反驳一名儿童的结论。亲手体验做园艺的过程对于儿童理解科学概念非常重要,最好能把这个过程看成是一种研究。一些植物长得不好，但其他的植物可能会茁壮成长，还有一些植物会长虫或被兔子、松鼠吃掉。这些都是研究的过程。教师的角色就是引导儿童，把这些看上去不成功的实验转变为有意义的学习机会。

已经枯死或被吃了一半的植物常常带给儿童诸多疑问，比如："这棵莴苣怎么了？""我们怎么处理这些鼻涕虫？"作为成人，我们经常有现成的答案，并习惯于马上把答案告诉儿童，但我们可以为其提供一个更好的学习机会，引导他们自己提出一些假设。我们可以这样回应："这是一个很好的问题。你认为莴苣怎么了？最近你有没有在花园里发现什么陌生的到访者？你认为可能发生了什么？"让儿童进行想象和假设，有助于强化他们的学习。当儿童有了一些想法，你就可以提供一些方法来验证他们的假设："要不明天你花一点时间坐在这里观察一下花园里的蔬菜，看看你的观点是不是正确的？""也许你可以问一下其他教师和同伴，看看他们是否发现花园里有其他的动物。"当儿童通过这样的项目积累了更多的经验时，你还可以问他们："你觉得我们怎么做才能了解到更多关于莴苣的知识呢？"从儿童的回答中，你可以更好地知道他们的成长情况和解决问题的能力。

要学会慢下来，观察孩子，珍惜蹲下来跟孩子平等相处的机会，如果有必要可以借助于一朵蒲公英与孩子面对面交流。要适时停下来，关注儿童的注意力被什么吸引，把注意力放在儿童的所见所闻上。你的角色很重要，因为儿童对成人看重的东西非常敏感。如果你认为大自然是很重要的，那么儿童也会这么认为。请记住，在整个园艺活动的过程中要始终保持愉悦的心情。如果开展园艺活动被当作例行家务事，那么儿童就会抗拒，你的项目就会失败。如果你的花园很大，那么儿童是没法做完所有工作的。我们很早就发现，由于我们的花园太大，家长和工作人员需要抽时间来除杂草。儿童也很乐意除杂草，不过我们不会强制他们这样做，我们只会把这个过程当作一次愉快的活动。不是所有的孩子都会参与园艺工作，或者对园艺有浓厚的兴趣，大家对此不必太担心。如果儿童只是待在花园旁边，看着小小的种子长成美丽的植物，当蝴蝶随风飞舞、蜜蜂嗡嗡而过时，他们在迎风摇摆的花丛中玩耍，那么这些同样对他们有积极的影响。

本书会告诉你在项目启动前所需要的一切。当然我们没法给你所有问题的答案，但我们会分享一些基本的信息和你可以尝试开展的一些活动。当你带着儿童走进花园的世界，开启一段新的旅途时，你会有更多的发现。

管理者需要知道什么

我们在这一章的开头就提到，儿童在户外的时间比以往的任何时候都要少。我们在高校里工作时也发现，一些刚进入教学岗位的年轻人从小也没有太多在户外的时间，甚至他们在童年时就已经远离大自然了。

萨拉的经历

我在东南密苏里州立大学授课，对于我班上的很多学生来说，他们是第一次正式与学龄前儿童打交道。每周他们会在我们的实验学校的教室里工作3小时，然后花2小时上我的课。通过观察这些学生，我对他们看待户外和自然的方式有了更深的理解。

在一次课上，我要求学生们比较具备知识完备性和不具备知识完备性的学习体验，让他们开展一些关于蚯蚓的实验，本书的第七章中有相关的实验。随着时间的推移，我注意到愿意触碰这些蚯蚓的学生越来越少，更别说抓起来了，学生们一直讨论这些蚯蚓有多恶心。在最近的这几个学期里，如果30个人里有2个人愿意触碰蚯蚓，那么我就要谢天谢地了。

我的学生大多都不喜欢蚯蚓，我已经习惯了。回想好几年前，我展示了一些关于环境的幻灯片，主要目的是让学生们理解环境对我们的感受和行为的影响。我展示了一组照片，并问他们有什么感受，他们如果身处照片中的地方会做什么——照片里有一个餐馆、适合在湖边野餐的地方以及交通拥堵的地方。他们的回答是可以预测的。然后我又展示了一张南伊利诺伊大学的花园的照片。一位教师坐在向日葵房里的地垫上,给孩子们读一本书。这张照片让我感到很温暖、很开心,我希望这些学生也有相同的感觉。"你们对这张照片有什么感觉?"我问他们。"啐!好恶心!"一群学生异口同声地回答。我感到很惊讶。"为什么呢?"我问他们。"有蚊虫,又脏又乱。"他们回答道。

从那以后,我把这张照片展示给更多的学生,我得到的回应基本一样。事实上,自从经过这次事件后,我和同事开展了一些相关研究,结果显示很多职前教师不喜欢大自然。当有泥土或小动物出现时,他们的反应最激烈。例如,有人坐在向日葵房里,在一株植物或者"虫子"的旁边,当这些学生走近一些很高的花,或者捧着鸟巢,抑或让孩子把沙土和水搅拌在一起的时候,他们会非常焦虑不安。

如果你是一个管理者,目标是建造一个学校花园,那么你要意识到教师们可能不喜欢跟孩子与自然打交道,这很重要。他们可能会有某种程度的"生态恐惧症"(biophobia),或者对大自然感到抗拒。从我们的经验来看,改变一个人的舒适程度非常困难,但我们在教育这些学生如何在户外与儿童很乐意除杂草，不过我们不会强制他们这样做，我们只会把这个过程当作一次愉快的活动。不是所有的孩子都会参与园艺工作，或者对园艺有浓厚的兴趣，大家对此不必太担心。如果儿童只是待在花园旁边，看着小小的种子长成美丽的植物，当蝴蝶随风飞舞、蜜蜂嗡嗡而过时，他们在迎风摇摆的花丛中玩耍，那么这些同样对他们有积极的影响。

本书会告诉你在项目启动前所需要的一切。当然我们没法给你所有问题的答案，但我们会分享一些基本的信息和你可以尝试开展的一些活动。当你带着儿童走进花园的世界，开启一段新的旅途时，你会有更多的发现。

管理者需要知道什么

我们在这一章的开头就提到，儿童在户外的时间比以往的任何时候都要少。我们在高校里工作时也发现，一些刚进入教学岗位的年轻人从小也没有太多在户外的时间，甚至他们在童年时就已经远离大自然了。

> **萨拉的经历**
>
> 我在东南密苏里州立大学授课，对于我班上的很多学生来说，他们是第一次正式与学龄前儿童打交道。每周他们会在我们的实验学校的教室里工作3小时，然后花2小时上我的课。通过观察这些学生，我对他们看待户外和自然的方式有了更深的理解。
>
> 在一次课上，我要求学生们比较具备知识完备性和不具备知识完备性的学习体验，让他们开展一些关于蚯蚓的实验，本书的第七章中有相关的实验。随着时间的推移，我注意到愿意触碰这些蚯蚓的学生越来越少，更别说抓起来了，学生们一直讨论这些蚯蚓有多恶心。在最近的这几个学期里，如果30个人里有2个人愿意触碰蚯蚓，那么我就要谢天谢地了。
>
> 我的学生大多都不喜欢蚯蚓，我已经习惯了。回想好几年前，我展示了一些关于环境的幻灯片，主要目的是让学生们理解环境对我们的感受和行为的影响。我展示了一组照片，并问他们有什么感受，他们如果

身处照片中的地方会做什么——照片里有一个餐馆、适合在湖边野餐的地方以及交通拥堵的地方。他们的回答是可以预测的。然后我又展示了一张南伊利诺伊大学的花园的照片。一位教师坐在向日葵房里的地垫上，给孩子们读一本书。这张照片让我感到很温暖、很开心，我希望这些学生也有相同的感觉。"你们对这张照片有什么感觉？"我问他们。"啐！好恶心！"一群学生异口同声地回答。我感到很惊讶。"为什么呢？"我问他们。"有蚊虫，又脏又乱。"他们回答道。

从那以后，我把这张照片展示给更多的学生，我得到的回应基本一样。事实上，自从经过这次事件后，我和同事开展了一些相关研究，结果显示很多职前教师不喜欢大自然。当有泥土或小动物出现时，他们的反应最激烈。例如，有人坐在向日葵房里，在一株植物或者"虫子"的旁边，当这些学生走近一些很高的花，或者捧着鸟巢，抑或让孩子把沙土和水搅拌在一起的时候，他们会非常焦虑不安。

如果你是一个管理者，目标是建造一个学校花园，那么你要意识到教师们可能不喜欢跟孩子与自然打交道，这很重要。他们可能会有某种程度的"生态恐惧症"（biophobia），或者对大自然感到抗拒。从我们的经验来看，改变一个人的舒适程度非常困难，但我们在教育这些学生如何在户外与儿童一起开展活动方面取得了成效。

你可以与教职工进行交流,鼓励他们分享自己的感受。如果教师没有开展园艺活动的相关背景和经验,那么他们可能会害怕且不愿参与进来,担心自己会犯错。当然,他们确实会犯错。我们见过很多这样的例子,有人误以为其他人精心种下的植物是杂草,而将其连根拔起。我们每个人都要了解学校的花园,并且感到舒适,可以指导儿童在杂草丛生时除草或者检查植物的叶子上是否有昆虫,这样学校花园才能够发挥作用。我们也会跟教师们强调,遇到昆虫或其他小动物时,他们自己感到不舒适是可以接受的,但是把恐惧传递给儿童是不可以接受的。例如,一个教师不应该说:"那个虫子好恶心。"另外,教师也不应该侵害任何一个生命,并且要教育儿童不能这么做。如果一个教师感到有些害怕,那么可以尝试说:"我在虫子旁边时感到有些不舒服,但我正在努力让自己舒服一点。"当真实地表达自己不舒服的感觉时,教师也需要承认一些儿童很容易看到的事实。通过这种表达,教师可以让儿童意识到即使是成人也需要成长。

我们所知道的绝大多数有花园的学校里都至少有一位工作人员或家长对大自然和园艺感兴趣。这个人通常可以成为花园项目的牵头人,他们的热情和专业知识都会激励其他人。在印第安纳州谢勒维尔市的圣迈克尔学校,这个带头人就是戴安娜·布彻(Dyana Butcher)。作为学校秘书,她能够看到花园项目所带来的学习机会和好处,她在学校后面铺满沥青的院子里开始尝试这个项目,并把她的花园梦想变成了现实。下文中就是关于她的故事:

在一月的开放日之前,我问校长可否在家长参加书展活动的体育馆里贴一张广告海报。海报上有一棵棕色的树,树上有很多苹果贴纸,最上方写着"帮我们一起建设花园吧!"。每一个苹果贴纸上都写着建设花园所需要的物品,包括三袋盆栽土、一根水管、一个种植箱、一些园艺工具,以及一棵"友谊树"(也就是他们已有的一株多年生植物)。家长们把这些"苹果"取下来,然后问什么时候需要提供这些物品。消息就这样传了出去。我们又把这个广告海报挪到办公室前面的走廊上。有一天,一位男士看到这则消息并表明,如果我们可以支付购买木材的费用,那么他可以制作一些种植箱。我们还有一些家长捐赠的容器——儿童的黄色翻斗车、猫头鹰花盆和瓢虫花盆。到三月的时候,三年级学生在四年级和五年级学生的帮助下,在第一批容器里播下了种子。他们在教室里小心照料着,直到种植箱就位了,我们才把这些植物移栽到外面。如果有人来访,我们会带他们参观这片绿色的区域。到五月的时候,学生们把当地的两位农民捐赠的植物种子和鲜花种到了花园里。在学校野餐日的那一天,学生们到外面在木制种植箱上绘制他们设计的图案。鲜花、番茄、香草以及其他多年生植物,都被种在各种各样的容器里。我们还按照校长佩格·哈兰高迪(Peg Harangody)的愿望,种了一棵小盆栽树,上面还有圣诞彩灯。从夏天到冬天,家长和学生们都会来到这个花园。学生会还为这个花园购买了一张长椅,当地一家企业专门负责支付这里的电费,一位老先生在花园旁安装了水管。现在教师们可以在花园里上科学课,还可以休息、读书。学生们对他们建造的花园感到非常骄傲。

戴安娜的学校花园梦想为这个项目的启动注入了活力。如果你也是一个充满热情和活力的人,那么你将会有一个很好的开始。在第三章中,我们将介绍如何打造一个投身于花园项目的团队。当然,最理想的情况是,所有的教学人员都能一起学习了解花园并参与设计和建造。你可以用几种方式让所有人都参与进来。为了调动大家的兴趣,你可以安排教职工就近参观成功运作花园项目的学校。如果时间和费用不允许,那么你可以在网上找一些图片,制作一个展示成功的学校花园的幻灯片。在教职工会议上,你可以让园艺师指导教职工如何参与花园里的活动。你还可以让每一名工作人员负责花园里的一个区域,帮助儿童挑选、种植、照料植物。另外,你可以举办园艺方面的研讨会,让教职工参与园艺活动,了解更多的园艺知识。当然,要确保在培训期间你的教学团队能够进入花园。我们曾经犯过一次错误。当时我们邀请了一位园艺师为大家授课,但是整个过程都在教室里进行。虽然他分享的资料非常棒,但整个培训并没有太大效果。因为教职工们实际上没有走进花园,没有办法与花园建立亲密的联系,所以也就没有办法建立信心来做那些我们要求他们与儿童一起做的事情。跟儿童一样,成人也会从亲身体验的学习中受益。要给他们足够多的机会与园艺师和自然爱好者一起工作,随着时间的推移,这种自信心是可以相互影响的。不管做什么,要确保大家都在一起工作,你为教学团队提供了他们成为成功的园丁所需要的一切信息。

巴布·古斯廷（Barb Gustin）和阿西利亚·拉米雷斯（Arcilia Ramirez）在印第安纳州哈蒙德市的开端计划教育项目中担任管理人员，其中有8位教师和8位助教分布于全市不同小学的8间教室里。他们认为做园艺是一个非常好的方式，能够帮助教学团队达到联邦开端计划教育项目的标准（包括健康、营养、认知、社交、家庭参与以及户外游戏体验）。在春季开始的时候，玛拉和萨拉开展了关于项目教学法的园艺实践培训工作坊。由于种种原因，比如没有足够的空间、个人知识缺乏，一些教师似乎不太想参与园艺活动。为了调动教师们的积极性，巴布和阿西利亚决定举办一场"友谊赛"。他们要求每组教师按照自己的想法与儿童一起建设花园，并把整个过程记录下来。随着一个学期临近结束，夏季即将到来，教师们需要向评审团展示他们开展花园项目的情况。这个评审团包括开端计划教育项目的高管和堪称园艺大师的学校董事会成员。主要评审标准涉及关于项目的照片记录、陈述方式、空间的有效利用情况（比如空间有限的那些场所）、创意、教育价值、家长参与情况以及所花费的时间。教师们展示了海报、折页、大型园艺书或杂志，里面包含了图片和儿童的作品。通过这个过程，教师们对他们的花园项目产生了一种成就感，同时能够把他们的想法和成功经验分享给其他教师。

第二章
让儿童参与园艺活动

一个好的课程可以让儿童在精神、身体和情感方面都有所投入。为了做到这一点,花园项目必须有一个实际的花园,这非常关键。儿童能够通过设计、种植、维护、观察和探索等一系列活动获得一种归属感,如果没有让儿童参与到活动中,那么任何一个花园课程都是不长久的。正如那句经典的话:"我听过了,我就忘了;我看见了,我就记得了;我做过了,我就理解了。"如果你想让儿童参与园艺活动,那么你必须让他们每天花一定的时间进行操作,通过不断重复积累经验来巩固和完善他们所学的概念(比如一棵植物在生长时需要什么)。儿童需要时间来融入花园,爱惜它、研究它,在里面游戏和玩耍,理解各种生命的错综复杂的关系。在这一章中,我们将讨论如何:

- 培养个人的兴趣,强化通用知识;
- 在生成课程中让儿童参与进来;
- 确保儿童进行有意义的学习;
- 把不同领域的内容整合到花园课程中;
- 采用项目教学法;
- 与儿童一起动手做园艺;
- 让儿童参与科学研究的过程;
- 实地考察;
- 记录儿童的学习;
- 把花园课程延伸到室内。

培养儿童对园艺的兴趣

如果教师要开展园艺课程,那么必须先培养儿童在园艺方面的想法和兴趣。你此时的目标就是在儿童进行实际的园艺活动前,在班级里创设一种让他们讨论和交流的氛围。在春天的时候,儿童经常会被外部世界的变化吸引。你可以充分抓住儿童的好奇心,在班上的图书角添加园艺方面的书籍。你还可以在圆圈活动时介绍一些关于园艺的诗歌、歌曲和故事,让大家对园艺展开讨论。你也可以在教室里悬挂一些花园或花卉的图片,或者带孩子们在大自然中徒步寻找春天的痕迹,通过这样的引导让儿童口头分享他们以前关于植物和花园的经历。如果你在秋天才开始园艺课程,那么你就需要寻找一些要播种的植物,收集一些种子,并进行观察。提供一些常见的园艺道具,供儿童进行角色扮演游戏,能够帮助他们回忆关于花园的活动,鼓励他们进行更多的讨论。在几天的时间内,你会发现哪些孩子之前有在花园里做园艺的经历,你可以鼓励这些孩子在集体讨论时分享自己的故事。每天你都应尽可能地鼓励儿童针对种植与收获方面的先前经历进行对话和交流,这些活动会让他们掌握一些关于园艺的基本知识和词汇。

通过生成课程进行园艺教学

很多幼儿教育课程都围绕一个教师提前选好的主题为儿童规划活动。这个主题是所有活动的核心，涉及音乐、艺术、阅读、集体讨论以及室内游戏。这种教学计划的问题在于有时活动与儿童的生活或兴趣没有很好地关联，儿童没有深入参与活动，所以他们没有进行真正的学习。

我们建议你不用提前计划好花园课程，要以儿童为主导，跟着他们的节奏，通过不断发展的主题让课程自然生发。玛吉·卡特和德布·柯蒂斯（Margie Carter & Deb Curtis）在《关注儿童的生活——以儿童为中心的反思性课程设计》（*Reflecting Children's Lives: A Handbook for Planning Your Child-Centered Curriculum*）一书中提出以下建议。

- 观察儿童。当发现儿童的游戏出现某个主题或更深层的意义时，你可以为他们提供材料，以支持其继续游戏。
- 挖掘儿童的问题。思考一下他们的生活和彼此的关系，了解儿童在探究过程中的兴趣点。
- 为探究提供材料。计划一些能激发儿童好奇心的体验，如果儿童有误解，那么要帮助他们重新思考结论（在他们出错时不要马上纠正，要让他们进一步探索，最后他们会发现自己的问题）。
- 把重点放在"做中学"上。鼓励儿童探索材料，提出想法，与他人互动，这样他们能发展语言和理解相关的概念。
- 根据儿童的特长和兴趣而不是不足来制订计划。
- 学会把儿童学习标准与儿童感兴趣且想要知道的东西结合在一起。

当你观察儿童时，试着让他们带着你选择下一个要探索的课题。路易丝·博伊德·卡德韦尔（Louise Boyd Cadwell, 1997）在《解读瑞吉欧理念》（*Bringing Reggio Emilia Home*）一书中，把这种回应儿童的教学方法比作操场或运动场上的传球练习。有时教师拿着球，创设环境，用启发性问题引导儿童讨论，并提供新的工具或技术。有时球会传给儿童，由他们主导课程的方向，提出自己的想法并进行决策。

在设计花园的时候，儿童会针对花园或者花园里发生的事情提出各种问题，把球传给儿童的一个方法就是记录他们的问题。要把这些问题放在中心的位置（比如集体讨论的地方），这样你就可以随时回顾这些问题。当大家集体讨论的时候，要把儿童的问题逐字逐句记录下来。伊丽莎白·琼斯和约翰·尼莫（Elizabeth Jones & John Nimmo，1994）是《生成课程》（Emergent Curriculum）一书的作者，他们建议把教师的角色视为抄写员而不是编辑，这样可以对儿童不断发展的语言能力表示尊重。如果你愿意的话，可以在每个具体问题的后面加上儿童的名字，方便在后续讨论中持续跟进。比如，后续你可以进行提示："杰里米，记不记得上周你想知道植物都吃什么？今天图书角里有一本书可以帮助你找到问题的答案，你要不要跟我一起读呢？"

此外，我们发现，如果一个小组不知道该如何开始，那么我们就需要做出一些示范。在这个过程中，我们会调整教学策略，引入一个叫作"有声思维"（think-aloud）的方法。如果儿童想不出什么问题，讨论中断，那么你可以尝试这样说："我总是很想知道有没有什么植物喜欢在阴凉的地方生长。有没有谁也想知道呀？你们认为我们是否可以把这个问题写下来，并将此作为我们学习的内容呢？"如果儿童很积极地回应，那么就把这个问题写下来，然后问他们："你们还想知道什么吗？还有谁有问题呢？"这样的示范能让儿童对任务有一个整体的认识，从而让活动继续下去。

克莱尔·沃登（Claire Warden，2006）曾提出用"话题盒子"（talking tub）激发儿童的思考。"话题盒子"就是一个大盒子，里面装有各种三维立体材料，以供儿童观察和讨论。盒子的表面可以设计一些装饰，以增加儿童

在活动过程中的体验感。沃登在盒子的表面画上了各种问号，进一步激发儿童对盒子里的物品的思考。当然你也可以有自己的设计想法，只不过需要记住，你要传递出一种信息，让大家意识到这个盒子里的物品很有探究价值。这些物品都是根据

教学目标精心挑选的。例如，花园盒子可以装园艺手套、小铲子、种子包、小花球、植物的根、一朵带着种荚的干枯的花、一个浇水壶、一片护根覆盖物、一个雨量计或者其他与花园有关的物品。请记住，你可以用这样的花园盒子展示生命的开始（种子）与结束（带着种荚的干枯的花）。在进行活动的时候，每次只展示一件物品，然后让儿童进行回应，告诉他们没有正确与错误的答案之分。当儿童针对这些物品提出自己的想法时，你可以快速记下他们的回答。沃登强调，话题盒子的目的在于激发大家讨论，所以儿童提出与此相关的一切想法都值得鼓励。当你重温本子上所记录的儿童想法时，你就能逐步看到沃登所说的"可能的发展路线"（possible lines of development，PLODs）。这些"路线"汇聚了儿童的兴趣点，据此你可以看到课程是如何生成的。

　　沃登还介绍了"地板书"（floorbooks），这种书很大，可以自己制作，也可以采购。她在《说说议议地板书》（*Talking and Thinking Floorbooks*）中提到了如何制作地板书。由于地板书很大，孩子们可以围坐在地板上。地板书的用途主要是规划和记录我们的经历。比如，在开始时，儿童有关于花园的各种想法，教师可以帮助儿童把这些想法用网络图连接起来，或者把儿童对问题的回答逐字记录下来。"你想在花园里做什么呢？"当孩子们围在地板书旁时，教师可以收集可能的发展路线（PLODs）并写在地板书上，从而更好地激发他们。儿童可以用多种方式不断填充地板书的内容，这样这本书就会成为记录他们的经历的一本日志。他们可以写下自己的经历，画画，或者贴上一些照片和艺术作品。沃登建议准备一些提前裁好的气泡形状的便签，这样儿童可以随时写下他们的想法。教师还需要准备一些信封，这样儿童可以把重要的物品放在信封里。儿童可以随时回顾地板书，分享他们的想法、计划、行动和观察，记录他们遇到的挑战，以及验证解决问题的方法是否有效。地板书所在的区域成为大家经常光顾的地方，在那里儿童可以看到小组所做的事情。当儿童了解到一段时间内花园里所发生的一切以及他们所做的工作时，他们将会开展更深层次的学习。儿童在探索、观察以及适应新的思考和行动方式中，能够建立与周围事物的联系，这将进一步激发他们的高阶思维。

确保智力的发展

如果我们要为儿童做到最好,那么我们就需要规划他们的认知发展过程,确保智力开发的完整性。如果不考虑儿童实际上学什么,那么我们很容易回到那种"生动有趣"的课堂。丽莲·凯兹和西尔维娅·查德(Lilian Katz & Sylvia Chard)就强调了我们在设计课程时要重视智力发展目标。他们认为,"儿童应该加深对自身经历和周边环境的理解,并通过这样的方式促进思考""儿童年龄越小,他们参与的大多数活动与智力发展的结合就越重要"(1989,p. 4)。

在为年龄小的儿童设计体验活动时,我们很容易遗漏一些信息,甚至为他们提供不正确的或混淆的知识。休·布雷德坎普在《发挥潜能:适合幼儿的课程与评估》(*Reaching Potentials: Appropriate Curriculum and Assessment for Young Children*)一书中提到她在教学生涯早期的一段经历。她设计了一个自认为"很有意思"的活动:把土豆的顶部切除,放上棉球,并种上草籽。虽然她每天早上兴致勃勃地检查这个"土豆脸"的生长情况,但是她发现孩子们对这个项目并没有兴趣。在评估这个活动的时候,她这样总结:"草无法在棉球上生长,也无法在土豆上生长,土豆也不会长'头发'!孩子们没有参与这个项目是幸运的,因为如果他们参与进来,很难想象这样的学习会让他们得到什么成果,与现实世界建立什么关系"(Bredekamp & Rosegrant,1992,p. 39)。

每一位经验丰富的教师都可能有上述经历。这就是为什么当我们萌生一些"有意思"的想法时,应该问一下自己:儿童到底能从这个活动中收获什么?如果我们不能在"有意思"之外找到活动的价值,无法确定儿童从活动中学到什么概念,或者这样的学习不符合学科内容,那么这种活动就可能缺乏智力开发的完整性。

除了学习之外,我们还希望儿童能够在教室里享受他们的工作。同样,我们要避免把"有意思"作为课程的一个标准，不能因为儿童觉得有趣就设计某些教学活动。例如，把花园里所有的鲜花都摘下来并抛向空中，对儿童来说可能挺好玩，但这样做不能带给他们任何有意义的东西。凯兹和查德（Katz & Chard，1989，p. 5）就说过："快乐虽然是一个很好的娱乐目标，但并不是一个合适的教育目标。教育的一个主要目的就是提高学习者对周围世界的认识，调动他们继续学习的热情。当学习者通过教育实践成功地做到这一点时，他们会发现这段过程是非常快乐的，但是这种快乐只是参与有价值的活动以及努力学习的一种副作用或附带产生的结果。"

通过花园项目，儿童可以在教师的有效引导下进行科学探索和发现，而不是相信一些不可思议的想法。比如，我们很容易让儿童相信豆茎生长是因为豆子有魔力，但这不符合科学规律。

此外，我们必须考虑儿童的发展水平、课程与他们所认识的世界的关系，以及他们投入学习的积极性。为了具有发展适宜性，课程设计的内容必须尊重儿童的智力水平，符合他们的能力、他们与周围世界的关系及掌握的知识。要检验一个活动是否合适，是否具有智力开发的完整性，你可以问自己下列问题：

- 活动背后的理念是什么？（如果你说不出来，那么这个活动可能会无聊，不值得儿童花时间关注。）
- 儿童对这个活动感兴趣吗？
- 这个活动传递的信息是否准确可靠？
- 这个活动将要呈现的信息是否值得了解？
- 这些信息是否通过有意义的方式传递给儿童？
- 如果内容与某些学科（比如数学或科学）有关，那么其是否符合相应学科的基础知识？
- 如果内容包含文学、诗歌、绘画或音乐，那么这些作品是否被公认为佳作？
- 儿童可否把活动内容与他们的实际生活以及所熟悉的世界联系在一起？
- 在整个学习过程中，儿童是否积极地参与？

关注概念

教师有责任决定教什么。关注事实是很容易的，当儿童能够背诵一连串的事实时，成人通常会积极地回应，但是简单记忆和复述并非真正的学习。实际上，很多幼儿都能背诵字母表或1—20的数字，却不知道这些代表什么意思。事实会随着时间的推移而发生变化，甚至会过时，想想你小时候记住的那些已经不再适用的信息。科学在不断进步，推翻了很多曾被认为是确切无疑的东西。此外，有些事实根本不值得了解。大多数成人都可能记得小学刚开始时的一些资料，这些资料从那以后就没什么用了。给儿童灌输知识，并要求他们重复，这种做法是饱受质疑的。至少事实必须以有意义的方式与儿童的世界相联系，这样它们才会有用。

另一方面，概念围绕着意义展开。概念是关于一门学科的基本理解和观点，是在大量实验后分析数据得出的结果。概念的建构源自儿童所生活的地方，随着时间的推移和经验的积累，它们变得更加完善。随着儿童大脑的发展，他们关于世界的概念也发生变化——从具象的（植物、花朵、昆虫、根茎）到抽象的（生长、美丽、关爱、合作），从一般性的（植物）到特殊性的（万寿菊、凤仙花、玫瑰、麦秆菊）。创建这种联系对于儿童思维的锻炼非常必要。随着时间的推移，相比简单记忆来说，这样做更能有效地促进儿童的智力发展。

当儿童探索花园的时候，为了确保他们能够理解，你应该清楚这个过程中包含了哪些概念。要了解这一点，我们在开始花园项目时的首要任务就是制作一个概念网络图。通过研究这个图，你可以看到花园课程中的各种学习契机。制作一个你自己的网络图也是一个不错的办法。作为一名教师，你可以从这个初步的网络图中思考课程延伸的脉络。

网络图初稿中的内容一般非常宽泛，包含花园的各个方面。当你和儿童一起学习时，这些内容需要聚焦在更小的范围上。像虫子、花朵、到访花园的小动物、种子、蔬菜等话题都可以进行探索。实际上，最好的项目往往把范围缩小在某一个具体的话题上，然后不断深入。一旦你发现儿童对某个话题感兴趣，你就可以与他们一起制作网络图，这有助于了解他们对于这个话题已经掌握了哪些内容。裘迪·哈里斯·赫尔姆和丽莲·凯兹（Judy Harris Helm & Lilian Katz，2011，p.25）曾提到，"网络图是一种反映儿童想法或问题间关系的图形符号"。当儿童在一起制作网络图时，他们会相互交流，贡献自己所掌握的知识，互相帮助，以进一步熟悉这个话题所需要的词汇。记住，网络图就像是一张地图，让你知道可能的目的地在哪里，如果你决定要去，你也会很清楚那边有什么等待着你。不需要把网络图上所有的话题都探讨一遍，要以儿童的兴趣为主导。

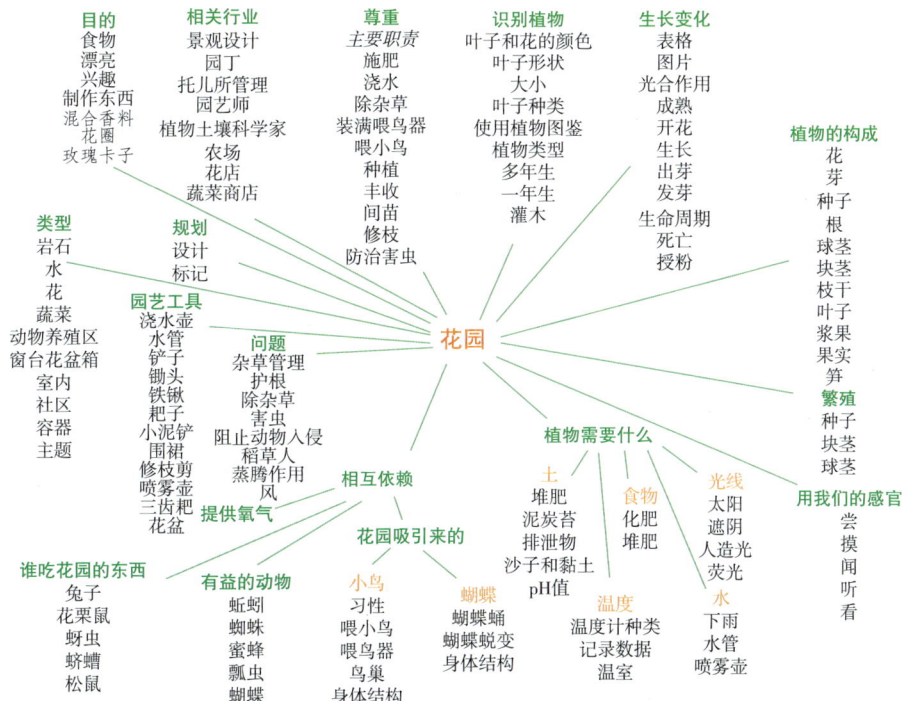

完成网络图后，想一想儿童如何用简短的语言表述这些概念，比如下列示例。

- 植物是有生命的。
- 植物需要水才能活。
- 有些昆虫会吃植物。
- 杂草是我们不希望在花园里出现的植物。

年龄大一点的孩子或者有较多园艺经验的孩子，会开始细化他们所学习的概念，并提供更详细的信息。

- 一些植物在冬天时处于休眠状态，到春天时又复苏了。
- 不同种类的植物需要不同的水量才能生存。
- 有些昆虫会吃那些吃植物的昆虫。
- 杂草会吸收其他植物生长所需要的养分。

一旦你可以清楚地描述儿童所学习的概念，评估你为儿童设计的活动的质量就会更容易。实际上，你应该对儿童进行仔细观察，这样课程的延伸才会有方向。通过观察儿童在花园里的游戏和工作，以及他们与材料的互动，你在设计课程的内容时就会知道往哪个方向努力。在跟随儿童的兴趣时，你可以利用网络图，不断回应儿童，让他们保持参与热情。

儿童的学习建立在一年又一年、一次又一次积累经验的基础上。有一些概念（比如种植、除草和浇水）在各地都是相通的，但有一些与园艺相关的行业以及学习园艺的目的，会因地域、文化、群体年龄的不同而有所区别。我们建议，不要带着压力研究每一个概念，只要跟随某个儿童或某个小组的兴趣就好了。

整合学习

幼儿本身就是一个整合的个体，他们的身体发展影响认知发展，而认知发展影响语言发展，语言发展又影响社交技能的发展。当你跟幼儿打交道时，要非常清楚幼儿是没法被分割的，不能说先处理他们的一部分，再处理另一部分。相反，你要针对整个幼儿，综合各种活动来促进其全面发展。在关注某个话题（比如园艺）的时候，你要仔细思考如何设计内容来满足课程各领域的要求，从而帮助儿童发展认知，让他们对概念有更深入的理解（Bredekamp & Rosegrant，1992）。

想一想儿童参与花园项目的一个具有代表性的活动：用英式松饼和从花园里采摘的青椒和番茄制作一份比萨。他们看菜单时就是在练习文字表达，他们在教师的帮助下交流就是在发展新词汇，他们轮流发表意见、讨论任务时就是在锻炼社交技能，他们在切蔬菜、准备比萨时就是在锻炼精细动作。他们在分类、数数和把蔬菜切成小块时，就是在参与数学活动。他们把英式松饼切半，数一数他们要做几个比萨，把配料逐一放在半块松饼上，这时他们就在构建数学概念。此外，他们可以观察从花园里采摘的青椒和番茄的变化，这就是科学认识的过程。这时他们能看到蔬菜内部的样子，观察种子

（基础生物学）。他们在加热比萨时还能看到比萨的变化（状态的改变——物理）。然后，他们可以把这段经历记录在日志本上（语言）。这个过程永无止境，丰富的课堂经验可以把多个学科的内容整合到一起。

一个花园项目充满了整合课程的机会，课程的每个领域都能融入花园项目。一位优秀的教师会提前进行计划，把各方面的内容都整合到儿童的活动中。不过，需要注意的是，不要只关注园艺方面。可能很多教师还记得大学时的经历，他们按教师的要求，围绕某个具体的主题设计单元活动，有时甚至想把所有的活动都围绕那个主题进行设计。因此，不少教师绞尽脑汁地想出各种与昆虫有关的艺术活动，或者与宠物有关的精细动作活动，直到现在还有一些教师这么做。这样设计内容往往会导致成人的人为痕迹太重，对儿童来说意义不大，缺乏智力发展的完整性。为了避免掉进这样的陷阱，可以尝试这样做：在开始阶段，设计一些体验感比较强的园艺活动，然后规划一些包含基础物料和工具的简单活动，这些活动不一定与花园有关系，比如可能涉及科学实验、降落伞游戏、积木搭建、智力游戏、木工活动、角色扮演游戏以及音乐和律动活动。记住，不需要每一首歌都与花园有关系，不需要每一幅画都包含花朵或蝴蝶。儿童需要持续探索令他们感兴趣的事物，用多种方法表达自己。如果你觉得压力太大，想不出

与园艺有关的活动，那么你可以适当暂停一下。如果你真要强行把这些内容串联在一起，那么儿童未必会喜欢。

整合园艺课程

当你设计园艺课程时，要确保在开展园艺活动的过程中整合所有领域的内容。本书在这方面为你提供了一些参考，让你能够根据儿童的兴趣点为他们设计内容丰富的课程。要定期回顾你的项目，更深入地研究花园，确保你能提供丰富的活动体验。

科学

科学是花园项目中最明显的一个学习领域，整个花园里到处都涉及科学的内容。当然，如果要在花园课程里列出所有的科学概念，几乎是不太可能的。儿童可以观察植物的生长和生命周期，在开展园艺活动时了解花园的整个生态系统。一旦完成种植，儿童和教师就要开始与杂草和害虫做斗争，担心降水量不足。他们可以看到被花园吸引的其他小动物（如大黄蜂、蝴蝶、小鸟），认识一些对花园有益的生物（如蚯蚓）。有些生物虽然对植物的生长没有太大影响，但是依然能激发儿童的探究兴趣，比如一些孩子会花几小时来观察岩石或木桩下的球潮虫。

虽然开展园艺活动是一种对环境施加影响的方法，但这种影响是有限的，儿童会遇到很多自然环境中意想不到的元素。他们在接触大自然的过程中能够学会欣赏和尊重环境，在早期培养这方面的意识非常必要，等儿童长大成人后，他们才会知道如何更好地关心我们的环境，才会知道我们与地球的最原始的联系方式。随便问一个关心环境并采取行动的成人，他都会讲述小时候与大自然亲密接触的故事。通过与儿童一起开展园艺活动，我们能够让他们把自己视为世界的一部分，并担负起相应的责任。通过为儿童创造机会建立与地球及其他生物的联系，他们能够通过园艺活动看到生态网络中自己所处的位置。

语言

虽然花园项目中最明显的学习领域是科学，但花园项目同样提供了促进儿童语言发展的多种机会。成人在跟儿童一起做园艺时，也会学到很多新词汇。儿童喜欢重复那些复杂的拉丁学名，甚至还会辨认出龙血景天（dragon's blood sedum）、新几内亚凤仙花（New Guinea impatiens）、俄罗斯猛犸象向日葵（mammoth Russian sunflower）和鸟笼葫芦（birdhouse gourd）等有生动形象的名字的植物。同时他们在计划和完成任务时能够相互交流，进行观察和记录。当他们读书、做研究、给植物贴标识、看菜谱、描述所见所闻时，他们的语言能力就得到了发展。

数学

儿童在花园里工作时还会使用数学技能。他们在种植时会数种子的数量，把种子一颗一颗地播撒在每个单独的容器里，观察植物的生长，对植物进行测量。例如，把向日葵与周围事物或自身进行比较，把观察和记录的数据进行分类，绘制图表，并得出结论。如果儿童从花园里采摘食材，那么他们会算数和分类，按照菜谱要求进行测量，比较大小。

艺术

儿童很容易通过艺术来探索花园，通过绘画、上色和临摹来描绘花园的景象。教师可以介绍关于花园的歌曲和手指操，让儿童围绕花园主题，通过创意形体动作和角色游戏体验参与进来，例如让儿童像大树一样生长，像小鸟一样飞翔，像高高的花朵一样在风中摇曳。

社交

通过在花园里进行探究，儿童可以认识他们所处的社会，把目光投向社区内的其他花园。他们可以探访其他场所（比如温室、苗圃中心、花店、超市），认识社区的整个经济网络，并与社区成员建立联系。

也许园艺对课程的最大贡献在于，它为儿童的性格培养创造了条件，有助于儿童成为一个善解人意、关心他人、终身学习的人。在花园里，儿童还可以收获好奇心、进取心和责任心。他们渴望不断探索，从探索和发现中获得回报；他们主动参与工作，这个愉快的过程让他们无法停下来；他们不断努力获得回报，懂得了责任的价值。当儿童寻找各种方法完成任务或解决问题的时候，他们会变得足智多谋；当他们尝试新方法并最终获得成功的时候，他们会意识到坚持就有回报；当他们对花园里的生物有更多了解的时候，他们会培养对他人的理解和尊重。

在园艺中采用项目教学法

我们在儿童发展实验室里一起工作的时候，在课程设计上采用了项目教学的方法。这种方法是生成课程的一种形式，就好像在意大利的瑞吉欧学校里那样，教师可以长时间地专注于儿童感兴趣的话题，把多学科内容（比如科学、语言、社交、数学和艺术）融合进来。在项目过程中，儿童很主动地学习，与他人分享自己的新知识。这种方法构建了一种学习共同体，每个人在其中的贡献都是有价值的，这种贡献可能以不同的形式（如问题、观察、背景经验或者想法的表达）出现。凯兹将项目教学法定义如下：

一个项目通常是对一个值得学习的话题进行深入探究，这种探究通常由班上的一组儿童进行，有时是整个班都参与，偶尔由单个儿童进行。其主要特点在于这是一项研究工作，旨在围绕某个话题寻找相关问题的答案，这个话题通常由儿童、教师或者儿童与教师一起提出来，最终目的是更多地了解这个话题，而不是针对教师的问题寻求正确的答案（1994, p.2）。

一个项目与一个主题或单元的不同之处在于，项目的过程是以儿童为主导的。教师要先从儿童已经掌握的知识开始，通过交流和观察来关注他们的兴趣点，帮助他们通过自己的探索找到问题的答案。

花园是一个非常适合开展项目教学的地方,因为其中蕴含了复杂的元素,儿童可以通过不同的方式参与进来。他们可以通过园艺活动发现科学、数学、语言和社交方面的紧密且有价值的联系。通过这种项目进行学习所得到的收获将继续在他们的日常生活中发挥积极的作用。此外,建设和维护花园的各种任务可以很好地抓住小组中每个孩子的兴趣。

如果你在教室里想采用项目教学法,我们推荐两本书。西尔维娅·查德在《项目教学:让课程生动起来》(*The Project Approach: Making Curriculum Come Alive*)一书中对项目教学法进行了概述。赫尔姆和凯兹在《培养小小探索家:幼儿教育中的项目教学法》(*Young Investigators: The Project Approach in the Early Years*)[①]一书中有更详细的阐述,并提供了项目活动计划日志,你可以在实际操作的过程中参考和使用该日志。

与儿童一起在花园里

我们要提醒教师,在儿童探索花园时要保持好奇心。成人很容易进入"说教"模式,换句话说,他们很容易没过多久就开始测试儿童掌握的知识,为孩子们讲解关于花园里的植物和生物的科学知识。这其实不是一种好的教学方法,无法

培养儿童的终身学习能力和尊重环境的意识。我们认为,成人应该和儿童一起探索和研究变化无常的花园生态系统,成为与儿童一起在花园里工作的学习合作者。其实教师也会发现这样做会唤起自身的好奇心,从而为儿童提供

---

① 此书中文简体版已由中国轻工业出版社于2022年出版。——译者注

更有意义的体验活动。如果这样做，那么儿童会变得更加好奇，更加善于观察，不断提出问题并寻找答案。

通常成人需要保持沉默。花园是一个值得观察、欣赏和反思的地方。如果教师在介入前花一些时间仔细观察儿童，那么他们就能给予儿童更好的支持。如果儿童在某一刻被某样东西吸引（如观察一只蝴蝶或看蚂蚁怎么搬东西），那么教师的干预将会破坏这个学习过程。儿童跟成人一样需要时间进行思考和处理信息，这时成人的介入只会是一种干扰，起不到帮助的效果。

如果成人要说话，那么应该与儿童真诚交流，特别是当你真正花时间与儿童在一起的时候，你更应该这样做。如果你能适时与儿童一起工作和交流，而不是根据提前安排的计划往前赶，或者提前想好你要教儿童什么、跟他们说什么，那么你会开启一种新的学习和分享方式。你还可以与儿童讨论自己的发现，从而进一步释放他们探求知识与真相的天性。有一个很好的方法是用"我注意到"这样的短语开头。比如，你可以说，"我注意到这片叶子上有一个洞"或"我注意到之前开花的地方长出东西来了"。儿童可以根据这些线索更仔细地观察，并分享探索过程中发现的东西。

支持花园里的同伴交流

成人要鼓励儿童之间的同伴交流。凯兹（Katz，1984）就曾提出过培养儿童交际能力的四个原则。儿童一定要与人交流，而且必须有一些可以互动

的内容，从而发展交际能力。此外，内容对于参与交流的人来说应是有意义的，与他们的兴趣紧密相关。凯兹还指出，当儿童轮流说话，一个儿童的回应取决于另一个儿童的说话内容时，他们的人际交往能力就会得到最大程度的发展。如果教师能够

为这种互动提供支持，那么他们就能为儿童更好地发展交际能力创造条件。

在开展园艺活动的过程中，有很多这样的机会。花园能够为儿童提供丰富的内容和充足的交流机会。园艺活动的内容很充实，儿童也很熟悉。通过吃的食物、发现的动物、植物的气味和形态、每天发生的变化以及在浇水过程中与土地建立的紧密关系，儿童能够将花园与自己的兴趣联系在一起。当儿童在花园里工作和探索时，教师要不断鼓励他们开展对话，从而促进他们相互交流。教师可以用"告诉亚历克斯，你在树叶下都发现了什么"这样的句子作为开始。如果你已经知道某个儿童对于花园的某方面感兴趣，那么这样做会特别有帮助。例如，安伯对蜗牛特别着迷，而此时杰弗里发现了一只蜗牛，你可以建议杰弗里将自己的发现告诉安伯，这样就能开启两个孩子之间的对话。

你还可以让儿童两两配对，一起在花园里工作，鼓励他们在日志本上记录自己的工作和发现，或者相互分享，这同样能促进他们之间的交流。另一个方法就是把花园里发生的变化记录下来，让一名儿童采访另一名儿童，全程用音频或视频的方式录下来。现在各种录像设备应用广泛，这样的采访方式也变得更容易，我们只需要把文件复制到计算机上就可以重复播放。

提出问题

问题可以激发思维，挑战认知，引发反思，促进行动。如果儿童想要在探索中了解事物背后的规律并获得新发现，那么提出问题就非常重要了。善于提问是终身学习必不可少的要素，也是很多伟人的共同特点。教师需要示范如何提问，从而更好地帮助儿童培养提问能力。教师在提出问题后，需要鼓励儿童思考和评论，发掘表面现象背后的规律，进一步拓宽思路。

教师在与儿童一起探索时，一个示范提问的方法就是使用"我想知道"这个短语。当你说"我想知道"的时候，你就在展示如何提问。这个短语也可以作为一种开放式问题，允许儿童提出自己的答案或解决方法。比如，"我想知道树叶上为什么有洞""我想知道之前开花的地方长出来的是什么"。

教师在提问时需要特别注意，一些问题可能会阻止儿童进一步探索，影响他们的学习，让他们感到泄气。想象一下在某个社交场合，你试图与别人交流时感到特别不舒服的时刻。如果你问一个简单的封闭式问题，那么对方可能很快就会给你一个答案。除非你的交流对象特别健谈，或者你捕捉到了对方感兴趣的话题，否则你会发现这种问题根本不利于对话的继续进行。看看电视上的技巧高超的采访人员，他很谨慎地提出问题，引导采访对象分享、反思并展开话题。同样，一位优秀的教师在向儿童提问前也需要深思熟虑。

教师需要先思考一下自己提出的问题是聚合型的，还是发散型的。聚合型问题有时也指"封闭式"问题，只有一个正确答案。一些成人最喜欢问这种封闭式问题，而且一下子会问很多个："这朵花是什么颜色的？""大还是小呢？""有多少个花瓣？"儿童在被测试标准答案时经常会感到不舒服，而且他们在这个过程中并没有太大收获。思考一下为什么你要问封闭式问题。在大多数情况下，你已经知道答案，你也知道儿童的回答是什么。有时教师认为需要提出一些问题来了解儿童已经知道什么，但实际上教师可以通过非正式交流或更有意义的互动来获得这些信息。凯兹（Katz，2009，p. 4）把上述封闭式问题称为"审讯式"问题，并指明教师需要怎样提问。例如，要想了解一名儿童是否知道家里的电话号码和地址，那么"这样开头会比较好，'我想知道你是不是了解你的家庭住址，你可以告诉我吗？'。这样的表达会让问题显得更真实，而且对儿童来说目的很明确。因此我们可以把这样的问题称为'核实性问题'，而不是审讯式问题"。

当然有时一个聚合型问题可以帮助开启一段对话，例如帮助儿童回忆之前的一些事情："当我们把种子种在土里后发生的第一件事情会是什么呢？"在提出这样的聚合型问题后，你不应该停下来，而应该继续鼓励儿童从已有经验中进行总结，并寻求新的经验，从而拓宽学习的范围。如果要激发儿童的学习，并让他们进行创造性思考，那么教师必须在接下来的过程中提出发散型问题。

发散型问题通常称为开放式问题，允许有多种答案。通过提出这种问题，教师可以鼓励儿童思考已经发生的事情，进一步探究背后的关系并找到答案。比如，教师可以问："你认为树叶上为什么有洞呢？""我们如何防止蚜虫吃植物？"

贝丝·吉恩·霍尔特（Bess Gene Holt）在《儿童科学》（Science with Young Children）一书中对教师提出的八类问题进行了评价（参见表2.1）。她总结道，"如果教师还不知道答案，或者没有一个公认的正确答案，抑或每个人只是在分享自己的观点和经验，那么提问便是开展讨论的最好且最成功的方式"（1989，p. 75）。她还建议，如果教师只是想测试一下儿童是否了解某样东西，那么

他们需要在提问前如实告诉儿童。如果教师想给儿童分享某些信息，那么他们直接告诉儿童就可以了。根据这些建议，教师可以与儿童建立互相信任的关系，从而成为同伴，为更好地探究和学习提供支持。

表 2.1　教师所提问题的类型

问题的类型	谁知道答案	优点	缺点
只有一个正确答案	几乎所有人	没有什么优点	有不尊重儿童的风险（"教师是不是认为我很笨？"）
只有一个正确答案	教师知道答案，儿童肯定不知道答案	没有什么优点	不是很明智，不利于批判精神的培养。为什么一个知道答案的人要问其他不知道答案的人？
只有一个正确答案	儿童知道答案，教师不知道答案	合理索取信息，让儿童意识到教师需要知道某些信息	有可能会进一步采取强制措施（"谁把外套落在地板上了？"）

（续表）

问题的类型	谁知道答案	优点	缺点
只有一个正确答案	教师知道答案，部分儿童知道答案，部分儿童不知道答案	适合展开讨论或用另一个问题回应儿童的回答	教师有可能主导整个对话，而不是鼓励儿童相互交流
有其他问题吗	在场没人回答，但教师认为有人应该回答	没有什么优点	可能让儿童接收到不正确或误导的信息
没有正确答案	大家都清楚没人知道答案	表达对未知世界的尊重	如果教师不愿意承认自己不知道答案，那么可能会产生错误的信息
可能有一个正确答案	没人可以回答	可以通过研究或实验探索正确答案	无
有很多正确答案	每个人都有自己的回答	很适合展开讨论	无

琼·帕克·伊森伯格和玛丽·伦克·贾龙戈（Joan Packer Isenberg & Mary Renck Jalongo，2001，p. 332）建议，在问题中加入一些有利于思考的词汇。比如：不要问"你认为会发生什么？"，而要问"你预测会发生什么？"；不要问"你怎么知道那是真的？"，而要问"你有什么证据来证明？"。这种技巧可以帮助儿童初步了解科学探索的过程，也显示出你对其探究过程的重视。

凯兹建议，把每名儿童提出的问题写下来，并展示给组内的其他儿童，这样所有的儿童都有机会提供自己的答案。此外，她认为教师应针对这些回答提出合理的问题，如"你为什么会这么想呢？"。她解释，"通过这样的方式，教师可以培养儿童的反思习惯，让他们学会检查自己的观点是否站得住脚"（2009，p. 5）。

琼·哈伦和玛丽·里夫金（Jean Harlan & Mary Rivkin，2012，pp. 34-35）描述了七种发散型问题。表2.2举例说明了如何将这些问题应用到园艺活动中。

表 2.2　七种发散型问题

问题的目的	举例
探索发现	蚯蚓喜欢什么样的环境？ 不同花的叶子看上去有什么区别？ 为什么菜豆的叶子上有洞？ 为什么地上的番茄被咬了一口？
提出假设	如果我们不给这棵植物浇水，你预测会发生什么呢？ 如果我们把向日葵种在阴凉的地方，你预测会发生什么呢？
深入了解	为什么你认为这株万寿菊比那株高？ 为什么你认为那棵植物已经枯死了？
逻辑推理	为什么蚯蚓会在湿纸巾下爬行？ 你有什么证据吗？ 你能够从中得出哪些结论？
促进行动	为了防止小鸟吃这些浆果，我们可以做什么呢？ 为了防止土壤干得太快，我们可以做什么呢？
创新反思	如果商店不再卖蔬菜了，那么会怎么样？ 如果植物不停地生长，那么会怎么样？
回顾体验	独自一人坐在向日葵房里是什么感受？ 你在花园里发现大南瓜时是什么感受？ 花园里的哪个地方最适合观察蚂蚁工作？

让儿童参与科学探索的过程

花园有自己的世界，是一个植物与动物共存共生、相互影响的生态系统。这些丰富的动植物种类，让花园成为一个科学研究的理想之地。美国国家科学教育标准（National Science Education Standards，NSES）强调了科学探究教学的重要性，这也是科学家们在提出问题和调查现象时所遵循的过程（National Research Council，1996）。美国国家科学教育标准列出了科学探究所需要的五种能力，你在与儿童一起工作时要在互动中有意识地强化这些能力。你同时要记住，把科学的内容与其他学科领域相结合。其实你会发现在科学探究的过程中，你可以很自然地把科学内容融入其他的领域（如语言、数学、社会科学、科技以及艺术）。有时你需要进行适当的调整，确保这些内容能够很好地结合在一起。下文介绍了科学探究所需要的五种能力（National Research Council，1996，p. 122），以及针对如何为儿童提供支持的一些建议。

针对环境中的物体、生物和所发生的事情进行提问

- 通过表达对花园的好奇和对细节的关注，示范观察的技巧。比如，指着树叶上的小昆虫或者一棵植物的新芽。在观察时你要调动所有的感官，近距离地看、闻、摸、听，如果合适的话还可以尝。
- 用丰富的词汇描述你所看到的，记得使用植物的全称。比如，让儿童知道这些豆子是红花菜豆，那些向日葵是俄罗斯猛犸象向日葵。另外，要使用科学用语，如预测、观察和评估。
- 仔细观察儿童，倾听他们提出的问题并记录下来。例如，一名儿童在数蚂蚁，你可以说：“你正在研究从蚁穴里出来了多少只蚂蚁。”通过帮助儿童记录问题和发现，你可以不断延伸话题。
- 当儿童提问的时候，鼓励他们把问题分享给其他小组成员。你可以把问题贴在花园里的某个位置、花园日志本或所有儿童都可以书写的地板书上，也可以在集体活动期间将其展示在黑板上。当一个问题值得其他人思考和讨论的时候，儿童就会认识到这个问题非常有价值。
- 每天在花园里的一个地方（例如可擦写的黑板）展示一个问题。刚开始时，教师可以负责写下这些问题，儿童在走进花园时可以针对这些问题进行思考。比如：“请注意万寿菊旁的地上有一个番茄，你认为它是怎么出现在那里的呢？”当儿童看到教师的示范后，他们就会开始探究花园，并在黑板上留下自己提出的问题。

计划并开展一次简单的调查

- 最简单的调查往往是基于日常的、有计划的观察。要鼓励儿童观察和发现花园里发生了什么。如果一个番茄出现在距离番茄蔓很远的地方，还有一些番茄不见了，那么儿童就需要定期观察到底是什么影响了番茄的生长。如果一些植物长得比其他植物高，那么儿童就要定期观察那些植物的日照时间有多长。此外，儿童可以用一个雨量计来测量这些植物吸收了多少水分。

- 给予儿童充足的时间进行探索，他们需要时间进行深度探究和发现。如果教师只是例行公事，着急把儿童从一个活动引入下一个活动，那么儿童将失去深度学习的机会，而这种机会对于他们培养高阶学习技能非常必要。

- 让儿童对真实的事物有真实的体验。成人通常只想让儿童在干净的环境下体验，比如在感官桌上放一些塑料虫子，而不是让他们探索真正的虫子。教师通常会在艺术项目中给儿童提供一些花卉的简单图画或卡通图片，而不是带他们接触真实的花朵。儿童通常在角色扮演区探索塑料的水果和蔬菜，而不是触摸、切割和品尝真实的食物——这是完全不一样的体验。当儿童用身体的所有感官探索真实事物的时候，他们可以更好地进行操作，从而了解这些事物的质地，观察它们如何

发生变化，对事物进行比较和分类，把观察结果与他们已知的信息联系起来。

- 鼓励儿童对研究结果提出假设，这是科学探究过程中的重要技能。你要学会收集相关知识，进行思考，根据可能发生的结果得出结论。当与儿童一起工作时，要使用"预测"而不是"猜"这个词。

使用一些简单的设备和工具收集数据，扩大儿童的学习范围

- 为儿童提供一些简单的工具，扩大他们的学习范围，而不仅仅局限于通过感官体验进行学习。要把这些工具放在户外帐篷或储物区里，方便儿童随时拿取。

- 提供一些辅助观察的工具（比如一块放大镜）。如果条件允许，可以提供显微镜，让儿童有机会进一步观察花园里的微生物，以及植物和动物的细节。

- 提供一些可挖土的、安全的小型工具。儿童可以用铲子和三齿耙挖掘和寻找表层下的动植物。在花园里给儿童的自由探索留有一定的空间，他们能够通过挖掘和探索学习到更多的内容。

- 提供一些测量工具，如直尺、卷尺、绳子、天平、重量秤、雨量计和温度计，儿童可以从中收获良多。通过使用这些工具，儿童能够测量距离，追踪植物的生长情况，测量和比较果实的大小和重量，以及观察天气的变化状况。

- 不管什么时候，最好都能为儿童提供一个相机或写字板。现在普通的数码相机并不昂贵，儿童不需要一个很贵的相机来记录他们的工作。如果他们能记录自己的观察，那么他们会感到很自豪。如果教师能够提供写字板，那么儿童可以在花园里开展研究，在现场制作笔记（包括照片、观察情况以及学到的新知识）。

用数据进行合理的解释

- 推动儿童在收集数据后，对这些数据进行思考，并提出合理的解释。在这个过程中，科学家们通常会使用"证据"这个词，他们通过观察结果和科学知识取得证据。

- 帮助儿童把注意力放在证据上。如果亚瑟说"我认为番茄掉在地上，是因为风把它吹下来的"，那么你可以问"你有没有注意到最近风很大？"，这样就有助于他把注意力集中在证据上。

- 在儿童学习用数据进行解释的时候，帮助他们判断数据的可靠性。有很多可行的方法，其中之一就是询问其他儿童或成人，他们的经验和观察到的情况是什么。比如杰里米认为是松鼠把番茄从藤蔓上摘下来并吃掉了。他可以问一下其他儿童和教师有没有在番茄蔓旁看到过松鼠。同时这是一个利用参考书或网络等资源的好机会，儿童可以把自己的解释与查阅的科学知识进行对比。在网上搜索"松鼠吃番茄吗"，马上就会得到这个问题的答案。

- 即使知道儿童的解释是不对的，也不要断然否定。你可能会说："嗯，亚瑟，风没有把这些番茄吹下来哦，你看昨晚甚至没有风，你没注意到番茄被吃了吗？"这样可能会纠正亚瑟的想法，但也会扼杀他的好奇心。让儿童带着不正确的假设离开一段时间，可以促使他进一步探索，而不至于抹杀他的积极性，妨碍他思考不同的解释。

交流研究情况和相关解释

- 儿童和教师在花园里一起工作、探索和发现时需要不停地交流。科学探究的一个重要部分就是，与他人分享自己的学习收获。有时这种交流可以通过简单的对话进行，不过更多时候是儿童主动跟其他人进行交流。

科学家们通过发表著作来展示研究成果，而儿童可以通过各种方法来展示他们的收获。有些方法很简单，如在墙上粘贴一个问题和答案；有些方法可能是撰写长期的研究报告，儿童需要通过拍照和绘画在手册或日志本上描述植物在生命周期的各个生长阶段。在本章中，我们讨论了很多儿童分享学习成果的途径，涉及日志、帮助思考和交流的地板书、图表以及写字板。

花园项目：玻璃景观

作为花园项目的一部分，我们一直在研究栖息地。我们发现，不同种类的生物根据不同的需要喜欢不同的环境。为此，我们根据印第安纳州的本地物种打造了一个小型的栖息地，并将其称为"玻璃景观"。当我们刚完成种植后，朱妮提出了一个很有意思的建议："为什么我们不在玻璃景观里放一些蚯蚓呢？它们会很喜欢这里的！"

两个月后，这个玻璃景观里充满了生机，植物长得很好。我们认为这在很大程度上归功于这些蚯蚓，它们为保持土壤的健康状态做出了贡献。

实地考察

以研究为目的到某个地方旅行，可以强化儿童的学习能力，他们能够从中找到属于自己的答案。我们把这样的旅行称为"实地考察",而不是实地旅游,因为儿童更多地扮演科学家的角色,而不仅仅是传统的实地旅游中的"游客"角色。选择考察场所的最好方法就是熟悉你所处的社区。你可以查看关于当地场所的清单、网上商店,或者一些值得探索和寻找答案的地方。选择与话题相关的一些家长和同事,询问他们可以提供什么帮助。与园艺有关的实地考察场所可以包括:

- 当地折扣商店的园艺工具供应点;
- 当地的苗圃中心;
- 当地有社区花园的公园;
- 花店;
- 某个园艺爱好者的家。

其中我们最喜欢的园艺实地考察活动是由一位幼儿家长安排的,在当地的一个温室里进行。儿童先在学校室内播种,然后家长把种子移植到温室里进行育苗。几周后,我们组织儿童去看他们种下的植物,学习一些关于温室的知识。儿童观察、触摸、用鼻子闻这些植物,并把它们画下来。他们第一次认识了喷水装置!最后他们把这些植物带回学校,并将它们种到我们的花园里。在这个过程中,儿童亲自动手实践并持续参与,这样的园艺活动非常有意义。在整个项目中,我们还带儿童进行了一些短距离的徒步旅行,参观了大学校园附近的花坛和景观(包括一个日式花园)。

考察前的准备

有意义的学习不只发生在实地考察中,你可以在所有阶段、最大程度地为儿童提供学习的机会。如果你的计划不周全,那么会导致儿童无法注意到和记录下日后在项目中需要用到的详细资料。在这一部分,我们将通过下述内容阐述如何做好准备:

- 提前到场地踩点;
- 确保成人和儿童的比例恰当;

- 准备考察工作包；
- 创建研究小组。

提前到场地踩点

在外出考察前你可以花一点时间去现场踩点，这样有利于为儿童提供更多的学习机会，也有助于你和现场专家更有信心地做好充分准备。记住要考虑环境中的安全隐患，与现场专家沟通你们的研究目标。你还需要详细地向他们说明到访儿童的注意力持续时间，不要指望3岁孩子听20分钟关于肥料的讲座，这就如同让学前班的孩子在温室里进行5分钟的绘画活动，二者都是不合适的。那些并非每天与儿童打交道的人可能不会意识到这一点，你需要在这个问题上提供专业的意见。

确保成人和儿童的比例恰当

实地考察的另一个策略就是，每次限制儿童的数量或增加成人的数量，这样儿童可以在观察、提问和记录数据时，得到足够多的支持。每次都要尽可能地邀请一些家长志愿者参与实地考察，他们在很多方面都可以提供额外的帮助，确保儿童的安全和专注。你也可以考虑聘请一些额外的工作人员（如兼职教师），从而增加外出时的成人数量。你还可以邀请你的主管或校长参与进来，为儿童的研究提供支持。当我们一起工作的时候，我们把班上的孩子分成两组，上午一组，下午一组。对于学龄前儿童来说，这种方法非常有效，可以确保那些需要午休的孩子不会错过外出考察的机会。同时家长志愿者不需要耽误一整天的工作，只请半天假就可以了。在外出考察的过程中，儿童与成人的实际比例取决于当地相关的法律、法规以及具体场所的安全要求。

准备考察工作包

每次出行时，你都要随身携带一些物品。我们设计了一个"考察工作包"，每次外出时都带着，返回学校后仍可以继续使用。我们用的是传统的学校背包，里面放有四块写字板，每组儿童用一块写字板，每块写字板上附有一些空白的纸，以及一小袋彩色马克笔或铅笔。在选择书写文具时要记住儿童需要用多种颜色来记录所观察到的事物，所以每组儿童最好都能使用细笔头的马克笔或削尖的彩色铅笔。当准备好这些物品后，我们可以在到达现场时就把一整套用具迅速分发给每个小组的儿童。此外，我们会准备一些应急用品，比如所有儿童的医疗和联系方式表、应急救护包、乳胶手套以及一些抗菌湿巾。我们还会在背包里携带相机和平板电脑。

创建研究小组

在计划实地考察工作时，你可以把儿童分成不同的研究小组，尽可能通过分组来平衡他们的能力，例如每个小组都有一名儿童能绘画，一名儿童能现场记录，一名儿童能向现场专家大胆提问。你还可以为年龄最小或者专注时间最短的孩子组建单独的小组，这样在其他小组继续探索时，你可以单独为这个小组的孩子设计特殊的活动。有一次，我们计划访问当地的一家苗圃中心和园艺商店。我们为 3 岁儿童安排了寻宝活动，而年龄较大的儿童则是把他们最喜欢的植物画下来，并写下它们的名字。教师提前踩点，把 3 岁儿童需要寻找的物品列了一个清单，比如一朵红色的花、一个青蛙雕塑，以及一个风向袋。通过这个活动，儿童和成人都会觉得时间过得很快，同时大家能够为下一步的探究收集资料。

在你划分的研究小组里，儿童会在外出之前定期聚在一起，讨论他们可能会看到的东西和具体的研究问题，确定彼此的职责。我们发现，一个对学龄前儿童非常有用的小技巧是，把每名儿童的研究问题与他们的名字一起写在一张便签纸上。在考察当天，把这张便签纸贴在儿童的衬衣或外套上，这样志愿者就能够知道儿童的名字，并提醒他们所研究的问题。这个方法可以帮助每个小组集中精力收集具体的资料。另一个小技巧就是，把每个小组的问题列清单并打印出来，分发给参与考察的家长和志愿者。你甚至可以在出发前一两天把这些问题清单交给现场专家，这样他们就可以在我们到访的时候有针对性地回答这些问题。

考察过程

在实地考察过程中，要让儿童思考具体的研究问题，同时倾听现场专家的讲解，近距离地观察当地的环境。要确保每个小组都有足够的时间提出问题、记录答案，或者在写字板上画草图。要鼓励参加活动的家长记录儿童的表述，并将这些表述添加到儿童的绘画中，或标注在他们的草图上。要多拍一些照片，尤其是儿童特别想要画下来的植物、设施和建筑。这样儿童能够在接下来的几天里，为自己的绘画添加更多的细节。要鼓励参加活动的家长和志愿者在整个过程中拍照或录像。如果只有一个录像设备，那么应该尽可能地在每个小组间轮流使用，至少能录下与儿童的研究问题最相关的内容。

如果现场专家使用的一些术语超出了儿童的理解范围，那么你可以要求他们用其他方式再讲述一遍，或者进行更详细的说明。如有必要，你可以对现场专家的话进行解释，让小组的所有成员都能够理解和记录。记得要帮助儿童把他们的所见所闻与先前的经验进行对比。例如，你可以说："如果这些植物喜欢在阴凉的地方生长，那么它们可能也会喜欢在我们学校的帐篷后的阴凉处或那棵巨大的橡树下生长。"当你回到学校后，要提醒每个人上交或保存在考察过程中所做的笔记（草图、手写数据、样本），为后续研究做准备。

考察后的工作

在考察结束后的第二天，与每一个研究小组交流，帮助儿童回顾他们的考察笔记，观看视频片段，得出一些结论，并形成新的问题。在这个时候，你还可以帮助每个小组用某种方式与其他人分享他们在实地考察中的收获。向其他人展示儿童的收获的方法有很多，可以将照片放在自制的册子里或公告栏上，可以将问题的答案打印出来并作为讲义分发给大家。当儿童重新查看考察过程中的照片和视频时，他们可以进一步完善草图，在一些细节上进行标注，把成果放在纸板上进行展示。这些绘图可以被扫描到计算机上，或者用液晶显示投影仪、智能白板播放给全班儿童观看。

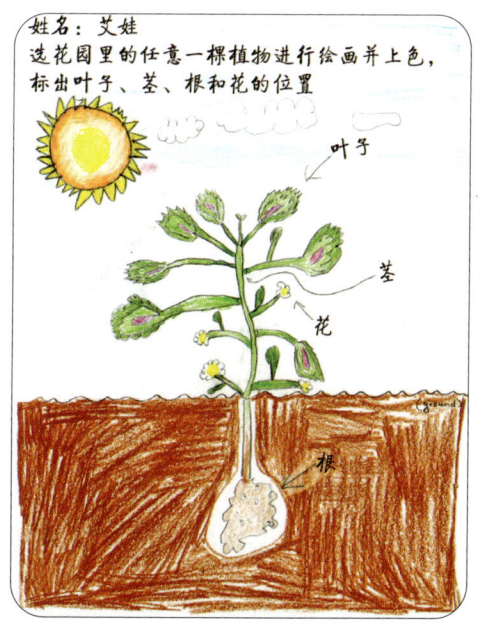

另一个方法就是以幻灯片的形式播放照片，同时配合口头陈述。一些儿童在同伴面前发言可能会紧张到忘记要说什么，所以最好能提前与他们碰头并把发言录下来。通过这样的方式，我们取得了成功。我们会把每一张照片进行编号，然后展示给儿童，并对照片进行提问，例如："关于这张照片，你还记得什么呢？""从照片里，你看到了什么呢？"然后在儿童回答每一张照片对应的问题时，我们会把他们的话录下来。同样，在录音前，有时你需要通过你的笔记或儿童的草图，帮助他们回忆自己在考察过程中的经历。如果想在上课时间用这些方式进行展示，那么要提前进行计划和安排，以便家长、管理人员以及其他班级的儿童能够应邀参加。

在帮助儿童展示其收获的过程中，一些教师发现儿童会遗漏某些关键的信息，这有时会促使他们决定在下周再次返回实地考察的场所。如果考察场所距离学校不是很远或者交通很方便，那么所有人都可以进行一次回访。如果条件不允许，那么教师或某位家长可以返回现场，拍摄更多的照片和视频，进一步帮助儿童进行观察、绘图，探索新的发现，回答新的问题。

与儿童一起绘图

绘图是收集和记录数据的一种有效方法，也是解决园艺问题并做出相关决定的有用工具。花园项目可以提供很多的机会，让儿童以有意义的方式进行绘图。因为儿童在这个年龄段的学习是具象的，帮助他们理解图画的最好方法就是让他们从"真实图画"开始。这些真实图画都与真实的事物（比如人物或者蔬菜）相关，能够为儿童日后更抽象的绘图行为奠定基础。

要绘制这些真实事物的图画，需要提前进行计划。例如，要绘制包含人物的图画，你可以让大家回答这个问题："这周你想要做哪项工作——浇水还是铺设护根？"你可以在墙上或者地面上放两张图片，一张图片上是一个人在浇水，一张图片上是一个人在铺设护根，然后儿童可以根据他们想要做的工作选择一边站成一列。当然为了让他们有更加具象的认识，你还可以用实物而不是图片来表示这两项工作。例如，你可以说："如果这周你想到花园里浇水，请在这个浇水壶的后面站成一列。"我们把这种绘图类型称为"人物绘图"。

当儿童站成一列后，你需要帮他们大声数一数每一列的儿童人数，然后提出一系列的问题，比如：

- 有多少名儿童要在花园里浇水？
- 有多少名儿童要铺设护根？
- 哪一列的人数最多——浇水的还是铺设护根的？
- 哪一列的人数最少？
- 浇水的儿童人数比铺设护根的儿童人数多（少）多少？

在刚开始时，你需要把儿童的选择限制在两个选项上。当他们在人物绘图上积累了经验后，你就可以把他们的选择增加到包含三个选项，比如浇水、铺设护根、除草。

通过对真实图画的多次接触，儿童能够了解如何用这样的方式记录信息。在上面的例子中，你还可以根据儿童的站队情况，给每名儿童准备一张复印或打印的小卡片，卡片上是一个人在浇水或铺设护根，然后这些卡片会被贴在一张图表上，接着你可以按照上述的步骤提出相同的问题。

真实图画还可以用水果和蔬菜等三维物体表示。例如，你可以说："今天我们摘了圣女果和甜豌豆，到底是圣女果多一点，还是甜豌豆多一点？"随后儿童会把圣女果排成一列，把甜豌豆排成一列。在这种活动中，为了让儿童更容易进行比较，有时可以使用空白的等距表格，把每一个甜豌豆或圣女果放进每一个空格里。

通过多种方式重复思考一个问题，对儿童的学习影响最大。我们可以不断使用真实图画这种方法，直到儿童能够主动提出通过画图来解决问题。我们可以用提前准备的图画和儿童自己主动完成的图画来回答下面这些问题。

- 我们今天收获的土豆是拿来烘烤还是捣成土豆泥？
- 你想用我们回收的钱币为花园买点什么，是蝴蝶箱、鸟屋，还是蜂鸟喂食器？
- 你想为花园聚餐做什么菜，是罗勒奶油意大利面，还是罗勒番茄馅饼？
- 下周你想帮忙做什么，是给喂鸟器补充食物、清洗鸟浴盆并把它装满水，还是为植物喷洒肥皂水，以杀灭害虫？
- 你喜不喜欢我们做的烤串？

只有在儿童自信从容地使用人物、实物的图画后，我们才能引入符号图画，也就是用符号来代替真实的物品，例如彩色方块或者贴纸。

使用参考资料

作为一名教师,你的一项重要工作是在儿童遇到问题时为他们指明方向。为了能够帮助到儿童,你需要为他们提供参考资料,让他们找到自己想要的答案。有些儿童可能会很自然地想到查阅资料,以获取更多的信息,而有些儿童则需要你的提示才能找到这些资料。我们可以通过查阅参考书籍、种子和园艺用品目录、园艺杂志以及互联网,为儿童提供真实的信息,从而帮助他们深入进行科学探究。

当时在实验学校的花园里,孩子们发现玉簪(百合科玉簪属植物)被吃得很严重,他们把这个问题告诉了萨拉。随后萨拉帮助他们观察,并发现鼻涕虫是罪魁祸首。于是他们一起查阅了书架上的很多关于鼻涕虫的园艺书籍,并对下一步怎么操作有了一些想法。他们尝试了一种驱除鼻涕虫的配方,需要用到酵素、水和糖。他们按照这个配方操作,希望能拯救玉簪,并把这段经历写在了花园日志里,然后在接下来的几天继续观察配方是否奏效。这段经历让学龄前儿童认识到纪实类参考资料的价值以及识字的好处。

> **日 志**
>
> 孩子们制作了一个捉虫器,用来捕捉吃玉簪的鼻涕虫。下面是他们的口述:"我们在恐龙花园里放了一个捉虫器,这些虫子不会再咬我们的植物了。我们把水、酵素和糖放进碗里,再挖一个坑,最后把碗放进坑里。希望能抓到一些鼻涕虫,它们会溺死的,会溺死的。没有鼻涕虫爸爸,没有鼻涕虫妈妈,也没有鼻涕虫宝宝了。没有鼻涕虫爷爷、奶奶,没有鼻涕虫伙伴了。"

科技与花园中的学习

我们开展花园项目的时候,科技只是处于起步阶段。我们还在使用胶卷相机，那时我们从来没有想过互联网对儿童来说也可以是一件好事。现如今，我们在全国各地都能看到科技在教室里的广泛应用。当然，我们也目睹了人们过度或不当使用计算机、平板电脑和智能手机的情况。我们认为，教师在花园里与儿童一起探究和学习的时候，可以使用一些技术手段，但仍然需要谨慎。全美幼教协会（National Association for the Education of Young Children）与圣文森特学院弗雷德·罗杰斯儿童媒体和儿童发展研究中心（Fred Rogers Center for Early Learning and Children's Media at Saint Vincent College）发表过一个联合声明——《技术和交互媒体作为0—8岁儿童早期教育项目的工具》(Technology and Interactive Media as Tools in Early Childhood Programs Serving Children from Birth through Age 8)。所有从事儿童教育的教师都应该熟悉一下这个声明。此外，针对技术的使用，我们提出以下参考意见。

拍照是记录花园或植物生命周期的最有意义、最令人难忘的方式。在现如今的世界里，数码相机、智能手机、平板电脑、笔记本电脑和社交媒体已经让拍摄和分享照片成为一种娱乐和消遣方式。作为一名教师，我们可以让儿童接触数码照片，从而跟上这样的潮流。数码相机已经变得越来越便宜，越来越容易操作。你很容易就能找到一台便宜的相机，或者看看有哪个家庭可以捐赠多余的相机。允许儿童使用相机，可以增强他们的主人翁意识，帮助他们记录在花园里看到的一切，并将其写在日志本里。在三四岁时，儿童就会对摄影非常着迷，而且能够熟练地进行操作。

很多教师都有智能手机和平板电脑，这些设备同样可以拍摄园艺活动的照片。不过，有些地方的项目不允许教师用他们的手机进行拍照。如果要使用智能手机或平板电脑，请提前征求上级主管的同意。虽然使用手机有诸多好处，但如果你未经家长允许就把儿童的照片发布到网上，那么就要考虑一些潜在的风险。如果你得到了家长的允许，那么你需要对照片进行谨慎处理，用照片记录儿童的学习过程。你可以通过日志、故事墙以及社交媒体，跟家长和社区成员分享这些资料。普渡大学卡鲁梅分校—夏洛特·R.赖利儿童看护中心（Purdue University Calumet-Charlotte R. Riley Child Center）的主班教师凯特·德罗尔夫（Kate DeRolf）特意为她的班级制作了一个网页。她把儿童在花园里种植和丰收的照片都放在了网页上，这样可以加强家庭和学校之间的联系，家长能够在家里跟孩子交流其在学校里学习的内容。教师也可以制作一个花园博客，定期更新花园的图片以及发生的故事。

此外，照片可以记录儿童正在学习的科学概念，促进科学探究活动的开展。关于如何最大限度地利用你的数码照片，我们推荐你阅读卡拉·诺伊曼 – 海因兹（Carla Neumann-Hinds）撰写的《图解科学：用数码摄影进行幼儿教学》(*Picture Science: Using Digital Photography to Teach Young Children*)。

对于很多中小学教师来说，吊挂式投影仪已经越来越不受欢迎了，但是对于幼儿教师来说这反而是一样好东西。如果你能找到一台废弃的吊挂式投影仪，那么你就捡到宝贝了。这种投影仪可以把物体的影子投射到墙壁上，儿童可以收集各种东西——种子、花朵、叶子以及其他物品，并观察它们放大后的样子。如果你把一张纸放在墙壁上，那么儿童可以对这些影子进行描边，你也可以把花园的照片打印出来并放在投影仪上，投射到教室内各个角落的墙壁上。比如，你可以把花园的栅栏和五颜六色的蝴蝶花园投射到积木区，让儿童发挥想象力，在此基础上建设花园小径，完善花园的其他部分。

你也可以把向日葵投射到艺术区的画架旁，激发小艺术家们的灵感。

教室里的计算机通常只是用来给儿童玩类似电子作业的游戏。我们其实并不鼓励儿童用这种方式使用计算机，不过计算机在其他方面还是很有价值的。如果教室里安装了互联网，那么计算机就是一个很好的查阅资料的工具。当我们开始和儿童一起开展园艺活动的时候，当我们遇到问题或想深入了解某些信息，但在教室里的参考书上找不到答案的时候，计算机就可以派上用场了。当计算机连接上互联网后，教师和儿童可以获取丰富的信息资源，一起根据问题寻找答案，并提出新的问题。

计算机以一种新的方式把人们连接在一起。整个班上的儿童都可以和其他地方的儿童一起回答问题，参与活动。比如，儿童可以通过帝王蝶观察项目追踪帝王蝶的迁徙过程。教师还可以物色一所有花园的学校，与其进行合作，这样不同学校的儿童可以相互交流，分享经验。对于小学阶段的儿童来说，这是一个很好的学习机会，特别是他们能够面对来自另一所学校的学生，可以感受不同的文化，了解不同的植物，接受不同的挑战。

儿童也可以用计算机记录他们的经历，我们将在后文中进一步讨论。儿童可以上传照片，在网上搜索与其经历相似的剪贴画，用教师拍摄的照片讲述真实或科幻的故事。对于还不会写字或打字的儿童，教师可以担任抄写员。

平板电脑也很受欢迎，越来越多的学校可使用平板电脑。由于平板电脑的外部有一层保护壳，儿童在使用时不太容易把它们弄坏。如果你拥有一台平板电脑，那么你会享受到其便携性所带来的好处。你可以把平板电脑带进花园，给植物拍照，进行相关的研究，让儿童把记录写在平板电脑上。如果使用得当，那么在儿童研究和记录的过程中，平板会发挥很大的价值。伊利诺伊州立大学托马斯·梅特卡夫实验学校（Illinois State University Thomas Metcalf Laboratory School）的幼儿教师卡桑德拉·马顿（Cassandra Mattoon），把平板电脑放进防水、防摔的套子里，记录从幼儿园到八年级的儿童参与花园项目的过程。对于不同年龄段的儿童，她都会允许他们用平板电脑给植物拍照。她还基于平板电脑设计了一些教学活动，比如用某个应用程序把同一棵植物的不同图片，根据生命周期（播种、发芽、长高、结果、丰收等）进行排序。儿童还可以用这个程序把他们对这些图片的描述进行录音。

还有一些学校使用液晶投影仪，教师用这个投影仪分享照片，或浏览儿童的作品。早些时候或前一天拍摄的照片，都是班级集体活动讨论的焦点。儿童可以用这种设备分享他们所做的工作，或者解释他们发现的一些新事物。教师通过这样的方式可以进一步观察儿童的兴趣点，并决定接下来的课程内容。

交互式电子白板同样广泛应用于学校，对于视觉学习者来说有很大的帮助。我们可以把笔记本电脑和平板电脑连接到这种设备上，将从外部获取的信息快速地分享给全班学生。在人数较多的班级里，大家可以一起学习通用知识、构建主题网络、设计探究问题，此时这种交互式电子白板被证明可以发挥很大的作用。在小组讨论的时候，这些信息可以马上得到补充和调整，然后被保存或打印，为儿童的下一步学习做准备。家长、教师和儿童一起讨论如何设计花园时，可以通过地图软件呈现学校平面图，在上面直接绘图。动觉学习者可以在电子白板上实际操作、拖动图标和编辑文字，并在这个过程中有所收获。全班儿童还可以通过网络通信软件与园艺专家就某个话题进行交流，或者通过互联网进行虚拟实地考察，从而进一步开展探究活动。每个小组也可以选择某个关于花园的话题或研究问题，通过电子白板向其他人进行陈述。

记录儿童的学习成果

在探索花园的时候，你要记录儿童的学习过程。简而言之，记录的意思就是把儿童学到的东西写下来，分析、解释并进行展示。儿童需要围绕他们提出的问题探索答案，并不断地进行重复，从而巩固其个性化的学习成果。儿童可以通过多种方式（例如陈述、唱歌、写作、绘画、建构和表演展示对某个事物的理解）。教师需要使用一些方法来记录这个过程，以便进行后续的教学设计，以及与家长和管理人员沟通儿童的具体情况。有很多记录儿童学习的方法，本书不可能都涉及。不过我们推荐两本书——柯蒂斯和卡特的《观察的艺术：观察改变幼儿园教学》（第二版）(*The Art of Awareness: How Observation Can Transform Your Teaching*, second edition)，以及裘迪·哈里斯·赫尔姆和阿曼达·赫尔姆（Judy Harris Helm & Amanda Helm）的《为你的学校提供支持：如何通过儿童的作品展示他们的学习》(*Building Support for Your School: How to Use Children's Work to Show Learning*)。我们在这里将主要讨论教师与儿童一起做园艺时经常采用的两种方法，涉及日志和展示板。之前我们在本章中提到的地板书和实地考察中的一些环节也属于记录。

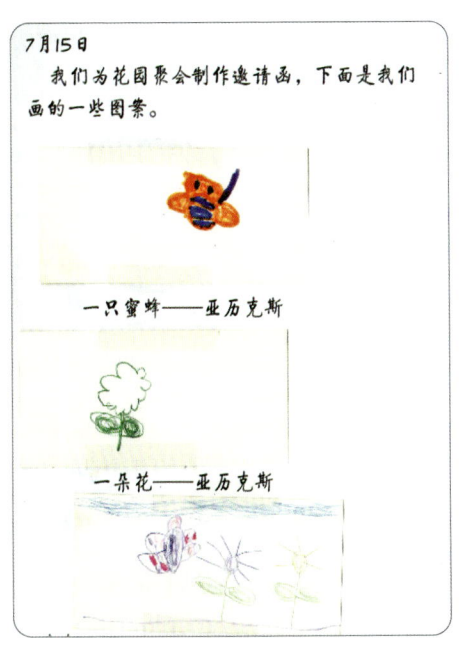

日志

在整个项目过程中写花园日志有很多好处。儿童可以通过记录科学数据来练习读写和计算能力。他们还可以认识到自己的想法、感受、观察和实验，如何被其他人用各种方式记录下来，并进行解读。

日志可以有两种形式——小组日志或个人日志。我们引导学龄前儿童记录小组日志的方式取得了巨大成功。前两年我们买了一本螺旋装订的硬皮写生本，里面的页面都是空白的，儿童可以在上面自由绘画、贴图、插入照片、编写故事。我们在户外放置的便携式帐篷就为儿童提供了一个安全、便利、可放置东西的地方，儿童可以记录实时观察到的事物以及教师组织的活动。我们通过一本日志，可以对比上午小组和下午小组儿童的兴趣点，了解整个项目的进展情况。不过这样就意味着，两名儿童或两个小组不能同时使用这个本子。因此我们在第三年就改用一页页的剪贴本，我们会留几页在帐篷里，再留几页在教室里，定期检查已经写完的纸张并添加到日志里。这种方法可以让几名儿童和成人同时记录有关花园的信息和活动，以小组日志的形式进一步增强儿童的集体感。

如果时间允许，你可以鼓励小学阶段的儿童以个人方式写花园日志。许多小学教师更喜欢用带有格式的日志本，他们会留出课堂时间，供儿童观察和记录植物的变化，以及其他的园艺活动。还有一些教师喜欢空白的日志本，这样儿童可以用照片、诗歌、作品和故事等有创意的形式来展示他们在花园里的研究。如果可以使用平板电脑，我们还能够通过一些应用程序来制作日志。很多应用程序都可以把照片、电子绘画，甚至儿童的声音整合到日志里。

教师在这个过程中扮演重要的角色，每周需要组织儿童分小组讨论日志的内容，为儿童提供机会，让他们学习如何向其他人阐述日志的内容。如有必要，可以增加一些难度，进一步提高儿童的能力。有些儿童每天都很喜欢在日志本上记录和绘画，但是有些儿童则需要教师的提醒。有些儿童需要结构化的任务安排，而有些儿童则更喜欢少一点结构化的内容。卡德韦尔在

《解读瑞吉欧理念》一书中提到了一个学前班。该学前班里的儿童播下菜豆的种子,还写了有关菜豆的日志,教师让每一名儿童都参与绘画、写作,并对某一个具体的菜豆植物的生长情况进行测量。这个项目持续了60~70天,儿童不断改进观察、记录和陈述的技巧。虽然所有的日志中都会有一些共同元素,但是没有两个日志是完全一样的。

一份好的日志会有详细的记录,包括下列内容:

- 日期
- 对主要的科学研究过程的描述
- 实验预测和结果
- 重点词汇
- 观察情况
- 图表
- 主要阶段的照片
- 诗歌和歌曲
- 简短的故事
- 最喜欢的菜谱
- 儿童的口述
- 儿童的艺术作品

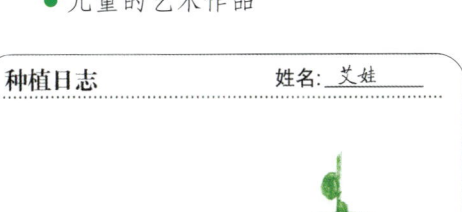

不管你选择记录上述的哪些内容，你都可以通过写日志的方式帮助儿童回忆不同阶段发生的事情，理解成人记录信息的方法，从过去的经验中学习，并为将来的计划做准备。

展示板

教师把教室里发生的事情分享给家长和其他访客的一个好方法就是使用展示板，上面的内容包括儿童游戏或探究的照片，以及所发生的故事的文字描述。此外，我们可以加上一些说明，让其他人更清楚地知道这些活动如何与儿童的学习和发展相联系、游戏的价值在哪里，以及游戏的教育目的是什么。

展示板有很多种用途。你可以把它放在学校的入口处，这样家长就可以清楚地看到不同班级里的儿童都在做什么。一些访客和将送儿童上学的家长也可以看到展示板，路过展示板的时候家长和儿童都可以停下来，一起阅读展示板上的内容。当然，你还可以把展示板放在校园外，让社区里的其他人了解你们的项目。

展示板平时应该放在教室里，这样儿童可以不断参考上面的内容，反思他们之前参加过的活动。有时教师会要求儿童在文字上进行一些补充。如果儿童每天都接触展示板，那么他们可能会考虑制作一个属于自己的展示板。教师可以为儿童拍照，并把照片提供给他们，协助还不会写字的儿童，把他们说的话写下来。

儿童可以很好地参与制作展示板的过程。他们可以用相机对自己的作品进行拍照。教师可以帮助他们评估，哪些图片最能代表他们想要表达的东西，从而让他们逐渐成长为小小思辨家。儿童还可以使用计算机，把图片粘贴到文档中，并配上文字，以描述所发生的事情。儿童可以将完成的文档打印出来，然后粘贴到展示板上。教师可能需要协助一些年龄较小的儿童，帮助他们使用计算机，将他们的口述内容形成文字，小学阶段的儿童可以独立完成这些工作。儿童制作的观察记录可以有效地展示出项目的发展过程，例如研究一段时间内植物的生长过程，或研究一只到喂鸟器觅食的小鸟。

在研究花园的所有阶段，把儿童的知识、技能以及态度倾向记录下来是很重要的。在项目的开始阶段，你要把儿童针对花园所知道的知识和说过的话都整理出来，更好地知晓他们的基础能力，抓住他们的兴趣点，从而仔细规划和设计教学内容。在项目的后期阶段，当你把这些信息与观察记录进行比较时，你就会发现这些资料很有价值。

把花园课程带进室内

正如其他的研究主题一样，关于花园的经验也可以渗透到教室里的大部分区域。你可以把花园里以及与花园相关的物品带进教室，进一步丰富儿童游戏的内容，加深他们在多个方面的理解和认识。我们将在这里与你分享一些想法，当然你一定会有更多自己的观点。

艺术区

在艺术区，花园里的物品既可以作为激发艺术灵感的来源，又可以作为艺术创作的媒介。因为有的物品比较珍贵，数量有限，一年只收获一次，所以我们往往注重暂时性而非永久性的艺术创作，从而让花园里的物品可以被多次使用。在暂时性艺术创作方面，我们会提供一个操作平台，这个平台可以是方形木板，也可以是自然物编织的垫子，儿童可以在上面排列自然物品，如种子、花瓣、叶子和豆荚。这些操作平台可以购于二手商店，比较便宜，比如一位教师就买了一个便宜的编织纸盘架，把黑色的毡圈剪下来给儿童使用。著名艺术家安迪·高兹沃斯（Andy Goldsworthy）就以他的自然材料作品而闻名。他的《安迪·高兹沃斯：与自然同行》（*Andy Goldsworthy: A Collaboration with Nature*）一书，对任何艺术领域来说都是非常好的参考资料，里面不但有美丽的艺术作品，还能促进教师与儿童之间的交流。通过翻阅这些作品，教师会鼓励儿童创作属于自己的自然艺术作品。

如果你把花园里的物品用于艺术创作，请小心准备，这样儿童在操作的时候也会很小心。在这个过程中，他们会更有主人翁意识，更懂得珍惜这些材料。他们会把花朵精心保存在花瓶里，直到它们枯萎，然后轻轻地把花瓣摘下来，放在纸上晾干，把不同颜色的花瓣分开。（对于一部分花来说，你可以用微波炉加速这个过程，但这种方法并非对所有的花都有效，而且不同的微波炉使用的时间也不一样。通过上网搜索，你可以了解更多的相关信息。）花朵需要一些时间变干枯，这取决于花瓣的大小和湿度。当它们干枯后，我们可以把每一种颜色的花放进一个单独的玻璃罐里，这样儿童可以透过罐子看到里面的颜色。婴儿食品罐就很适合在这里使用。

儿童可以收集种子和豆荚，每一种物品都应该独立存放在一个容器里，避免不同种子或花瓣混在一起。把不同颜色和种类的物品分开，可以让儿童在操作的时候目标更明确。

有时候，你可以从花园里采集大量的自然材料，这样儿童就能够在花朵、叶子、葫芦或其他材料上，进行永久性艺术创作。他们可以单独使用这些材料，或者把它们与其他材料进行组合并制作雕塑，例如组合树枝、树皮、圆木片。胶水瓶往往比较令人头疼，所以我们喜欢把胶水放在杯子或小罐子里，让儿童拿刷子进行涂抹，这样能让他们更加专注于自己的工作。要注意，一般学校里通用的胶水黏性不会很强，比较适合于粘贴纸张或较轻的物件。普通的白色胶水对于大多数场合来说都很适合，但对于较重的物品（如木头和木棍），我们建议使用黏性高的胶水，会粘得更牢固。儿童可以在剪贴画和雕塑中使用新鲜的花瓣和叶子，也可以将这些材料捣成碎片来制作万花筒，我们在第七章中会进行详细的阐述。

你从花园里采集的花朵、水果和蔬菜，也可以作为激发儿童艺术灵感的来源，当然还包括那些栖息在花园里的生物。当你把花园里的这些物品带进室内时，记住要做好以下几件事情。

- 在画架旁摆上一瓶花。把颜料进行混合，调成花朵的颜色，然后把花朵放进透明的玻璃小罐，这样儿童可以看得更清楚。他们很容易领会你的意思，把花朵作为绘画创作的主题。把颜料混合在一起并不难，不过要确保你有足够多的白色颜料。（一些学校只买常用颜色的颜料——红、蓝、黄，以及黑和白，然后将颜料混合在一起调色，这样可以大幅度地节约颜料的存储空间，而且儿童喜欢把颜料混合在一起。）
- 允许儿童多次尝试画一个事物。例如，你把蜗牛从花园里带进教室，让儿童研究和绘画。这个过程可以重复多次。当儿童反复观察和作画时，他们会注意到一些容易忽略的细节，这样他们的绘画就会更细致。
- 用不同的方式呈现同一事物。儿童画完蜗牛后，你可以再给他们一些黏土，让他们用其他方式塑造一个立体的蜗牛。
- 给儿童提供的颜料的颜色与物品的颜色一致。在前文中，我们已经解释了如何进行调色。其实你也可以根据不同的颜色，对蜡笔、马克笔、油性笔和彩色铅笔进行分类，并将其装进不同颜色的容器。如果你想让儿童画橙黄色的南瓜，那么就要为他们提供橙色和黄色的彩色铅笔和马克笔。
- 让儿童选择使用哪一种艺术表现方式。如果你跟儿童一起探索刚长出的连翘枝，你可以让他们进行选择——用马克笔、彩色铅笔和水彩颜料进行绘画，还是用一张纸进行拼贴画。当儿童有多种选择的时候，他们就可以用语言以最佳的方式表达自己的想法。

从花园里收集的材料可以有多种不同的用途。小草以及细长的树叶可以供儿童进行编织，有些材料（比如干枯的葫芦）可以供儿童进行绘画创作，或者以其他方式进行装饰。你可以给儿童提供较薄的纸张，让他们用蜡笔和炭笔在树叶和花瓣上进行拓印。此外，儿童可以在黏土上留下根、叶子和植物的其他部分的印记，方法就是把黏土压平，然后把植物压入黏土中。相比直接观察自然材料，儿童能够在黏土中更清楚地看到自然材料的特征。

如果你能够透过教室的窗户看到整个花园，那么你还可以把画架放在窗边，鼓励儿童把花园画下来。如果你有一份花园设计图纸，那么你可以把它扫描并打印出来，然后将其放在艺术区，给儿童提供白纸、尺子和彩色铅笔，让他们设计一个花园。

数学区

花园里的物品对于数学区来说也是很好的材料，儿童可以对不同的种子、树叶、花朵和其他自然材料进行分类。为了让儿童更好地进行这样的活动，你可以把材料按照不同的种类放在不同的容器里，用篮子装一些大的材料，用小碗装一些小的材料。我们在二手商店里能找到一些价格实惠的篮子、小碗以及其他容器。有些自然材料（比如种子、豆荚和干枯的葫芦）可以在数学区里长期存放，而一些比较容易腐烂的材料（比如鲜花或新鲜蔬菜），则只能存放较短的时间。例如，鲜花凋谢得很快，但南瓜和葫芦可以保鲜数个星期。当你把花园里的材料带进数学区，要想办法通过一些有趣的方式在桌子上展示它们，从而吸引儿童的注意，同时在旁边准备好一些儿童可以使用的工具和材料。下面是一些建议。

- 提供一些小碗，让儿童对物品进行分组和分类。调料杯的大小比较适合儿童对种子以及其他较小物品进行分类，这种调料杯价格不贵，在折扣店里能够买到。

- 提供一些工具，让儿童测量物品的长度。例如，提供尺子、卷尺以及非常规的物品（如绳子、木块等）。
- 提供天平，让儿童称物品的重量。对于年龄较小的儿童来说，天平是最佳选择。他们会探索哪一边的物品更重，不断在两边增减物品，观察天平的变化。到小学阶段，儿童就可以使用厨房里的电子秤，测量从花园里收获的果实的重量，从而比较大小。
- 提供一些操作台，让儿童在上面计算和构图，这些操作台可以是小的方形木板，也可以是地板或柜门的样品等可回收材料。
- 提供一些可以记录数据的材料，包括油性笔、彩色铅笔、马克笔、白纸和方格纸。

为了让儿童在数学区更好地理解这些材料，教师需要为他们的游戏提供支持。教师可以用语言来表述儿童正在做的事情，以及与此相关联的事物，并帮助他们开始新的学习。例如，你可以说："我看到你把两朵红花和两朵白花摆成了一排，你能不能用这样的方式再摆一排呢？""我看到你拿着一片小树叶和一片大树叶，你能不能再找一片更大的树叶呢？"当在数学区与儿童一起操作时，你可以关注到每名儿童，并与他们进行有意义的对话和交流。

角色扮演区

在大多数教室里，角色扮演区从年初到年末都被布置成家庭生活场景的模样，教师会根据儿童的学习需要摆放相关的道具。对于花园项目来说，这个区域同样适用。花园里的某些场景的照片或者儿童的艺术作品，都可以被放置在角色扮演区里，儿童可以把鲜花插在桌上的花瓶里。我们喜欢在儿童做饭时把不同种类的香草拿给他们，让他们探索，其实儿童很乐于把各种各样的东西（比如豆荚或花头）放进锅里。教师还可以提供一些园艺杂志、纸张和笔，让儿童把采购清单写下来。

随着儿童以各种方式采摘、清洗和准备不同的食物，积累真实的经验，他们可以把这些活动引入生活区。同时我们会添加一些新的厨房工具，如可供清洗鲜花和香草的沥水篮、安全刀和砧板及蔬菜清洗刷，通过这些工具来支持儿童的游戏，从而进一步调动他们参与的积极性。

在进行花园项目的过程中，儿童探索的其他话题可以成为角色扮演区的内容，而不只是局限于家庭生活。这些虚拟游戏带来的经验，可以让儿童进一步了解影响花园的文化、社会和经济方面的因素。如果教师和儿童对一家花店进行了实地考察，那么教师可以在随后的几天里，为儿童提供开展相关游戏所需要的道具箱。道具箱里可以有塑料花瓶、丝绸花朵、纸巾、泡沫、小盆子、收据垫板、游戏纸币、收银机、电话、礼品卡等。儿童可以利用这些道具，把他们在考察中的所见所闻演绎出来。

在角色扮演区，我们还可以创建一个温室。温室里可以摆设一些道具，如种子托盘、小种植盆、种子包、园艺工具、丝绸制成的或真实的植物、园艺手套、喷壶、马克笔和海报板，以及有各种植物图片的书籍。

当然如果你不给儿童提供材料，他们也会有自己的角色场景，制作自己的游戏道具。例如，他们会把打印的纸张作为钱币，把积木作为电话，在艺术区里制作花朵。只要你给儿童一些提示，再提供一些自由发挥的空间，他们很快就会受到启发，把花园带进他们的虚拟世界。

图书阅览区

在图书阅览区，你需要存放一些关于园艺的儿童文学作品和高质量的参考书（参见附录1）以及园艺杂志。在这个区域，你还可以展示一些儿童描绘花园的范本。如果儿童组成的研究小组制作了一本小手册，介绍他们在实地考察中的学习成果，那么你就要把这个册子放在书架上，供其他人翻阅。此外，你可以动手制作班级图书，例如花园字母书（参见第七章的相关内容）。儿童在计算机上或写作中心完成的一些书面资料，也可以存放在图书阅览区里。

你还可以布置各种与花园有关的玩偶，如松鼠、花栗鼠、蝴蝶和兔子玩偶。另外，你需要找一些小动物（如毛毛虫和螳螂）的手偶，摆一块法兰绒板，在法兰绒板上放置蔬菜、花朵、园艺工具和小动物的手偶。这些材料能够为儿童创造探索和交流的机会，让他们模拟在花园里的体验和经历。同时教师可以探索相关的主题，给儿童讲故事，让他们通过花园项目获得更深度的学习。

写作中心

在写作中心里，儿童可以通过花园项目，学习和锻炼即兴读写的技能。你可以在这个区域里放置园艺日志本或空白纸张，鼓励儿童记录每天在这里的琐事和发现，以及需要回答的新问题。你还可以通过提供各种材料，帮助儿童记录他们的经历。你可以提供下列材料：

- 不同大小和形状的纸张
- 体现大自然的颜色的彩色铅笔
- 普通铅笔和画笔
- 马克笔
- 蜡笔
- 一些基本的参考书，上面有花园里的动植物的图片和名称
- 儿童图解词典

- 花园目录
- 字母邮票和便签本
- 信封
- 订书机
- 提前做好的书
- 胶水
- 剪刀
- 印有花园图案和文字的模板

另外，你可以考虑在写作中心里设置一面单词墙。你可以写下儿童正在学习的关于花园的新单词，这些单词对他们来说应该是有价值的。当他们学习新单词的时候，你可以把这些单词贴在墙上，以便儿童在写作时运用这些单词。

与儿童一起在花园里开展重要的体验活动后，教师可以引导儿童到写作中心进行创作。例如，儿童在烹饪花园里的农产品后，可以来到写作中心，用自己发明的拼写方法，记录或向教师口述烹饪的过程，回忆并写下菜谱，然后将其贴在海报上。这张海报可以被张贴在室外，供其他家长和访客浏览。为了激发儿童到写作中心的兴趣，教师可以每天列出一些要做的具体事情，并反复强调。

科学区

科学区能够让儿童近距离地探究花园的各个方面。你可以在这里从播种开始，在室内种植植物，并设置一个蚯蚓堆肥箱。此外，你要摆放一张桌子，方便儿童探索与花园相关的物品。注意，不要让科学区太拥挤，只需要放置一些供儿童研究的物品和相关工具即可。比如，你可以摆放向日葵花盘、带根的植物、不同植物的球茎和块茎，或者儿童在花园里找到的小生物，再提供一些工具（如放大镜、天平、滴管、镊子、白纸和书写工具）。教师需要在科学区里记录儿童的发现。

如果可以的话，尽量把科学区设置在窗边，这样能够让植物获得更好的采光，儿童也有机会在这里进行一些与光线有关的探究活动。如果教室里有计算机，那么你可以把计算机放在科学区旁边，这样儿童有问题时可以随时搜索资料，查找答案。在科学区，你还可以放置一些与花园有关的参考书。如果你没有这方面的预算资金，那么就根据你们所研究的话题，从图书馆里借阅相关的图书。

建构区

如果你在建构区里提供好的材料，就可以激发儿童的灵感，让他们开展创造性的建设项目。你可以在墙上张贴关于花园的建筑设施（例如凉亭、栅栏和过道）的照片。此外，你可以在墙上张贴花园的鸟瞰图。如果你已经有一张花园的规划图，那么就把它放大，然后将其展示在建构区里，要尽量做到简洁、有吸引力。

为建构区添加材料，可以进一步激发儿童的想象力，让他们设计自己的花园，并进行搭建。你可以提供下列材料：

- 大的纸张
- 彩色铅笔
- 带方格纸的剪贴板
- 直尺
- 卷尺
- 丁字尺
- 有关花园设计的杂志
- 光滑的、椭圆形的、大小不一的石头
- 粗的和细的树枝
- 树皮
- 圆木片
- 小的方形垫子，最好是绿色的
- 贝壳
- 干枯且坚挺的花头
- 干枯的小葫芦
- 干枯的大豆荚

让每个主题区域变得有趣

在儿童学习的整个过程中，要定期更换每个主题区域的材料。如果材料一成不变，那么它们就会像墙纸一样，无法持续吸引儿童的注意力，所以我们坚持每天凸显某些材料，以引起儿童的关注。例如在建构区，我们会摆放方格纸、尺子、彩色铅笔、花园设计图，以及一些石头和方形垫子。当儿童看到这些材料时，他们更有可能被吸引，用这些材料进行创造性游戏。仔细想一想我们每天如何在每个主题区域有针对性地进行布置，从而吸引儿童的兴趣，并促进他们进一步深入学习。在这方面，我们推荐一本非常不错的参考书——柯蒂斯和卡特撰写的《和儿童一起学习：促进反思性教学的课程框架》(*Learning Together with Young Children: A Curriculum Framework for Reflective Teachers*)。

第三章
设计你的花园

花园的设计方案需要充分考虑场地实际情况和使用者的意见。你要在现场研究并决定花园需要具备哪些功能，然后在设计图上画出来。只要加入一点点创造力和想象力，你就能让花园真实地反映出学校和课程的教学目标及其与众不同的地方。

我们提供的方法能够确保你的花园满足课程教学的需要，具有灵活可变性，而且适用于你的场地。我们的目标是设定一个整体计划，在成本、人工、时间有限的情况下，分阶段完成所有的建设任务。通过分步骤打造花园，你在每个阶段都可以学有所获，而且能避免不堪重负的情况。

当开始设计如何建设花园时，你会发现很多工作都需要成人来完成。在这个阶段，我们很容易就会把儿童排除在外，但其实我们建议你尽可能地让儿童参与进来。在做规划方案的时候，你可以与儿童一起通过翻阅书籍、实地考察和开展室内游戏来研究花园。在本章中，我们会提供一些参考意见，帮助你和儿童一起参与到规划过程中，成人则负责承担建设花园的繁重劳动——仿佛他们在一个盒子里，上面有很多蚂蚱。

在针对花园设计做任何决定之前，你需要做两件事情：考虑项目内容和场地的选择。这两个要素结合在一起，对于成功地建造一个花园来说至关重要，否则你可能会随意地建造，在里面进行不适合场地的教学活动，这样就会让项目有很大的失败风险。

本章将讨论以下几个话题：

- 设计花园的方法
- 选择花园场地的要素

- 不同类型的花园的优缺点
- 规划主题花园的一些想法

思考一下园艺项目的内容

设计的第一步就是要清楚地知道你的园艺项目中包含什么内容。你可以尝试思考以下问题。

- 你希望通过花园实现什么目标?
- 你的主要目标是帮助儿童了解健康食物吗?你是否想打造一个活跃的生态系统,以吸引各种各样的野生动物?
- 你是否会在一个较大的户外学习环境中增加一个花园?
- 是否只有一位教师对这个项目真正感兴趣?这是不是一个全校性项目?
- 如果你只是一名家庭儿童护理人员或在家里教育孩子,那么这个花园会如何影响你的个人空间?

想一想你要强化哪方面的学习，希望花园提供怎样的活动体验。你可以从本书或其他阅读和参观过的项目中获得灵感，还可以跟教师、家长以及其他愿意参与这个项目的人士进行头脑风暴，拓宽思路。教师可以从儿童身上获得一些启发。头脑风暴的比较成功的做法就是，把那些愿意为花园出谋划策的人士集中在一起，每个人在单独的一张纸上把自己的想法写下来，过一段时间后所有人把纸贴在黑板上，最后大家针对相同的话题进行讨论。这个做法不但能激发大家的想法，还能唤起大家对花园的兴趣。

另一个方法就是开展调查，找到大家的期望值和兴趣点，引申出适当的问题，用以指导整个设计方案。然后重新回顾头脑风暴或调查的结果，思考一下短期目标（如种植莴苣），以及长期目标（如建设一个永久使用的蚯蚓堆肥箱）。当然不是所有的想法都可以实现。在这个过程中，你会通过讨论分析各种选择，做出正确的决策。要尽量利用这些机会大胆想象，但也要脚踏实地。在这个阶段，你还要考虑课程内容、儿童的年龄段、花园活动的时长、所处的季节、儿童的数量以及其他要素。

家庭学校、家庭儿童保育项目和亲子集体学校，相比公办学校或较大的儿童中心来说，更具有操作弹性，家长在与儿童一起学习和体验时也更有连贯性。如果你的项目是以家庭为中心的，那么你可以与儿童一起在后院里开展园艺活动，创造生态环境，提供动手实践的机会。

伊利诺伊州卡本代尔镇的达埃米亲子集体学校

在伊利诺伊州的南部，卡本代尔的乡村小镇上，达埃米亲子集体学校是由社区建立的，以作为公立学校之外的另一种选择。它的家长合作体系与家庭学校相似，不同之处在于它有实体的学校场地。其中一栋校舍为从婴儿

期到幼儿期的儿童服务，另一栋校舍则为从小学一年级到高中的孩子服务。该校的教学理念就是让所有年龄段的孩子接触大自然，培养他们的道德品质，在食物和其他产品方面实现自给自足。该校有一个自己的农场，除了其他用途外，亦可作为高年级学生的户外教室。在种植季，学生每周三都会到有机花园里工作、喂养小鸡、漫步于林间小径、学习木工和其他技能。所有年龄段的学生都能很快学会各种实用的技能，成为农场的日常运作的重要贡献者。当年龄较小的学生到农场进行实地考察的时候，年龄较大的学生会乐于跟他们分享自己在农场里的工作成果。

学校里的幼儿游戏场地和花园原来是铺设沥青的停车场，家长和教师一起重新装修后，把这里变成了开展园艺、进行户外游戏和学习的场所。虽然最初的改造很成功，但几年过去了，现在家长和教师仍然希望能得到他人的支持，进一步完善这里的场地。卡伦和南伊利诺伊大学的三名景观设计专业学生应邀来到这里，帮助他们重新对幼儿游戏场地和花园区域进行设计。萨拉也跟他们一起来到这里，见到了学校里的家长和孩子。对这里的场地进行重新设计的目标之一就是，激发大家对农业和大自然的热爱。萨拉、景观设计专业学生及家长一起讨论如何最大限度地利用好场地并进行重建，实现大家的共同目标。卡伦则在校内与孩子们一起规划这个花园。在访问结束的时候，大家聚在一起分享各自的看法。景观设计专业的学生们制作了一个花园设计图，指导家长和孩子们如何改造他们的场地。根据设计图，需要在种植箱里增加一些简单的植物，保留现有的草本、多年生植物和藤蔓覆盖的乔木，这样就可以为阅读和休息区创造一个很好的生态空间。

选择花园的场地

在刚开始时，需要注意的另一个步骤就是决定花园的选址。如果你还没有最后确定，那么就仍然需要进行仔细评估。你决定把花园建在哪里，取决于你有多少空间可以利用。有些学校有很多尚未使用的土地，但有些学校则几乎没有什么空间。如果你一下子找不到建设花园的区域，千万不要灰心丧气。种植箱花园可以被建在一个小的露台或者屋顶上，你也可以考虑在栅栏或墙壁上建设垂直花园。如果实在没有户外的场地，你还可以尝试在室内布置花园。

在决定建设花园的位置之前，你需要评估一下空间的几个方面，包括便利性、光照、给水、土壤质量、排水以及现有设施等。当你考察可利用的空间时，需要仔细思考什么类型的花园最适合。

小 贴 士

当你和儿童通过杂志、参考书或互联网来研究花园的时候，你可以让儿童找一找花园的不同特点：花园里有小径吗？为了让植物可以向上爬，花园里有没有支架结构（如格子架）？花园里有没有一些装饰物（如雕塑）？花园里有没有鸟浴盆或其他吸引小动物的设施？植物如何分布？你可以让儿童通过绘图和口述，记录他们的发现，然后在教室里展示他们的作品。在儿童讨论他们希望花园有哪些特点的时候，你可以参考他们的这些作品。

我们推荐你读一下希亚文·奥拉姆（Hiawyn Oram）的《甘菊公主的花园》(*Princess Chamomile's Garden*)。虽然这本书有点科幻成分，但是书里描述了甘菊公主（一只兔子）如何设计一个花园，并在一段时间内把花园建成的故事。教师可以用这本书引导儿童讨论他们希望自己建设的花园具备哪些特点。此外，你可以提供花园目录，让儿童翻阅图片，了解花卉和蔬菜，这样他们就会针对自己想要种的植物提出建议。你可以尝试选取一些图片并将其制成简图，让儿童针对他们最喜欢的植物进行投票。你还可以给儿童提供蔬菜，让他们进行品尝，进而让他们知道花园里可以种什么。

如果你确定了某个花园的主题，要尽可能地引导儿童探究适合这个主题的植物。你可以用表格来表示植物的类别。例如，如果你们决定要建造一个菜园，那么表格的标题就可以是"我们可以吃的植物"和"我们不能吃的植物"。儿童可以把花园目录中的图片按照这两个分类粘贴到表格中。如果成人完成了花园的规划和设计，那么就可以把设计方案放在教室里，供儿童和家长浏览。要鼓励儿童把自己心目中的花园的模样绘制成设计图，然后把它展示在教室里。

便利性

便利性是影响儿童参与园艺活动的最大因素。如果抵达花园的交通不是很方便，那么它就不容易成为学校里不可或缺的一部分。如果空间允许，我们强烈建议你把花园建在游戏场地或操场上。实际上，在游戏场地或操场上用种植箱等容器打造的简易花园，比街道外的精致花园更实用。内部花园的最大好处在于，即使其他儿童正在进行其他类型的游戏，一部分教师和其他成人依然可以带领一个小组的儿童在花园里开展活动，同时儿童有机会单独走进花园，或与其他同伴一起在里面玩耍。一般来说，儿童单独或以小组形式参与园艺体验，可以获得最大的收获，所以花园提供了最佳的深度学习机会。

如果你无法直接在游戏场地或操场上打造花园，那么可以考虑学校里的其他空间。再次强调一遍，在学校里建设的花园比遥不可及的花园更具有便利性，同时可以实现景观美化的功能。例如，当地的一所小学把环形车道的内侧修建成花园，在这个过程中进一步提升了景观美化的效果。如果学校里实在没有空间，那么你可以到附近的区域物色场地。切记，如果选择了校园外的一个场地，你就要为儿童走进这个花园付出更多的努力，也要花更多的精力进行日常维护。

光照

大多数的蔬菜和开花的植物，每天至少需要 6 小时的阳光直射。如果你能找到一个阳光充足的地方，那么就可以种植更多种类的植物。通过观察阳光照射的情况，你可能会发现有些地方并非全天都有阳光，只是在早上或下午时才有阳光照射。

即使你找不到阳光直射的场地，你也可以在花园里进行种植，只不过植物品种的选择比较有限。有些喜阴植物可以为你提供一个凉爽、茂密的空间，让你在这里安静地沉思、进行艺术创作或撰写日志。在炎热的夏天，绿荫花园是一个很好的避暑胜地。哪怕你已经有一个阳光充足的场地，你依然可以考虑打造一个这样的花园。

小 贴 士

当你寻找阳光充足的地方时，儿童可以一起进行探究。有一个简单的方法就是画表格，在其中一列的最上面写"有阳光"，在另一列上写"没有阳光"。随后，你可以把一个物品放在想建造花园的地方，每隔 1 小时就跟儿童一起检查这个物品是否有阳光照射（你可以用计时器，每到 1 小时就提醒）。如果这个物品有阳光照射，那么儿童就可以在表格上"有阳光"的那列做标记，反之他们就在"没有阳光"的那列做标记。在当天结束的时候，要数一数标记的数量，如果在"有阳光"的那列中有 6 个标记（6 小时的光照），那么就证明这个区域很适合种植需要充足光照的植物。如果该列记号不多，那么这个区域可能比较适合需要部分遮阳的植物。如果该列只有一两个标记，那么可能需要找一些喜阴的植物。

给水

花园必须有水源,除非你居住在一个常年有雨的地方。为此你需要在附近安装一个给水栓,配备大量的软管、洒水器或滴灌软管,以便在种植后可以全年直接为花园供水。你还需要制作一个计划安排表,确保能够定期给植物浇水。每周把土壤浇透一两次,比频繁地在土壤表面给水更好,因为这样可以使植物的根部为了吸收水分,往深处生长。正因为如此,如果你让儿童用软管或水壶浇水,可能随后还需要使用洒水器或滴灌软管,以确保植物能够得到充足的水分。为了达到最好的浇水效果,可以在铺设园艺覆盖物前在土壤表层铺设滴灌软管,这样水分就可以直接进入土壤,不太可能会蒸发。对于大多数地方来说,在植物种下去后,每周浇一次水就足够了。当然你可以咨询当地有经验的园艺专家,看看哪一种方法最适合你。在炎热的天气,一些小的容器(如小花盆)则需要每天浇水。

小贴士

儿童可以用雨量计测量一个场地的自然降雨量,记录雨后储存的水量有多少。此外,你可以用这个方法来测试洒水器。你可以把雨量计放在洒水器覆盖的区域,打开水龙头,每隔15分钟检查一次,看看在雨量计中收集20厘米高的水量需要多少时间,这个时间就是你完全浇透花园所需要的时间。

土壤质量

遗憾的是,很多游戏场地和操场的土壤质量都不是特别好。这么多年来,孩子们在地面上跑来跑去,已经把土壤压得很结实,植物几乎无法生长。幸运的是,你在土壤方面花的功夫越多,它就会变得越肥沃。理想的土壤由砂质土、黏质土、壤土构成,并且有足够多的有机物质,这样土壤就可以变得松散、易碎、便于操作,才可以为植物提供必需的养分、空气和水。

土壤通常具有地域性。例如,有些地方的土壤可能包含重黏土,有些地方则是砂质土。如果你向周边的人询问一下，就可以很容易知道你所在区域的土质是什么样的。

通常你会发现土壤由于开采、侵蚀或挤压而发生变化。不管怎么样，你都需要评估一下花园区域的土质，看看是否适合种植。最好的方法就是随手抓一把土（如果你不能这么做，那么就得花一些精力了），挤压一下土壤，如果它变成紧实、有黏性的状态，那么土里可能有很多黏质土。如果你无论怎么挤压，它都不成型，那么土里很有可能包含很多砂质土。理想的土壤应该是在你手里挤压时成型，当你松开手时能分成碎块。如果你的场地里的土壤是这样的，那么恭喜你将成为一个幸运的园丁。不过，大多数人仍然需要花点力气来改善土壤。

如果土壤黏性较大，那么改善起来会比较困难。土壤里的小气孔无法给植物提供充足的氧气。另外，黏质土在排水方面也会存在问题，因为水通常会排不出去，并滞留在土里。砂质土则会出现相反的问题，水和养分流失太快，植物来不及吸收。在理想的土壤里，黏质土、有机质和砂质土的比例较合适，每种成分的优势都可以得到充分发挥。黏质土和有机质可以有效保持水分，为植物提供养分，进一步固根；砂质土则可以很好地帮助植物排水。质量好的花园土壤很容易打理，哪怕幼儿的手很小也可以操作。

如果你发现需要改善土壤，那么可以添加表土、砂质土或泥炭藓和堆肥这样的有机物质。例如：当你发现土壤里有很多重黏土时，你可以添加砂质土，让土壤更适合种植和排水；当你发现土壤里有较多砂质土时，你可以添加黏质土，改善土壤的质地。

腐殖质能够改善任何类型的土壤，这是一种深棕色或黑色的物质，来自动物或腐烂的植物所产生的有机物。它可以使黏质土变得更加松散，提高砂质土的保水能力，并在这个过程中使所有的土壤都变得更加肥沃。产生腐殖质的有机材料主要有堆肥、泥炭藓、树叶碎片、腐烂的木屑和稻草。如果你在提高土壤质量方面需要帮助，可以咨询园艺专家或当地的苗圃中心。如果重新改善地面的土壤质量难以实现，可以搭建种植箱或打造容器花园。我们在本章的后续部分会对此进行详细论述。

> ### 小 贴 士
>
> 你可以利用感官桌让儿童认识不同类型的土壤，轮流用砂质土、黏质土和碎土块填满桌子（对于碎土块，你可以用较好的盆栽混合土，不加化肥）。你可以让儿童加水看看每种材料有什么反应，然后让他们从花园里挖一些土壤进行比较，看看这些土壤与感官桌上的哪种类型的土壤最相近。

土壤酸碱度

在评估花园区域的时候，你可能需要考虑土壤酸碱度。通过测量 pH 值[①]，你可以知道土壤的酸碱度如何。大多数植物比较喜欢中性土壤，pH 值为 6.5~7.5，但是有些植物（如蓝莓、杜鹃花和土豆）更喜欢微酸性的土壤。如果土壤的 pH 值较低（酸性很高），你可以加入石灰，增强碱性。如果土壤的 pH 值较高（碱性很高），你可以添加一些酸性肥料或松针来降低 pH 值，增强土壤的酸性。在开始种植之前，不一定要测量土壤的 pH 值，但如果花园里的植物看起来长得不太好，那么你就有必要检测一下了。大多数的园艺中心里都有简单的检测工具，对于更加复杂的测试，你可以联系当地的相关服务部门。如果要调整土壤的 pH 值，我们建议你咨询当地的苗圃中心，以确定在实际场地中需要添加多少材料。

排水

即使花园的土壤质量很好，在排水方面可能也会遇到问题。场地位置或人造设施会导致水流到某个区域后滞留很长一段时间。这就意味着很多植物会死去，因为它们虽然需要水分，但根部如果被水浸泡，它们就无法获得氧气。请仔细检查花园区域，确保排水通畅。另外，要考虑屋顶径流和排水沟落水管的位置，观察一段时间是否有积水。

---

① 氢离子浓度指数（hydrogen ion concentration），表示酸性或碱性程度的数值。——译者注

如果你找到一个理想的场地，只有排水出现问题，那么你大可不必担心。你可以搭建种植箱，这样就有足够的排水空间。你也可以打造湿地或雨水花园，种植一些耐水湿植物（如沼泽鸢尾、紫鸭跖草、马蹄草和紫萁）。当然你还可以安装排水系统，不过这可能需要更多的工作量。

小 贴 士

土壤的 pH 值对于儿童来说比较难理解（实际上很多成人也很难理解）。如果你要亲自检测土壤的 pH 值，那么要让儿童在旁边观察，并帮你比对测试出来的颜色，从而确定土壤的酸碱程度。

现有设施

在开始挖土之前，你要确认一下花园区域有没有地下设施。不要破坏地下光缆，或者避免因其他工人要埋入地下设施而破坏整个花园。请在最终落实方案前，与相关的设施公司联系和确认，他们会派人在有设施的区域进行标记。切记，有时光缆会埋在很浅的位置。另外，要小心不要在空调设备附近进行种植，空调机吹出来的热风不利于植物生长，而且巨大的噪声会让儿童分心。

小 贴 士

你可以跟儿童一起做一个小实验，看看排水系统是否运行良好。挖一个 30 厘米宽、30 厘米深的洞，把洞里灌满水，看看排完里面的水需要多长时间。（务必看好孩子，避免他们不小心掉进洞里！）如果 1 小时后，洞里还有水，那就说明排水系统很糟糕。

绘制场地地图

一旦你确定了花园的选址，绘制一份场地地图是很有帮助的。这份地图不需要非常完美，但是要足够详细，以便我们确定种植哪些植物，配置哪些花园设施。画出步道和树木等体现该区域特征的布局图是比较容易的，你可以让儿童帮忙用测距轮或卷尺测量长度，并在草图上记录尺寸。然后，你可以把尺寸按照比例进行转换，把整个地图画在更大的网格绘图纸上，使用计算机软件进行绘图，或者按照建筑工程的比例画在更大的纸上。如果你认识的某位家长或其他支持这个项目的人士是景观设计师或建筑师，那么这时候可以寻求他们的帮助。你也可以通过互联网搜索这个场地的卫星定位图，把图片放大，你就可以很容易地看到该场地的特征和布局。如果你的打印机能够打印大尺寸的纸张，可以把这个地图放大到更大的尺寸，然后打印出来。我们建议将卫星定位图作为整体布局的参考，但不要代替测量，因为测量和记录数据对儿童来说是一次很宝贵的经历。

花园的种类

你在考察场地的时候，就应该思考哪一种类型的花园最适合你的项目。缺乏足够的空间已经不再是一个问题，因为有太多类型的花园可供选择：

- 地面花园
- 种植箱花园
- 容器花园
- 绿色屋顶花园
- 垂直花园

这五种类型提供了几种选择，从简单的到复杂的都有。你可以只选择其中一种类型的花园，也可以同时选择好几种类型的花园。比如，你可以在学校的操场上组合使用种植箱和地面花园，同时在婴幼儿区打造一个容器花园。

地面花园

地面花园是大多数人在规划时所考虑的类型。实际上，人们通常想到的就是传统的地面花园，里面整齐地种着一排排蔬菜。地面花园可以充分利用现有空间和土地，如果你的场地有良好的土质和排水系统，那么这确实是一个不错的选择，需要做的大部分工作就是挖土和改善土壤质量。这种类型的花园可能最经济实惠，因为大部分的成本主要在于土壤改良，而不是搭建材料。如果学校已经进行了景观美化，导致空间不足，那么另一种选择就是把花园融入现有的开放区域的苗床，这种方法比较适合一年生植物、香草和部分蔬菜。

地面花园有很多优点，但直线排列的花园可能不是你的最佳选择。当你成排种植时，杂草最容易从植物间的空隙生长出来，而且空间没有得到很好的利用。我们建议把植物种得更紧密一些，给儿童进入花园留出通道。

你在规划地面花园的时候，要思考一下如何设置路径，以及要使用什么材料来铺设路径。砖头、石头或混凝土踏步石等材料都比较耐用，但如果你没有资金的话，这些材料的成本会很高。相对便宜的材料可以是木质覆盖物、稻草、木屑、砾石，甚至木板，不过要注意挑选质量好的。质量较差的木质覆盖物、木屑或砾石，可能含有小碎片或杂草的种子。还需要注意的是，有些木头如果暴露在户外会腐烂得很快。如果可以的话，要选择天然的耐用木材，如红木、雪松或冷杉。经过处理的木头也是耐用的，但你要确认这些木头没有通过铬化砷酸铜或杂酚油进行处理。铬化砷酸铜在2003年以前被广泛使用，但现在美国环境保护署（Environmental Protection Agency）已经禁止在居民住宅区使用这种物质，因为里面的成分含有砷。杂酚油对植物是有害的，如果人接触的话，会引起皮肤的不良反应。现在处理木材时主要使用硼酸铜或烷基铜铵，根据相关研究报道，这些物质用在花园里是安全的。你还可以在路径的外缘用树枝和木材围挡起来，用于保护路径不被杂草侵犯，当然这些材料需要定期更换。

因为你的工作对象是儿童，所以儿童种植区相对成人种植区来说要小一点，这样可以保证儿童能够接触所有的植物。如果道路只能从一侧进入，那么我们建议将道路之间的种植区宽度控制在45厘米左右；如果道路可以从两侧进入，那么这个宽度可以控制在90厘米左右。如果你在种植区的后面培育了一些不需要太多打理的多年生植物，那么你可以把这个尺寸从45厘米增加到60厘米。记住，如果儿童不冒险离开小路，是无法接触这些多年生植物的。

地面花园的最主要优点就是简单方便。你不需要建一个框架或拉一车的土，你所需要的大部分材料都已经在场地里了。这种花园的最大缺点就是，很多时候需要改良土壤质量，因此在种植的第一年，你往往需要付出辛勤的劳动。要成功打造植物健康生长的花园，准备好苗床是关键，所以为了让植物拥有一个好的生长环境，付出时间和努力是值得的。

种植箱花园

种植箱使用一些景观木材或经过防腐处理的木头等建筑材料，提升种植区域的高度。这种形式有很多优点，例如你可以很轻松地进行操作，不需要一直弯着腰在地上种植和除杂草。如果你想让使用轮椅或其他有行动障碍的人进入花园，这也是一个理想的方法。[关于如何让残疾人更方便地使用花园，可以阅读吉恩·罗瑟特（Gene Rothert，1994）的著作《便捷花园：打造无障碍的花园》（*The Enabling Garden: Creating Barrier-Free Gardens*）。]

种植箱花园比地面花园更容易控制杂草的生长，因而更方便进行打理。你可以根据种植需要，混合不同的材料并铺在种植箱里，这样更容易控制土壤的成分。另外，由于植物高于脚面，这样更容易防止儿童不小心踩到植物。还有一点，就是种植箱高于地面，因而排水效果更好。其缺点主要是你得找材料搭建苗床，还要找一些可以填到苗床里的土。这可能需要付出不少劳动，取决于你用什么材料搭建苗床。由于花园有一定的高度，通常啮齿类动物和其他害虫带来的问题会相对较少。如果花园场地可能有鼹鼠或其他穴居动物出没，那么你只需要在种植箱周围铺设铁丝网或景观织物，就可以防止它们进来。土丘或斜坡式花园是另一种类型的高苗床花园。它们跟种植箱花园类似，只是没有围挡。如果你没有材料搭建围挡，或者想要更自然的外观，那么这种类型的花园就是一个很好的选择。如果花园区域的空间平坦又无趣，那么斜坡形状的花园可以令人格外赏心悦目。斜坡可以做成任意形态，苗床的弧形边缘可以让花园在视觉上更吸引人，上面种的花卉在一定高度上更引人注目。改善排水也是这种斜坡式花园的优点，虽然水很容易从两侧流失，导致保水困难，但这种问题可以通过铺设一层厚的覆盖物得到解决。

容器花园

任何便携式容器只要用来种植都可以成为容器花园,这种花园可能会比较重,特别是容器里填满了土壤混合物。它的一个主要优点在于,你可以在天井或庭院等没有土壤或空间狭小的地方打造花园。它的另一个优点就是易于维护,你可以完全控制土壤混合物的成分,里面的杂草也不会太多。容器的高度比较方便我们操作,而且由于植物接近我们眼睛的高度,视觉效果会增强。此外,小到中号的容器可以随着太阳光照挪动位置,或者在全年根据不同植物的成熟期调整摆放顺序。如果学校放假的话,小的容器还可以让儿童带回家打理。

在第一章中,我们曾介绍圣迈克尔学校在阴凉的庭院里打造的容器花园。这个庭院的地面是沥青的,三面包围着红砖结构的墙面。在几个月的时间里,学校在红砖墙面上安装阳台种植箱,在地面布置大大小小的矩形种植箱,以及各种形状和尺寸的小花盆,这个空间一下子从单调无味变得生机勃勃。还有一些植物被放进教室里,几个班的儿童在整个冬季"收留"了这些植物并照顾它们。

现在的市场可以提供各种风格和类型的种植容器。智能花盆就是一种可重复利用的容器,有几种尺寸可供选择,可以种植多种类型的蔬菜和一年生植物。这种容器的一个特点就是,在不需要种植的季节可以折叠收纳和储存,不占用太多空间。另一种类型就是自动浇水容器,虽然它们的价格可能会高一点,但如果你有几个星期都无法打理植物的话,这种容器就可以打消你的顾虑，额外的花费也许就是值得的。[关于在容器里种植观赏类和可食用植物的参考书，可以看看鲍勃·珀内尔（Bob Purnell，2007）的著作《花盆作物：如何在易于维护的容器里种植蔬菜、水果和香草》（*Crops in Pots: How to Plan, Plant, and Grow Vegetables, Fruits, and Herbs in Easy-Care Containers*）。]

绿色屋顶花园

"绿色屋顶"这个词就是指一种在建筑物的屋顶上支持植物生长的系统，其主要目的在于有效管理雨水，改善水质，降低建筑能耗成本，减轻城市热岛效应，增加生物多样性，降低噪声和获得其他可以改善环境的效益。一些城市要求新建筑必须绿化屋顶，以减少环

境问题，同时改善城市"景观"。如果可以的话，在屋顶种植物也为城市里的学校带来了新的机遇，毕竟园艺空间是有限的，因而全国各地的学校屋顶都出现了花园。这种绿色屋顶需要专业人士进行设计和建造，教师不用参与太多的花园建设工作。种植的介质不是土壤，而是一些轻的有机材料组成的混合物，其深浅取决于绿色屋顶的设计。如果可以的话，你要征求专业人士的意见，了解介质的深浅和成分、灌溉问题以及其他局限性和好处。你可能会发现，在绿色屋顶上有更大的发挥空间，你可以种植各种野花、一年生植物、草本植物、水果、蔬菜，如果有专业的支持，你甚至可以种植各种灌木。

卡尔霍恩学校——绿色屋顶花园

位于美国纽约上西区的卡尔霍恩学校（Calhoun School）是一所面向3—12岁儿童的进步教育学校。在新校舍的施工过程中，校方增加了一个绿色屋顶。学校所在场地没有建造地面花园的空间，但是屋顶有很多可以打造花园和户外草坪的地方。人们可以在这片草坪上翻筋斗和野餐，曼哈顿地区的居民很少能接触草坪，所以这个地方特别受欢迎。草坪周边地区主要供低年级学生和提供餐饮服务的厨师种植他们可以采摘的各种香草和蔬菜。孩子们可以把厨师邀请到教室里或参与课外俱乐部来品尝这些采摘的植物，学习关于营养和烹饪的知识，从而把花园和他们的餐桌联系起来。除了园艺活动，教师和孩子们还可以在绿色屋顶研究植物，寻找昆虫（是的，即使在屋顶也有昆虫）。在园艺种植季接近尾声的时候，学生、教师、厨师、家长及外来游客都会在屋顶参加一个野餐聚会，庆祝花园的丰收。卡尔霍恩学校的绿色屋顶把孩子们与自然联系在一起，让他们体验种植香草和蔬菜，并培养他们在城市中保护环境的意识。

垂直花园

垂直花园又叫生态墙或植物绿墙,主要指在垂直位置上进行种植的花园。通常这种花园建在墙壁或栅栏的内外侧,或者在独立的塔式建筑上。千万别把这个花园跟长在墙壁上的藤蔓植物混为一谈。由于植物的根不是在土壤里,而是在墙壁或塔式结构的材料里,整个花园需要依靠水培系统获取水分和养料。利用垂直花园,我们可以在地面空间有限或铺设大量地表材料的操场上开展园艺活动。你可以用塑料饮料瓶、排水管或其他可回收材料,自己动手创造一个垂直花园。如果你对这方面感兴趣,那么你可以通过网络找到很多说明指南。此外,一些商家可以针对这种花园,为学校提供垂直花园安装服务。

在研究场地的时候,你可能会发现一处非常适合建造花园的区域,或者你可能需要花一些时间,对可以利用的地方进行评估,从几个不完全令人满意的选择中挑选一个相对较好的地方。在极端情况下,你无法利用任何户外空间,或者户外场地对儿童来说非常不安全,那么你可能就要考虑建造室内花园。最后的决定取决于你所在的位置和可利用的资源。不管选择什么样的空间,都可以打造一个满足你的需要的花园——可以是有花卉和蔬菜的、隐蔽荫凉的、种在地里的,也可以是建在种植箱或容器里的。

普雷斯特伍德小学的垂直花园

克里斯蒂·德拉鲁克（Kristi Draluck）在加利福尼亚州索诺玛县的普雷斯特伍德小学（Prestwood Elementary School）里开展了学前班花园项目，并对该项目做出了如下阐述。

"我是从2010年起开展这个花园项目的。我无法忍受校园里闲置着死气沉沉、空空荡荡的场地，简直就是浪费——而在校园围栏外却有如此多的生物。我一直幻想着能有一个美丽的花园，由学生们创造性地建造而成。我一直期待着梦想成真——从无到有地创造一个美好的事物，让学生看到我们可以通过一起努力让所有的梦想变成可能。经过一点一点的积累，这个地方慢慢地就变成我预想的样子。我所执教的学前班学生把所有的东西都种在花园里，往届的学生仍认为这个地方属于他们，所以他们经常来参观花园，观察植物是如何与他们一起成长的。这是一个有教育意义的花园，年轻的心在这里成长！我为野餐桌写了一份拨款申请，这样孩子们就可以在这里野餐。我尝试教学生们用一种不同的方式看待这个世界，以及如何使用、耕耘、保护和照顾一样东西。我还制作了一个太阳能装置，教孩子们关于本土耐旱植物的知识。我们把原来的旧沙池打造成蔬菜花园。菜豆沿着操场的栏杆生长，花园的中心满是草莓架、香草架、多年生植物和耐旱植物。多肉植物种在桶形花盆中，圣罗莎鸢尾协会还捐赠了一些鸢尾花。

"最近我们在一个三层种植架上打造了一个彩虹花园，此外有两个容量为5升的雨水收集罐，这是由别人捐赠的可回收液体食品容器改造而成的。我们还制作了两个猫头鹰筑巢箱、一个蝙蝠筑巢箱、一个太阳能喷泉、一个配有滴灌系统的垂直花园（去年我们意外地发现了在这里筑巢的灯草雀），以及一个滴灌系统安装在栅栏上的排水管花园。我们在这里一起种植、维护，观察各种变化以及鸟类和松鼠，采摘和丰收，举办水果沙拉聚会，进行素描写生、绘画创作、阅读分享，感受快乐的时光。我们在学校原有花园另一侧的废弃游乐场成功地创造了一个美丽的花园！

> 现在这个地方被授予'人民花园'和'国家野生动物联盟野生动物栖息地'的称号。现在我个人会资助这个花园,同时申请并获得来自其他地方的捐款,涉及索马诺谷教育基金、安妮有机食物公司、太平洋燃气电力公司、莱德森酒庄和葡萄园、约翰·乔丹基金会、美国专利商标局普通基金,以及其他个人的捐款。"

花园主题

几乎每个花园都有一个主题,例如蔬菜花园、花卉花园、玫瑰花园、日式花园、仙人掌花园等。在你讨论花园设计方案的时候,主题也是需要探讨的。在你确定主题的时候,要考虑最后的目标,以及你所执教的班级里儿童的兴趣点。有些儿童特别痴迷于烹饪和品尝美食,那么你就可以打造一个蔬菜花园。有些班级的儿童喜欢鲜艳的颜色和清新的香味,那么你可能要考虑几种类型的花卉花园。还有一些儿童可能容易被有翅膀的小动物和其他野生动物吸引,这时你就要考虑种植一些能够吸引小鸟、蝴蝶或野兔的植物。在考虑花园主题时,你要思考自己的课程目标,把两者进行结合。

在本节中,我们会详细介绍六种主题花园,并附上简单的设计方案。对于其他主题的花园,我们也会提供一些建议,并根据这些主题列出一份植物清单,以供参考。本节中所涉及的植物名主要都是常用名,由于不同地区使用的常用名可能会有差异,我们将在附录 3 中把植物的常用名列出来。

鸟蝶花园

鸟儿和蝴蝶对于儿童和成人来说都充满了魅力,而且富有教育价值,所以把它们吸引到花园里,可以极大地增加儿童的学习机会。你可能需要一个光照充足的场地,因为大多数花卉都至少需要 6 小时的光照才能开花。

一个鸟蝶花园应该包括各种各样的一年生、多年生和草本植物，以及一簇簇五颜六色、可产花蜜的植物，这些植物可以在全年的所有季节相继开花。此外，你需要提供一两种枝叶茂密的灌木，方便小鸟搭窝。紫丁香和醉鱼草可能比较适合，而且能够增加花园的高度。醉鱼草有一个优点，就是在一个季节内可以长得很高（在我们这里可以达到2.5米），并且在整个夏季末期都会开花。人们称其为"蝴蝶灌木丛"不是没有原因的，因为它确实会吸引蝴蝶。这种灌木通常会比儿童高，这样它们就可以为儿童独处或与同伴待在一起提供相对私密的空间，当然这需要保持在成人的视线范围之内。

很多花卉都会吸引蝴蝶。我们的花园里有蜜蜂花、星辰花、香雪球、石竹、百里香、罗勒，以及鼠尾草。红花鼠尾草还有额外的魅力，就是能把蜂鸟吸引到花园里。鸟浴盆也可以把小鸟吸引过来，特别是在干燥的季节。在

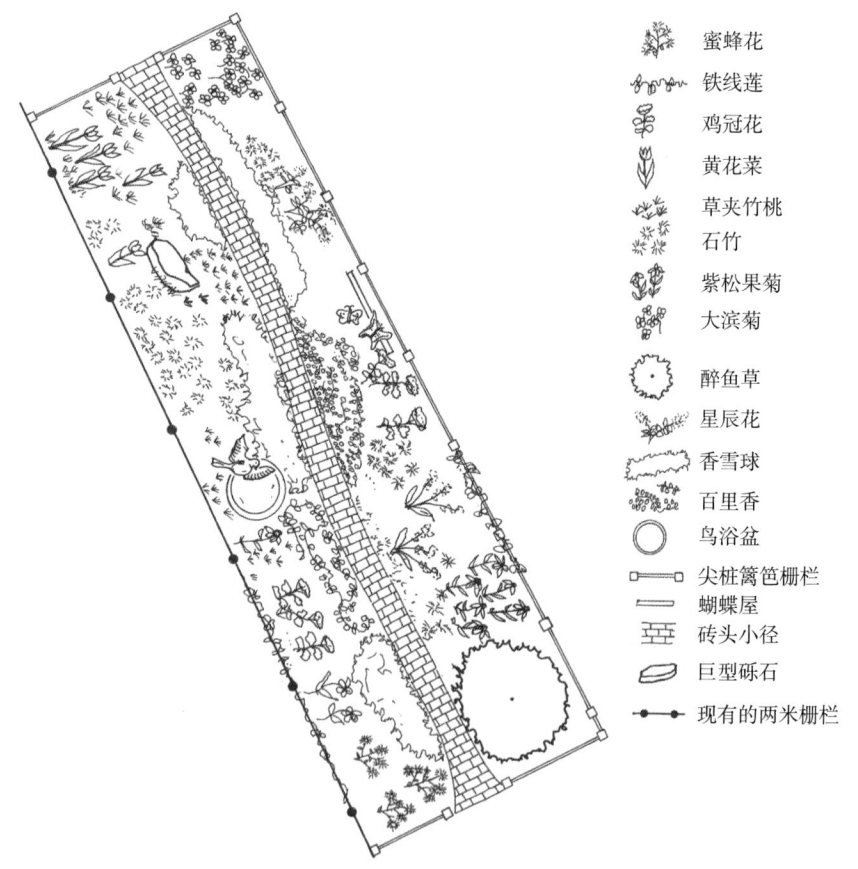

这种类型的花园里,你还可以考虑其他吸引动物的设施,如蝴蝶屋、蝴蝶喂食器、蜂鸟喂食器、鸟屋和小鸟喂食器。

北美花园

北美花园里主要种植在北美大陆生长的本土植物。在1492年欧洲人抵达这里之前,这些植物都是由当地美洲原住民种植,包括玉米、南瓜、西葫芦、菜豆、天人菊,以及各种葫芦。为了充分利用空间,可以设置供藤蔓植物攀爬的棚架。虽然操场围栏也可以达到这个目的,但你可能想要单独使用这个结构,同时供角色游戏使用。

在我们的北美花园中,最引人注目的是一个棚架结构的格子屋,它是由格子形状的木结构组成的。每年夏天,这个格子屋下都会种满攀爬类的藤蔓植物,到夏天结束的时候,这些藤蔓植物就会爬满整个格子屋。我们最喜欢种的植物就是葫芦,因为它非常有意思,生长得很快,通常会爬进格子屋,悬挂在天花板上,孩子们看到了都非常开心。

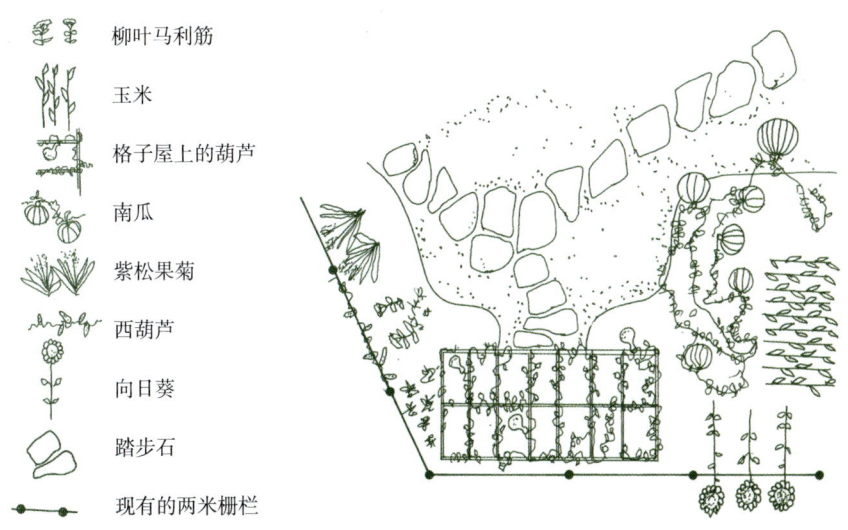

柳叶马利筋
玉米
格子屋上的葫芦
南瓜
紫松果菊
西葫芦
向日葵
踏步石
现有的两米栅栏

由于大多数植物都是一年生的,你可以每年都更换花园的设计。很多植物会占据大量的空间,如果你的北美花园空间相对狭小,那么你可以利用同样的一小块地方,每年都种植新的植物。我们某年在北美花园里种植了南瓜，这是孩子们最喜欢的植物，要不是他们踩来踩去，南瓜藤说不定会长满整个操场。在其他时候，我们在相同的地方种植了玉米、豆角以及向日葵。

厨房花园

很多教师会利用花园来教儿童种蔬菜。蔬菜花园现在越来越重要，因为儿童需要知道他们吃的食物是怎么来的。当他们观察种子是如何长成食物的时候，他们通常会更有兴趣参与烹饪并品尝新的食物。厨房花园就可以实现这样的目标。为了最大程度地利用花园区域，你可以在植物生长的季节多播种几次，比如在春季和秋季种植喜欢凉爽气候的植物，如莴苣、菠菜、花椰菜和萝卜。这些植物可以在整个季节的早期或晚期种植，而且它们从种子长成蔬菜的速度非常快，刚好能满足一部分专注时间较短的儿童的需求。

对于在炎热的夏季种植的植物，你可以考虑番茄、青椒、香蕉辣椒、四季豆和黄瓜，也可以试试茄子、土豆、瓜类、胡萝卜和洋葱。我们选择了各种类型的蔬菜，涉及可食用的根、叶子和果实，让儿童认识到植物的不同部位都可以作为食物。另外，我们会考虑种植一些从花园里采摘后可直接食用的植物，以及需要烹饪才能食用的蔬菜。

菜豆
白菜
西兰花
卷心菜
胡萝卜
瓜
豌豆
萝卜
菠菜
草莓
番茄

如果你还有空间，可以种一些草莓，它们会在整个季节的早期成熟，而且又圆又甜的果实会让大多数儿童兴奋不已。不过，草莓有可能会长满整个花园，所以你需要定期清理它的藤蔓，以保护花园里的其他植物。

一些植物需要比较大的空间，所以你可能无法像其他花园那样种得太紧密。这样一来杂草就很容易长出来，不过我们可以在这些区域铺设厚厚的覆盖物，阻止杂草生长，同时保持植物水分。这些覆盖物包括木屑、报纸和稻草。

伊利诺伊州的埃尔金儿童和家庭中心主要面向拉美裔家庭。这个中心设有13个双语教室，儿童的年龄从6周到5岁不等。在2012年夏天，以前在南伊利诺伊大学卡本代尔分校的研究生助理埃米·韦曼·柯林斯（Amy Weimann Collins），指导了好几个班级的学生在操场上建造花园。考虑到总人数，一个班级决定打造萨尔萨（用洋葱做成的辣调味汁）花园，里面种番茄、墨西哥青辣椒、大葱和香菜。另一个班级决定打造蔬菜花园，里面种洋葱、圣女果、辣椒、西葫芦、胡萝卜和四季豆。还有一个班级选择打造比萨花园，里面种罗马番茄、洋葱、青椒和罗勒。孩子们还打造了向日葵花园，他们种了各种各样的向日葵，但也发现杂草长了不少。于是，他们就制作了一些漂亮的踏步石，并铺满了整个花园。最后，他们还创造了一个声音花园，里面挂了好几个风铃，可以发出各种不同的声音。他们做了很多与花园相关的活动，每天浇水、除杂草。

有一天,他们发现了一个巨大的西葫芦,还发现了另一个留着"长发"的西葫芦。随后他们把两个西葫芦摘下来并拿进教室。他们通过测量长度和称重量,比较两个西葫芦的区别,然后制作了西葫芦面包。他们还对蔬菜进行了品尝测试,用图表统计有多少学生喜欢某种蔬菜,有多少学生不喜欢某种蔬菜。此外,他们还在教室里观察真实的毛毛虫,研究蝴蝶的生命周期,最后把它们放回大自然。

感官花园

感官花园可以为儿童提供很多的学习机会。你可以把感官花园分成五个小的花园,每一个花园对应一种感觉——味觉、听觉、触觉、视觉、嗅觉。很多人可能不止喜欢一种感官体验,所以你可以把多种植物混在一起,做成一个大花园。不管在什么情况下,感官花园其实并不需要很大。实际上这种类型的花园非常适合用容器来打造,每一个容器对应一种感觉。半个木桶就是非常好的打造感官花园的容器。

味觉

味觉花园可以种植很多与厨房花园一样的植物,不过需要挑选那些采摘后马上就能品尝的植物。你可以种一些香草,因为它们的味道很浓,薄荷就是最受欢迎的。薄荷有很多品种，例如巧克力薄荷、柠檬薄荷和莱姆薄荷，可以做成其他的食物。不过，如果要种植薄荷的话，你需要格外小心，因为它们的长势很凶猛。如果不进行控制和处理的话，它们很容易侵入其他植物的区域（参考下一页的"处理入侵植物"）。

浆果也是一个不错的选择，你可以找一下哪一种植物适合在你所处的区域中生长，一般来说蓝莓和黑莓比较常见。如果你要种黑莓，那么一定要选无刺的品种。

此外可以种一些可食用的花卉。我们最喜欢的是三色堇。它可以在南伊利诺伊的春秋季节（气候比较凉爽）种植。我们还比较喜欢旱金莲，它可以在比较炎热的夏季种植。

	蓝莓		黄金葛
	仙人掌		三色堇
	灯笼果		景天
	银叶菊		金鱼草
	天竺葵		星辰花
	羊耳朵		草莓
	薄荷		百日菊

听觉

建造听觉花园可能会遇到一些挑战，因为人们通常都不会认为植物能发出声音。其实这种花园也是很有用的，教师可以鼓励孩子们倾听植物周围的动物所发出的声音，比如蜜蜂的嗡嗡声和小鸟的啾啾声。当然你也可以选择像酸浆和黄金葛这样的植物，晾干后摇晃时会发出咔嗒咔嗒的声音。像星辰花和麦秆菊这样的花在花瓣干燥后通过摩擦也会发出声响。此外你还可以种一些小草，它们会在微风中沙沙作响。风铃这样的小玩意儿添加到花园里会增强听觉上的感受。

触觉

毛茸茸、多刺或海绵状的植物比较适合触觉花园。羊耳朵、银叶菊、鸡冠花以及各类景天都是很好的选择。你还可以考虑一些拿在手上时会发生变化的植物，例如儿童可以很快就学会如何把玩金鱼草，轻轻挤压适当的位置，可以让它"突然"张开或合拢。

你还可以种一两棵带刺的植物。耐寒的小型玫瑰灌木或仙人掌都是不错的选择。如果你选择带刺植物，请种在花园的后面，这样大家不太容易碰到，同时可以对儿童进行安全教育。

处理入侵植物

有一些植物（如薄荷），长势很凶猛，会侵入花园的其他区域，但你不希望这样。如果出现这样的情况，你很难控制。为了避免这样的问题，你可以把它们种在容器里。当然你也可以通过下列措施，限制它们的生长范围。

1. 把一个20升的桶或其他比较深的容器的底部去掉。
2. 在花园里挖一个足够大的坑，足以把这个容器放进去。
3. 把容器放进去，露出地面约2.5厘米。
4. 在容器里铺满土，让入侵植物在里面生长，这样它们的根就不会延伸到容器外。

视觉

视觉花园里有很多令人赏心悦目的花朵。它们颜色鲜艳,引人注目。如果你很好地进行规划,那么可以在整个生长季节都让花园保持鲜花盛开。在春季早期,郁金香以及其他球茎类花卉(如水仙花和番红花)都很适合种植,为经历寒冬的人们增添了一丝春色。随着夏日的临近,百日菊、麦秆菊、万寿菊、蜀葵和天竺葵,可以逐渐取代原来的花卉。如果你种一些野菊花,那么还可以让它们在春秋交替之际开花。

再考虑种一些叶子比较有趣的植物。大叶植物(如美人蕉或玉簪)会很吸引人的眼球。有一些植物(如景天)看上去像石块,有一些植物(如彩叶草)的叶子是有颜色的,这些都增加了视觉上的趣味性。

视觉花园是我们最喜欢的花园之一,很多人也因此关注到我们。这些生机勃勃的植物能够吸引路人的眼球,从远处看整个花园绚丽多彩。每当我们开车经过时,它总是让人很愉悦。

嗅觉

有香味的植物(如香草)就是嗅觉花园的最佳选择。你也可以种植一些有香味的花卉,例如天竺葵或耐寒的灌木玫瑰。对于有独特香味的植物要慎重选择。

嗅觉花园能够提供很多令人愉快的体验机会，而不仅仅是让人闻一闻植物的气味。像鼠尾草和罗勒这样的香草，也可以给我们提供不一样的体验。这类植物经常需要剪花，从而保持健康生长，这就给儿童提供了剪花的机会。我们还发现这些花有其他用途，如可以直接品尝或蘸面糊油炸。我们也用这些香草制作食物，如香草黄油或罗勒番茄馅饼。

西南花园

沙漠景观使我们认识到，即使不需要维护和使用很多水，花园也可以变得美丽有趣。实际上，旱生园艺——通过耐旱植物、覆盖物、选择性灌溉而减少用水的园艺方式——已经在美国变得越来越受欢迎，旨在提高大家的环保意识。这种理念可以从沙漠景观中体现。

如果你的学校在沙漠地区，那么最适合种植当地的本土植物。沙漠不应被视为整齐对称的环境，你在规划时要努力重新创造一个自然的沙漠景观。你可以为儿童设计一条弯弯曲曲的小径，让他们根据各自的兴趣探索植物。你也可以用一些小的石头和大的砾石建造一条干涸的小溪，儿童可以坐在这些石头上。你还可以种植一些有香味的植物，例如茂密的鼠尾草和巧克力花（羽裂绿眼菊）。巧克力花之所以如此命名，是因为这种可食用花有香气和味道，而且它可以吸引蝴蝶。其他低矮的多年生植物应该增加一些色彩和不同的花卉形状。沙漠万寿菊有黄色的雏菊般的花朵和种子，儿童可以收集种子并学习如何育苗。山桃草的白色和粉色的花朵生长在穗状花序上，形状有点像蝴蝶。草原松果菊的形状很有意思，呈圆锥形。你可以把各种多年生植物组合在一起，留出一片开阔的空间，就像你在沙漠中看到的那样。你可以在干涸小溪的边缘，零散地种一些蔓生的勋章菊和有香味的匍匐迷迭香。你可以用多肉植物增加一些乐趣，模拟沙漠的景观。你还可以选择各种类型的龙舌兰和芦荟，不过它们可能有尖角，对儿童的眼睛会造成伤害。如果你选用光滑的龙舌兰或其他有尖角的植物，那么需要把它们种在靠后面的位置。对于其他需要添加的元素，你可以考虑添加沙漠动物的小雕塑或可以种植时令蔬菜的花盆。

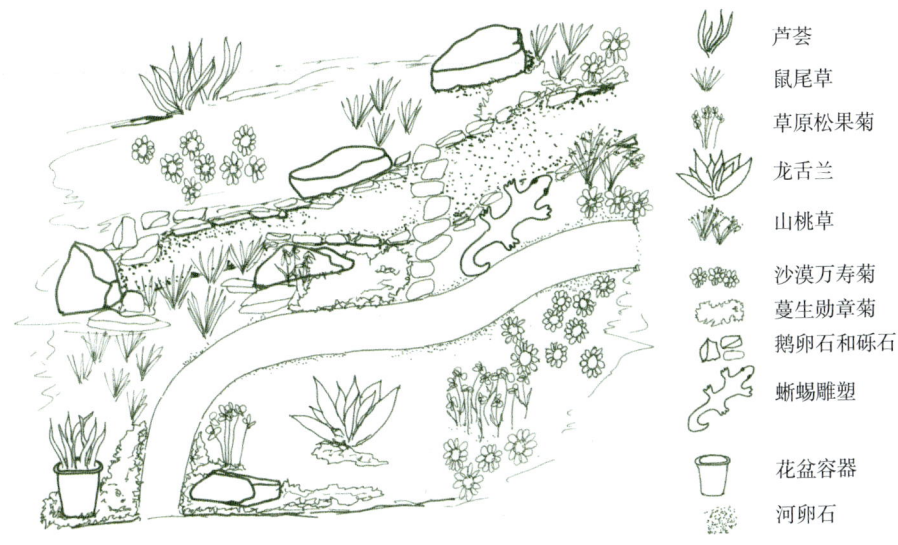

恐龙花园

恐龙对很多儿童来说有巨大的吸引力，如果一个花园根据恐龙主题进行设计，就会成为一个自然景观。恐龙花园的灵感来自以前我们在课堂活动中收集到的一些雕塑。有一位家长是教艺术的，他让班上的孩子用钢筋组成了两个恐龙的骨架。最初孩子们在这些骨架外覆盖了铁丝网和混合纸板，不过在我们建设花园的时候，这些外层材料被取下来了，只剩下框架。这看起来就是一个完美的花园棚架，所以我们决定用这个框架，在比较阴凉的区域建造一个恐龙主题的花园。

对于恐龙花园的选址，阳光充足和阴凉的区域都很适合。我们选择了一些大叶植物，给花园带来了一种神秘的气息。儿童在花园里可以体验在茂密丛林中穿越的感觉。比儿童高的植物特别适合这类花园，如果你生活在温暖潮湿的气候中，那么你很容易找到这样的植物。

你可以把一些有多年历史的古植物，如银杏、大型南方木兰树或蕨类植物，与一些具有"侏罗纪"外观特点的现代植物结合起来。雁来红（尾穗苋）和象苋菜可能比较合适。考虑到我们的最终目标和气候的限制，玉簪和落新妇也很合适。我们还种了一些新几内亚凤仙，为花园增添色彩。

为了在花园里进一步延伸恐龙主题的内容,我们还为小径制作了恐龙脚印踏步石。卡伦用一本参考书里的禽龙脚印的照片,为踏步石设计了左右脚的图案。一个儿童的父亲根据这个图案制作了模具,把里面灌入混凝土,最后做成了恐龙脚印的石板。如果你不认识有这方面资源的人,你可以在湿的沙池里挖一个恐龙脚印形状的坑,把这个作为浇灌混凝土的模具。

落新妇

大叶玉簪

美人蕉

蕨类

新几内亚凤仙

花叶玉簪

紫罗兰

恐龙脚印踏步石

恐龙雕塑

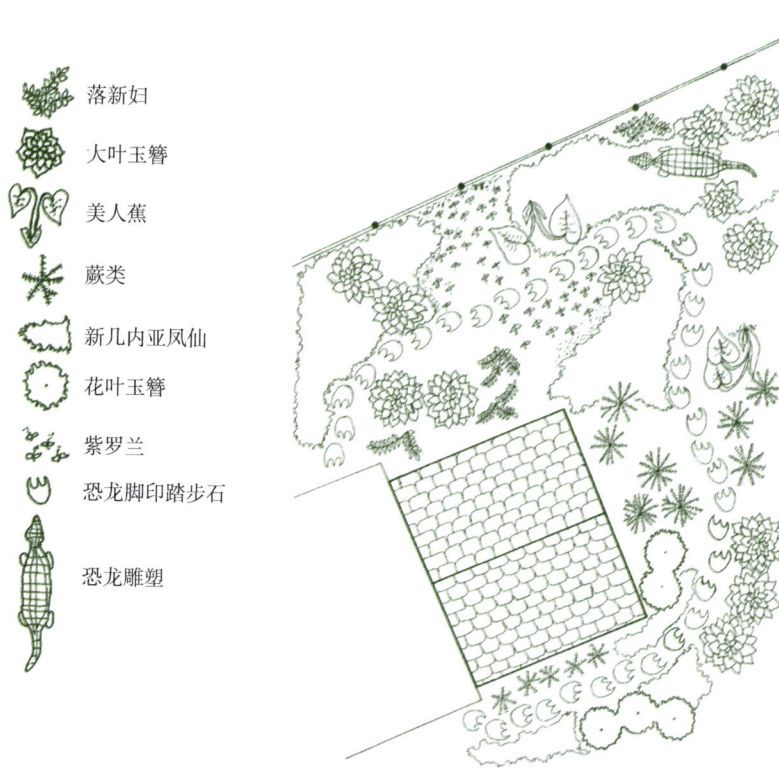

关于花园主题的其他建议

在探索不同花园类型的时候，要以你和儿童的兴趣为主导，也可以向当地社区寻求帮助。如果很多儿童拥有某一种文化背景，那么你可以选择打造那种文化主题的花园。比如，打造一个中国蔬菜花园，或花园里的食物特别适合墨西哥菜肴。日式花园能够增添不少亮丽的风景，可以充分利用狭小的空间。这些安静的地方能够让儿童慢下来，仔细观察和思考。如果你确实想打造某种文化主题的花园，那么家长是很好的资源。他们能够帮助你决定种哪些植物，甚至能够帮助你找到在这个国家中不太常见的种子。

对于熟悉传统蔬菜的大龄儿童来说，彩色花园会很有趣。如果你搜索一下园艺目录或商业网站就可以找到多种颜色的蔬菜。下面是从网站上找到的一些信息。

- 靛蓝玫瑰番茄（Indigo Rose Tomato）——一种深紫红色的番茄。
- 莫莉阿姨的地樱桃番茄（Aunt Molly's Ground Cherry Tomato）——一种金黄色的樱桃番茄。
- 探戈橘色甜椒（Tango）——一种鲜橘色的甜椒。
- 紫美人甜椒（Purple Beauty）——一种紫黑色的甜椒。
- "黑豹"花椰菜（Panther）——灰绿色的花椰菜。
- "切达"花椰菜（Cheddar）——橙色的花椰菜，富含 β-胡萝卜素。
- "涂鸦"花椰菜（Graffiti）——深紫色的花椰菜。
- 瑞士甜菜（Bright Lights Swiss Chard）——有从橙色到红色的茎。
- 红心萝卜（Watermelon Radish）——一种绿色外皮和红色果肉的萝卜，酷似西瓜。
- 彩虹胡萝卜（Rainbow Hybrid Carrots）——胡萝卜有黄色、白色、浅橙色和深橙色，以及珊瑚色。
- 黄小玉袖珍西瓜（Yellow Mini-Tiger Watermelon）——果皮翠绿色，有虎纹状条带，里面是深黄色的。
- 秀金西瓜（Faerie Watermelon）——外皮是黄色的，果肉是粉红色的。

还有一个建议就是打造染料花园。花园里种的植物可以做成染料，如万寿菊、金鸡菊、百日菊、波斯菊、大丽花、艾菊、蓝靛，以及黑莓。儿童不但可以用这些颜色染布料，还可以在花园里绘画。你需要把这类花园建在有阴凉的活动空间的旁边，里面放上一些大的砾石（用来当坐垫，或用来捣碎浆果），以及一些旧的板条箱（用来当桌子）。

密歇根州立大学的儿童花园网站，提供了很多关于主题花园的建议，还有详细的植物清单。你无论选择什么样的主题，都可以找到一些思路。很多植物每年都需要重新种植，如果我们不再需要某些多年生植物，也可以把它们移除。新来的儿童可能会有不一样的兴趣点，所以你应该把花园当作一个不断变化的学习中心。随着经验的积累，你会发现有些植物是你永远离不开的，而有些植物则会带来很多麻烦，你压根就不想招惹它们。这就是做园艺的乐趣之一。

当时杰茜卡是植物、土壤与农业系的研究生，她为我们设计了南伊利诺伊大学儿童发展实验室的花园。现在杰茜卡是伊利诺伊州立大学园艺中心的主任。她在那里开发了一个5公顷大的主题植物园，其中的一些主题花园包括：香草花园、小鸟花园、蝴蝶花园、粮食花园、保健食品花园（植物有疗愈功效）、"臭名昭著"的花园（都是有毒植物）、本土植物花园、松树林（常绿植物）、草原地区、儿童花园，以及用于大学研究的实验花园。

2012年秋天，玛拉和萨拉与教师卡桑德拉及其学生，一起从伊利诺伊州立大学托马斯·梅特卡夫实验学校出发，前往园艺中心进行实地考察。这次出行的目的在于，进一步延伸儿童之前在操场上通过建设花园所学到的东西。在整个过程中，儿童倾听关于园艺的故事，穿越玉米迷宫，在南瓜地里了解各种瓜类，参与寻宝游戏，参观各式各样的主题花园。至今我们最喜欢的部分就是儿童花园，里面有很多分支主题。让我们无比兴奋的是花园图书馆，这是一个玻璃密封的房子，里面有防水的书柜，摆放了很多与园艺和自然有关的儿童书籍。孩子们可以打开柜子，选择自己喜欢的书，在一张蝴蝶形状的凳子上与卡桑德拉一起阅读。我们认为这是一个非常好的方式，孩子们可以在忙碌的幼儿园生活中享受一段平静的时光。

第四章
建造你的花园

　　一旦你确定了花园的类型和场地，那么你就要准备筛选植物，开始进行建造。现在是时候进行梳理，花一些时间做好计划和准备，这样可以让我们的整个工作更加顺利。

　　制订好计划，准备场地和材料，确保人员到位。如果你的预算比较紧张，那么现在就可以寻找志愿者和资助方。在向员工、家长、当地苗圃和园艺中心寻求帮助时，你要向他们展示花园设计方案，引起他们对这个项目的兴趣。一份手绘图和详细的植物与建筑材料清单会有很大帮助，你可以根据这些方案找到所需要的东西。

整 合 资 源

　　建造花园这件事情可能看上去让人难以承受，因为一个花园项目需要在时间和资金上有很高的投入。幸运的是，大多数学校都能就近找到有合作意向的伙伴。我们建议你从组建花园项目团队开始，很多人都很热爱园艺。组建团队时你要考虑那些有园艺经验或积极主动的教师、管理人员、家长和社区成员。我们还建议你让负责户外场地的人员参与进来，花园项目的成功与否往往取决于这个人。

当地资源

　　当你的团队组建完成，就需要评估一下你所拥有的资源。团队里的每一个人都能贡献什么？你如何让家庭参与到项目中？你所在的组织机构可以给花园带来什么？你能否联系到一些可以提供资金的企业？看一看你所在的社区，如果学校或学习中心是大学或企业的一部分，那么就考虑一下你在这个组织机构中能获取什么资源。你是否可以进入温室并开始播种育苗？是否有一些团体正在寻找服务性工作？这些人可以帮你建设或维护花园。你所在的机构旁边是否有博物馆？有没有艺术系的学生愿意制作雕塑、踏步石或者马赛克图案？有没有人知道哪里可以找到一些废弃的、可用来打造步道的砖块？你对社区了解得越多，你就会发现越多可以利用的资源。

熟悉你们社区的园艺和苗圃中心，老客户有时可以获得免费赠送的植物或种子。有一次，我们购买了一些植物，苗圃中心赠送了几株灌木和植物。

向园艺俱乐部、推广服务机构以及植物园寻求专业帮助。依托当地的机构，如扶轮社（Rotary Club）或妇女组织，或许还可以获得津贴资助。美国园艺协会（National Gardening Association）通过其儿童园艺网站，公布了一些关于学校花园资助的消息，你可以注册并订阅他们的邮件，获得关于资助、课程设计和专业发展机会的最新信息。

我们见过最成功的校园与社区合作的案例是，印第安纳波利斯公立学校/巴特勒大学实验学校（Indianapolis Public Schools/Butler University Laboratory School）的花园项目。这所学校面向从幼儿园到小学二年级的孩子，其课程设计基于瑞吉欧幼儿教育理念。在最初的时候，玛丽萨·阿格斯（Marissa Argus）所带的一年级学生的项目作品，激发了大家建设学校花园的兴趣。同年春天，阿格斯了解到巴特勒大学教育学院的凯瑟琳·潘根（Catherine Pangan）博士正在教授领导力课程，她的学生们正在学习如何撰写资助申请。这就成功地促成了双方的合作。

教育学院的学生们通过申请，成功获得美国园艺协会的 750 美元[①]资助（关于园艺产品供应和植物方面）。他们也因此成为中西部地区学校花园项目大赛的获胜者。此外，大家通过校园烘焙义卖，获得了 2100 美元的资金。在校长罗恩·史密斯（Ron Smith）的大力支持下，学校教学团队带领学生把他们自己选出的蔬菜和香草，种在了三个种植箱里。随后为了扩大成果，教育学院的教师和学生们一起努力撰写申请，并成功获得了陶氏益农公司的 12000 美元资助。他们用这些资金把原来的花园试验品成功地改造成一个完善的户外教室。2012 年 10 月，当地来自陶氏益农公司（印第安纳波利斯分部）的 45 名科学家，自愿加入这一项目，他们与学校员工、二年级学生、家长、巴特勒大学的教师、教育学专业的学生们，一起安置了 6 个新的种植箱，建造了一个储藏室，种植了一些花卉和草皮，翻新了学校的庭院，并整理了原来无人打理的景观区域。玛拉亲眼见证并拍下了这些场景，它们都是由阿格斯精心统筹和安排的。孩子们分组来到户外，亲身参与其中，除去枯萎的植物和杂草，在种植箱里倒入泥土，种上果树。他们可以亲眼看到改造校园的过程中所涉及的工作，包括翻耕、搭建、挖土以及修枝。当地的一家企业捐赠了 3 只鸡，分别叫多蒂、特尔玛和路易丝，它们下的蛋被用来制作孩子们庆祝生日的蛋糕，它们的排泄物还可以被纳入学校的堆肥系统。

[①] 美国等国家法定货币，以实时外汇牌价换算为准。——译者注

家庭参与

要提前计划,明确什么时候家长能够参与花园项目工作。选择一个适合他们的时间,并考虑他们参与工作时是否需要照顾孩子。有一所学校计划在星期六让家庭参与进来,因时间冲突而无法参与的家长可以为其他人提供茶点。

一位父亲无法在那一天前来帮忙,于是就改在儿童上课期间来维护花园。孩子们可以利用这个机会看到维护花园的日常工作是如何开展的。

每个家庭都可以为花园捐赠一些东西。当你明确花园需要什么植物时,你可以张贴一份清单,其他家长就可以捐赠清单上的植物。如果这么做,我们就需要确保清单上的植物有较大的价格浮动空间,比如从六束万寿菊到更贵的紫丁香灌木丛。你也可以用一个小罐子收集硬币,或者让儿童参与筹款的过程。

地方和国家项目

我们可以从当地、州和国家层面寻找资源。如果你所在的学校对园艺很有兴趣,但苦于资源有限,那么可以从这些渠道找到很多适合的项目。

对于你所在区域的最好建议,就是在当地找到"园艺大师"项目,该项目是由美国和加拿大的大学统筹安排的。相关人员会接受各种园艺培训,并在当地社区担任志愿者,参与工作坊教学、花园建设、研究和其他的一些项目。如果要在你所在的州找到这种项目,可以上网查找相关资源的获取方式,涉及"农场到学校"项目、农业部与大学的合作推广服务以及环保部(有些州可能使用不同的名字)。

安德鲁·彭斯（Andrew Pense）是西弗吉尼亚州儿童营养办公室"农场到学校"项目的协调员。当我们第一次与彭斯交谈时，他正在西弗吉尼亚州的志愿服务队工作，负责"农场到学校"项目的一部分。他们的工作目标不仅包括对学生进行营养和食物来源方面的教育，还包括鼓励学校食堂购买当地种植的食物。他热情地给我们分享了他与两所小学合作的案例："跟儿童一起打造花园是很有趣的，我接触的学生主要是从学前班到四年级的儿童。在其中的一所学校里，我们（儿童、教师、家长志愿者和我）一起建造了10个种植箱，用托盘制作了一个堆肥箱，还搭建了一个棚架，并种植了50株浆果（15株蓝莓、15株黑莓和20株树莓），还种了大蒜。在另一所学校里，我们从3月份才开始相关活动。我们建造了6个种植箱，把土进行了翻耕，并种上40千克土豆和200株草莓、辣椒、西瓜，以及一些番茄。"在整个季节里，彭斯不断回访学校，进行花园维护，并与儿童一起采摘。他还给我们分享了一些参考书。"我阅读了一些园艺入门书目，包括梅尔·巴塞洛缪（Mel Bartholomew）的《一米菜园》（*Square Foot Gardening*）、帕特里夏·兰扎（Patricia Lanza）的《千层面种植花园》（*Lasagna Gardening*）、J. I. 罗代尔（J. I. Rodale）的《堆肥教材》（*The Complete Book of Composting*），它们都为我的课程打下了基础。对于任何事情，我总是尽量亲力亲为。"

作为项目的一部分，彭斯还安排了农民给儿童授课，并带儿童到两个农场进行实地参观考察。在他看来，这种经历能够完善儿童对食物进入校园的整个过程的认识，并培养儿童对园艺和农业工作的尊重。虽然这些项目涵盖从学前班到四年级的学生，但是年龄较小的幼儿也可以在各个方面参与项目，并取得丰硕的成果。

我们发现的一个开拓性项目是"西北印第安纳州种植"（Grow Northwest Indiana）项目，不过遗憾的是这个项目现在已经不再运营了。通过这个项目中的动手实践教学，社区成员增强了自豪感，并拥有了更多的自主权。社区中的农业和园艺资源可以与其他正在学习新的生活和工作技能的社区成员的需求相匹配。在这个项目里，成人和儿童都可以免费参与工作坊的学习，授课教师主要是普渡大学的园艺专家、当地农民和志愿者。该项目的其他目标还包括粮食生产、保健与营养教育、社区参与和就业机会创造。整个运作的过程比较简单，就是尽可能多地打造高质量的种植箱，然后免费提供给尽可能多的社区和有这方面需求的团体。这个项目还为很多学校提供了各种各样的蔬菜，从而帮助其启动园艺计划。

儿童在建造花园过程中的角色

当你实际开始建造花园的时候，儿童是很希望参与其中的。你要尽可能地让儿童参与进来，让他们对这个花园有归属感。有些工作可能需要成人才能完成，但当你开始这个项目的时候，儿童可以用他们的方式参与进来。

当你开始设计的时候，不管是建造地面花园，还是建造种植箱花园，儿童都可以协助在相应区域定桩、做标记。成人在建造种植箱花园的时候，儿童可以在旁边观察，并在花园日志中记录进度。在项目开展前以及不同的发展阶段，要记得给场地拍照，在儿童回顾建造花园的过程时，这些资料会非常有价值。如果儿童能够把建造花园的过程记录下来，那么这些照片、图画和口述记录都可以作为文档资料，让其他人了解你的花园。

儿童可以协助搬运土壤，并添加有机物等物质，以改善土壤质量。他们可以用小推车装满这些材料，然后运到花园场地。如果你需要花时间来准备种植箱，那么儿童可以协助把这些材料放进种植箱里搅拌。如果你想建造容器花园，那么儿童可以在一个较大的容器或手推车里，把土壤和有机物质进行搅拌，然后把混合物分装在不同的容器里。在建造花园的过程中，儿童还可以花时间探索土壤的奥秘，观察在搅拌过程中发现的小生物。

建造不同类型的花园

一旦你决定要建造哪一种类型的花园，并收集到所需的材料，那么你就可以准备开始了。以下内容是关于准备建造每种类型的花园的基本说明（要想了解不同类型的花园，请参见第三章）。

- 地面花园
- 种植箱花园
- 容器花园
- 绿色屋顶花园
- 垂直花园

我们也为建造室内花园提供了一些参考建议。

地面花园

在准备种植区的时候，你有三种方法可以选择。第一种方法是喷除草剂。如果整个区域都是入侵的杂草或侵略性很强的小草（如莎草香附子或狗牙根），那么你可能需要喷一些除草剂，阻止它们的生长。如果你确定这么做很有必要，那么就需要知道植物的类型，寻求专业的意见，了解除草剂的种类、用量、使用时间以及可采取的安全防护措施。记得让专业人士知道你在打造一个儿童花园，采取适当的安全防护措施对于儿童、环境和成人的安全都至关重要。请提前进行计划，大多数化学药品要10~14天才会见效，有些地方可能还需要再次使用化学药品。不要在儿童在场时使用除草剂。你要考虑在周末或假期较长的时候喷洒除草剂，这样它才有时间分解。

第二种方法是不喷药，手工清除这些杂草或进行翻土，让这些植被变成肥料。如果你不担心现有植物入侵花园，那么这种方法会更好。为了清除这些植被，你需要用平头铲从地面以下2.5~5厘米的位置把草铲起来，从而让它们与土壤分开。

沿着路径种植

如果你想打造一个户外自然游戏景观，那么需要在路径两侧种植物。当儿童能够直接沿着这些植物行走时，他们会感到与这些植物很亲密，而这些植物也就成为他们日常生活的一部分，同时儿童可以观察这些植物的细节特征。如果要沿着路径种植，那么你需要仔细筛选和播种。

尽量选择那些不需要太多维护且长得足够高的植物，这样就能留出一条道路，儿童也不会踩到这些植物。不过要确保看护儿童的成人没有被这些植物遮挡视线，否则他们不能很好地照看儿童。不要采购那些长得特别高的植物，不然它们会遮挡成人的视线，或者枝叶会掉落在小径上，你需要对它们进行修剪或把它们移除。沿着小径种植当地植物是比较理想的，你不需要花太多时间维护，它们就可以长得很好。另外，要考虑不同的感官体验和不同季节的特点。早春的球茎植物、有香气的花朵或香草，以及毛茸茸的叶子，都会吸引儿童沿着小径探索。你可以咨询当地的专业人士，看看还有什么植物不需要太多打理就可以长得很好。

要把植物种得密集一点，这样它们可以很快长满一个区域，从而抑制杂草的生长。在植物生长的头几年，你需要做好保护措施。儿童可以参与这个过程，制作标识牌，用他们的语言提醒大家植物还很幼小，需要小心对待。在幼苗成熟之前，儿童还可以设置一些围栏，保护它们。我们发现，参与这个过程的儿童越多，他们就越有可能呵护植物健康生长。

第三种方法只有在你提前计划好的情况下才有效，因为这比较耗时，需要经历一个生长季节。在春季时，你可以在杂草的上面用木头或砖块压着透明或黑色的塑料膜，把这些塑料膜放置一个生长季节，通过塑料膜下积累的热量来清除这些杂草。这种做法叫"太阳能除草"。

不管你使用哪种方法，在清理杂草后，就需要进行翻土了（这是邀请家长一起工作的好机会）。要用绳子或喷漆圈出这个区域，拿铲子或翻土叉在地下挖30~40厘米，再把土翻过来。如果土的黏性较大，那么就保留那些较大的土块。这个过程的目的在于松土，让植物的根能够很好地生长，提高土壤的排水能力。要一直这样操作，直到整个区域里的土壤都翻了一遍。如果几个人一起合作，那么效率会更高。

下一步就是把有机物添加到翻耕后的土壤中，厚度为15~20厘米。现在每年有很多学校都在收集清理出来的小草、修剪下来的树叶和其他自然材料，以用于堆肥。看看在你周边是否有人能够提供堆肥。如果没有，那么你可以买一些泥炭藓，并将其添加到土壤里。另外，根据之前你对土壤的研究，还可以适当添加一些所需要的物质。不要使用含有新鲜肥料的堆肥，因为里面可能含有大肠杆菌等病原体。如果不采取严格的预防措施，那么儿童和教师在食用带有大肠杆菌的新鲜农产品后可能会患病。此外，新鲜肥料的堆肥通常含有大量的杂草种子，它们会在你的花园里泛滥成灾，而且所含有的可溶性氮会使土壤里的盐分增加。

当你把有机物播撒在这片区域后，就可以用旋转式碎土机把大的土块弄碎，从而让有机物进入土壤。（你可以借用旋转式碎土机，也可以在当地的租赁店里租用。）让碎土机在整个种植区域里工作两次，第二次与第一次的朝向垂直，不用担心碎土机的叶片能否达到土壤翻耕的深度。通过这些步骤，你可以创造一个让植物健康生长的环境，儿童可以用铲子进行种植。翻耕结束后，整个苗床就可以播种了。

种植箱花园

种植箱花园的准备工作与地面花园的准备工作类似。要先选择适合做苗床围挡的材料。你可以根据外表美观程度或预算范围来选择材料，例如一些天然的石头比较吸引人，你可以免费或以较低的价格获得它们。当然你也可以使用其他的材料，例如混凝土砖块、景观原木和加压处理的木材。许多园艺公司会出售种植箱用具包。如果没有比较耐用的材料，可以使用废弃木材，但它不像处理过的木材那样经用。如果你使用废弃木材，要小心碎片和旧钉子。不要用新的铁轨枕木制作种植箱，它们所使用的杂酚油对植物有害，还可能刺激人的皮肤。如果你使用旧木材，要确保它们不会轻易折断。我们建议使用加压处理的木材，里面所含有的化合物可以防潮，避免腐烂（参考第三章中关于木材耐用性和经过处理的木头的内容）。你可以使用未经处理的木头，但是在短时间内可能就要进行更换。还有很多种植箱用具包可供使用，例如提前切割好的拐角支撑件以及地锚。这些配件使用起来很方便，但比你自己打造的成本要更高。你可以在当地的商店查询或者直接网购，记得每一种材料都要考虑其安全性和耐用性。

不管你选择哪一种材料，在施工前要仔细考虑苗床所需的高度和宽度。

不要建得太高，以免儿童够不着或者你的视线被遮挡，最大的高度应该是60厘米。这里有几个需要考虑的要素。可利用的材料和成本是最基本的考虑要素。另外，要考虑到儿童可以在较低的苗床旁跪着或坐着工作，而在较高的苗床旁只能站着。苗床的高度可以低至15厘米——刚好能围成一个种植区域，足以达到良好的排水效果，并能添加土壤改良物质。不过，在通常情况下，更高的种植箱有更大的优势（比如抑制杂草生长，防止啮齿动物入侵）。如果你计划为使用轮椅的儿童提供无障碍环境，那么种植箱的高度就非常重要，不然儿童会够不着种植箱里面的植物。《美国残疾人法案》（Americans with Disability Act，ADA）的"无障碍建筑物和设施指南：为儿童设计的建筑元素"这个部分，明确了不同年龄段儿童所需要的高度（ADA，1998）。指南里规定了2—4岁儿童所需的高度范围是50~90厘米，5—8岁儿童所需的高度范围是45~100厘米。虽然指南主要适用于控制装置和存放物品的设施，但是这个规定高度同样适合坐轮椅的儿童。我们建议使用较低的高度，这样能够方便较矮的儿童。

种植箱的宽度也很重要。对于年龄较小的儿童来说，独立式种植箱的宽度最好不要超过90厘米（对于年龄更小的儿童来说，宽度要再小一点），因为儿童的手不够长。种植箱的宽度小一点的话，他们才可以够到种植箱的中间。如果种植箱只有一侧能够站人，那么这个宽度就不要超过45厘米。当然宽度可以根据儿童年龄的不同而有所变化。在某些情况下会有例外，例如种植箱里是灌木或多年生植物，因为这类植物需要更大的生长空间。如果种植箱很宽，那么矮围栏对于儿童进入花园开展活动的效果更好。倘若实际需要超过90厘米宽的种植箱，你可以把围栏的高度做得矮一点（20厘米），儿童就可以走进种植箱，直接接触植物。在这种情况下，你要尽量在种植时留出开阔的空间，以便儿童能够走进里面。如果有坐轮椅的儿童，你也可以让他们坐在种植箱里的开阔区域。

在建设种植箱之前，你应该先翻土，以改善土壤质量。不过，你没必要把地面的土都翻一遍，因为你已经提升了苗床的高度。在搭建好种植箱的围栏后，你需要把表土和有机物填进去。一种建议是两份表土配一份泥炭藓和一份堆肥，具体需要什么样的混合物，你可以咨询当地的园艺师或园艺中心。你也可以在当地的景观材料供应商那里，以合适的价格买到"现成的"表土混合肥料。种植箱的一大优势就是能够控制好你的种植介质，所以你要充分利用这个机会，找到最适合植物生长的混合土壤材料。

在填满整个种植箱后，你要把种植介质用耙子推平并轻轻压实，让其表面与种植箱的顶部保持5厘米以内的距离。这样你就可以确保土壤不会从种植箱里溢出来，而且仍然有空间在上面添加覆盖物。当种植箱填满了，你就可以准备开始种植了。

容器花园

容器花园有无限种可能，比较常见的容器主要是花盆、水槽和阳台种植箱。有可供购买的很多尺寸及不同材料的容器。（如果你选择花盆，尽量购买塑料的，而不是陶土的，因为陶土花盆里的水分蒸发过快，对于学校花园来说不是一个很好的选择。）你还可以考虑使用一些新型容器，比如第三章中提到的智能花盆。不管怎么样，只要是足够坚固并能容纳下植物和土壤的容器，对儿童足够安全，并且有足够多的排水孔，其实都可以应用于园艺。盆、水桶、浇水壶，甚至咖啡罐，都是很好的小容器。如果你要用大一点的容器，可以考虑二手汽车或拖拉机的轮胎、木箱，或者半个大木桶。需要注意的是，有时使用轮胎可能会引起争议，因为轮胎可能会释放有毒物质。不过，轮胎并没有被环境保护署或其他安全组织禁用，而且很多年以前人们就用轮胎做园艺。轮胎是一种便捷且耐用的容器（但不是最好看的），不过你仍然要考虑安全隐患。一个旧的、坚固的、有排水口（以便排水）的塑料游泳池，是一个不错的选择。如果你幸运的话，还可以找到一个漏水或未使用的旧独木舟，或者其他类型的小船。你可以很容易地把这些材料改造成花园，唯一的限制就是你的想象力。

如果你要把容器放在露台或有永久性表面的地方，就选择那些有底部的容器。如果用其他物品作为园艺的容器，一定要钻排水孔。在较小的容器上钻孔，可以用直径为 1 厘米的钻头；如果容器比较大，可以把直径为 2.5 厘米的钻孔锯连接到钻头上。你要想办法让水更容易排干，这样植物就不会长时间地生长在潮湿的土壤里，否则它们很容易烂根，不利于健康生长。

为了让你的花园更有趣，尽量选择不同大小的容器，同时你可以为每一种植物挑选尺寸合适的容器。在匹配植物与容器时，要考虑植物成熟后的尺寸。例如，一株番茄的幼苗可以种在一个小花盆里，但是成熟的植株可以达到 1.8 米高（甚至更高）。对于这样的植物，你需要找一个更大的容器，例如一个 50 厘米高的大花盆或半个木桶，两三个堆叠起来的汽车轮胎也可以。轮胎也适用于需要生长深度的土豆。你可以先把土豆种在一个轮胎里，随着它们的生长，再添加额外的轮胎，然后把稻草和泥土的混合物填充进去，最后形成四五个轮胎高的一座塔。在最开始的时候，你可能需要用一个较大的轮胎作为底部，这样随着土豆的生长，能够保证整个塔的稳定性。不管用什么容器，你都要确保其稳固，在儿童靠在上面闻花香或采摘蔬菜的时候不会倒塌。

容器花园的一个缺点是，土壤比其他类型的花园干得快。在炎热的季节，一些小容器可能一天需要浇两次水。我们建议在容器中添加覆盖物（如木屑或小鹅卵石），以减缓水分的蒸发。记住，你使用的容器越大，就越不需要担心土壤变干的问题。

如果你使用容器，但是在周末没法浇水，那么就需要考虑安装简单的灌溉系统。你可以在大多数的折扣店和花园中心里买到滴水装置，而且它很容易安装。你可以把它用软管连接到一个计时器上，到周末时定时浇水。你也可以考虑使用自动浇水的容器，在周末前确保水量充足。

大多数专家建议使用盆栽混合物，你可以从任何一个园艺中心购买现成的，或者你可以自己制作。如果你要购买盆栽混合物，尽量避免里面掺杂化肥。因为如果不小心食用这类物质，可能会中毒，或者刺激儿童的皮肤和眼睛，所以儿童不应该接触这种物质。如果儿童要参与相关操作，要为他们准备好手套，而且不允许他们把化肥放到嘴巴里或用手揉眼睛。如果你要用一个很大的容器（例如一只小船或小型游泳池），你可以参考种植箱花园来使用混合物。

当你准备容器时，需要在加入土壤混合物之前，在容器底部放置一些碎的陶土片或大块的砾石，这样可以提高排水的效率。要把容器填满到距离顶部2.5厘米的地方，这样你就有浇水的空间了。如果容器很大，那么在添加土壤混合物和栽种植物之前，要先把容器挪到将来放置的地方。如果你的容器花园在庭院里，那么需要考虑水会流到下面的土壤里，因此你要把容器放在远离入口或主要路径的地方。

绿色屋顶花园

正如第三章所述，你要准备打造一个绿色屋顶花园，更多的是需要考虑种什么植物。注意，绿色屋顶系统需要专业人士打造。你需要了解种植介质的深度，以及植物种植时可能遇到的限制。你可以找一个对绿色屋顶系统有了解的人，指导你对植物进行筛选。对于在绿色屋顶花园能种什么，可能你会为此大吃一惊。从基本上来看，你可以像设计地面花园一样进行规划。如果空间允许，可以考虑几种类型相结合。在以当地植物为主的区域，可以开展可持续发展的课程，儿童从春季到初秋时节都可以观察蝴蝶和蜜蜂。你也可以种植其他多年生和一年生植物，不过需要注意，屋顶上的温度和风力条件都比较严酷。当然，你还可以像建造地面花园那样，种植适应凉爽和温暖季节的作物。如果种植介质比较浅，那么像土豆和胡萝卜这种块根作物可能会受到限制，但是很多蔬菜在屋顶上生长得很好。连接计时器的滴灌系统是解决浇水问题的一个简单方法，当然人工浇水和洒水器也是可以的。只不过后两种方法更花时间，而且周末还要有人在场。如果你使用洒水器，要小心水洒出屋顶外，淋到路人身上，以前发生过这种事情。

当你在绿色屋顶上开展园艺活动的时候,还需要格外注意一些要点。

- 小心不要打穿屋顶的防潮层。虽然排水系统和其他隔层把种植介质和防潮层分开了,但你最好还是谨慎一点,因此不要使用耙子或尖的工具。由于种植介质比较疏松,很容易进行种植,所以选用圆头的小泥铲就可以了。
- 要注意屋顶温度上升得更快。如果在炎热的天气工作,要注意给自己和儿童补水,以免脱水。
- 不要以为在屋顶就没有啮齿动物和昆虫袭扰的问题。松鼠、浣熊、恼人的昆虫以及有益的昆虫,都可能想方设法来到屋顶,分享你的农产品。

垂直花园

大多数垂直花园不需要土壤,而是使用无土介质或水培方式,这意味着植物能够在营养液里生长。如果仔细规划和维护,你可以把垂直花园打造得很好。附在墙体上的系统在设计和选材方面虽然各不相同,但有一个重要的共同点——要避免水分接触墙体。铺设防水膜是把花园系统与墙体隔开的必要手段,这样可以防止墙体和结构受潮损坏。卡伦和她的学生在农业科学学院安装的系统有三层,以防止水分渗透进现有的墙壁。首先,他们安装了一块船舶胶合板,这是一种特殊设计的优质木板,适合于需要控制湿度的地方。然后,他们把一块厚厚的黑色塑料板贴在胶合板上。最后,他们放上了一块PVC[①]板。PVC是一种热塑性材料,可以防止进水。垂直花园系统其

---

① 英文为polyvinyl chloride,指聚氯乙烯。——译者注

余部分的安装和植物的种植就是在 PVC 层上进行的。

如果在教室里设置垂直花园，则需要仔细规划，提供适当的照明和为植物浇水施肥的水培系统。这方面的系统可以由商业机构提供，如果你要打造室内垂直花园，那么我们建议你选择其中的一种系统。这些系统包括独立的塔式结构和连接在墙上的系统，你可以按照销售商提供的说明或聘请专业人士进行安装。大多数室内的墙面系统都种植了热带植物，并非作为花园来使用。如果你的学校或中心（特别是在婴幼儿教室里）有这种类型的系统，你可以让婴幼儿和教职工感受到植物所带来的疗愈作用。植物可以让建筑的室内空间变得更柔和并充满活力，给人一种平静安逸的感觉。每一种植物都会生长，有些植物还会开花，这为垂直花园增添了很多趣味和个性。儿童可以触摸这些植物，学会温柔地对待生命，表达对生命的赞叹和尊重。安装这些系统大多都比较昂贵，不过一旦安装好，把自动浇水系统调节好，你就不需要花太多时间来维护。塔式结构可以种莴苣、草莓、圣女果和其他作物，儿童可以直接在开口位置的种植介质中播下种子，不过种幼苗的成功率会更高。塔式结构的一大优点是能够为儿童提供方便，因为它们是独立的，儿童可以全方位地进行接触。顶部的开口位置对儿童来说可能太高，但教师可以帮助他们进行种植和采摘。

对于户外的垂直花园（不是塔式结构），你要仔细评估阳光照射，因为这种类型的花园有一个背面。当然它被放置在哪个地方可能取决于其结构，但要尽量选择每天至少有 6 小时光照的位置。根据当地的光照和温度条件，决定你可以种什么样的植物。当你和儿童一起确定植物摆放的地点时，仔细考虑每棵植物成熟后的形状，避免一棵植物的枝叶遮挡下面的植物。你可以和儿童一起在工程图纸和其他材料上，创建一个"缩小比例"的户外垂直花园，在上面选择和添加植物。

室内花园

如果建造户外花园时遇到诸多限制，那么教师应该考虑建造室内花园。虽然这种体验不同于对户外花园生态系统的学习，但室内花园对于儿童在任意环境中研究植物都很有帮助。室内花园的一个优势就是，你在全年的任何时候都能种植物，这对于一年只运行9个月或处于严寒地区的幼儿项目来说特别有帮助。

室内花园通常是容器花园，之前关于容器花园的说明同样适用于室内花园，不同的是你要在室内用托盘收集流出来的水。你可以在大多数折扣店的园艺区，买到专门为室内花园制作的托盘，不过你也可以临时找一个能装容器的、有边缘的扁平物体，作为托盘来使用。当然你也可以安装室内的垂直花园系统，正如前文所提到的。

打造室内花园的主要困难是，为植物提供足够的光照。如果窗户可以采光，那么你就可以在窗台上种植一些香草和花卉。不过，如果你想在室内建

造一个更大的花园，那么就需要设计一个使用荧光灯的室内照明系统。倘若你真的要这么做，我们推荐你阅读伊芙·普拉尼斯和杰克·黑尔（Eve Pranis & Jack Hale）写的书——《种植实验室：在教室里做园艺的完整指南》(*GrowLab: A Complete Guide to Gardening in the Classroom*)。这本书里包含了建造一个庞大的光照系统的说明图解，这个系统适合于种植一定数量的植物。这本书特别适合那些想要在教室里打造花园的教师，为室内花园提供了很多有用的信息。

植物的选择

在园艺过程中，一个最重要的部分就是筛选你要种的植物。你应该在设计花园时考虑这个问题，不过你可以在确定花园类型后再专注于具体的细

节。对于在花园里种哪些植物，儿童应该积极参与讨论过程，不过成人应该对植物的耐寒性以及气候对植物的影响有一些基本的了解。

要了解你所在的地区哪些植物生长得好，最好的办法就是咨询当地的园艺工作者和专家。选择各种类型的植物，可以让你的花园具有多样性。想一想你可以用这些植物做什么，以吸引儿童的兴趣。例如，有些花看起来很美，有些花则可以食用。如果你添加了可食用的花卉，那么你就增加了花园的吸引力。香草可以晾干，也可以用来烹饪，制作茶、调味醋和大杂烩。此外，很多香草的花都很吸引人，可以用来做装饰或烹饪。

有些植物可以为将来的园艺活动提供材料。葫芦的藤蔓很容易生长，可以覆盖整个栅栏或棚架，最后长出来的葫芦可以用来制作鸟屋和喂鸟器。薏苡是一种有趣的植物，能结出珠子一般的种子，儿童可以把这些种子串在一起。蜀葵可以用来制作蜀葵娃娃，金鱼草可以一开一合，儿童对此很感兴趣。你可以按照圆形或长方形来种植向日葵，最后它们会长成房子或堡垒的样子。

蜀葵娃娃

要制作蜀葵娃娃，你需要一朵完全盛开的蜀葵花作为娃娃的裙子，一个花蕾作为头部。你在摘花的时候，记得要同时摘下约1厘米的茎。你可以把花放在一边，先挑选花蕾。找一个刚刚开始绽放并呈现一些颜色的花蕾，小心翼翼地把花蕾外面的绿色花萼除去，捏住茎的部分就可以把绿色花萼剥下来了。茎的位置应该有一个小孔，你可以用一根小木棍穿进这个孔。然后把花拿过来，把花蕾的孔穿在花茎的顶部，这样你就可以做成一个娃娃。

我们特别推荐一本书——罗宾·穆尔（Robin Moore）的《植物游戏：儿童户外植物选择指南》（*Plants for Play: A Plant Selection Guide for Children's Outdoor Environments*）。这本书从不同的角度——香味、纹理、风力影响、

躲藏空间、游戏道具以及其他属性——罗列了很多植物。对于想要种植和烹饪蔬菜的教师,我们推荐卡丽·卡利奇、多蒂·鲍尔和戴尔德丽·麦克帕特林(Karrie Kalich, Dottie Bauer, & Deirdre McPartlin)的书——《小嫩芽:培养幼儿选择健康的食物》(Early Sprouts: Cultivating Healthy Food Choices in Young Children)。这本书里详细介绍了 6 种蔬菜以及一些菜谱,还有 24 周的课程表,其中包含家庭参与的内容。

在选择植物之前,你需要考虑一些因素,包括:

- 你的生活所在地的气候;
- 场地的光照时长;
- 种植区域的排水情况;
- 你要打造一年生还是多年生植物的花园;
- 你要从播种开始,还是从购买幼苗开始。

如果你决定了要种什么,那么要先考虑一下:你是想打造一个大部分是花的观赏性花园,还是要包括其他植物(如水果和蔬菜)。如果你决定好了,那么要考虑种一年生还是多年生的品种。一年生植物只在一个季节生长,而多年生植物可以年复一年地生长。除了芦笋和其他品种,大多数蔬菜都是一年生的。很多园艺工作者更喜欢一年生的花,因为它们可以在整个季节持续开花,为花园增添色彩,而大多数多年生植物的花期都比较短。一年生植物的另一个优点就是,教师和儿童每年能够很容易改变花园的样子。在之前的植物相继枯死后,他们就可以在春天种上新的植物。

不过,多年生植物也有优点,那就是具有持久性。尽管一开始你要花更多的钱购买这些植物,但是从长远来看,你的花费会更低。不仅如此,多年生植物还可以"繁殖"。你可以把它们分株后重新种植,新的植株就会长起来。另外,你可以在当地找一找有没有人愿意把其多年生植物的植株分享给你。这些植物不会耗费太多时间,因为你不需要每年都种植。不过,为了保证它们的健康成长,你需要每隔两三年对它们进行一次分株。

选择什么样的植物,取决于建造花园的目标、花园的类型和大小,以及日常维护所需要的时间和资源。一年生植物的种植区域每年和每个季节都可以发生变化，你可以在早春和早秋时种植冷季作物（如三色堇、莴苣和西兰花），在较热的月份种植暖季作物（如向日葵、番茄和西葫芦）。你可以每年根据颜色、特色产品（根据某种文化下的特色美食而种植的可食用的香草、蔬菜或水果）、吸引的昆虫（如蝴蝶）以及其他兴趣点来改变花园的主题。把多年生和一年生植物相结合是不错的选择，这样你可以减少每年的工作量，降低重新种植所有植物的成本。如果你要打造多年生植物花园，尽量交替种植早春开花的球茎植物和晚春开花的植物，以便整个花园一直保持艳丽的颜色。

园艺目录和苗圃中心通常会把一年生和多年生植物分开，这样方便我们进行区分。一些植物在寒冷气候下是一年生的，但是在温暖气候下是多年生的。如果你住在温暖的区域，那么你会有更多可供选择的多年生植物。你要确定在你所在的区域里，哪些植物是多年生的，咨询当地专家最合适。

本土植物：大学附属学校

当你考虑花园里需要种什么植物的时候，要重点考虑本土植物，也就是在特定的地理区域内自然生长或存在的植物。实际上，不少资助项目都要求你选择本土植物，这样做有很多好处。最明显的好处是它们维护起来很简单。一旦本土植物生长起来，基本不需要什么维护，因为它们是本地的，不需要浇水或施肥。此外，本土植物对你所在地区的常见病害和昆虫，已经有抵抗力了，所以它们可以在你的花园里茁壮成长。如果你把这些植物种得密集一点，可能都不需要担心杂草问题。事实上，很多本土植物如果是野生的，可能会被视为杂草。

考虑种植本土植物的另一个重要原因就是，你可以为本土野生动物建造栖息地。在通常情况下，如果一个区域要打造成花园，那么很多本土植物会被移除，这样就会破坏小鸟、蝴蝶和其他生物的栖息地。如果你使用本土植物，就可以恢复它们的一部分栖息地。

密苏里州韦伯斯特格罗夫斯大学附属学校采用瑞吉欧教育理念，主要面向幼儿园到中学的学生,有着悠久的环保主义和可持续发展的历史。他们开展了一个园艺项目,非常强调本土植物的种植。学校里有一个巨大的温室,秋季时学生可以在里面收集种子,并种下自己的植物。本土植物可以吸引鸟类和蝴蝶,并为它们提供栖息地和食物。学生还搭建了一个帝王蝶观测站,积极参与帝王蝶观测项目,这个项目的目的在于追踪帝王蝶的迁徙路线。作为项目的一部分,学生会捕捉这些帝王蝶,标上记号,然后放走它们,在帝王蝶观察网站上进行跟踪。

根据学校的可持续发展项目协调员蒂姆·伍德(Tim Wood)所说,一年级和二年级学生很有动手能力和耐心,他们可以播撒种子和移植幼苗,不过他们往往把很多植物都种在一个盆里。如果种子太小,学龄前儿童可能会过度种植,所以我们有必要把多余的种子或幼苗移植到其他地方。如果你计划种植和采摘本土植物,要意识到有些植物需要分层或放置一段时间进行"冷却",例如把它们放在沙子或泥炭藓里降温一段时间。有些种子的壳太硬,可能还需要把壳划开。如果你打算用收集的种子进行种植,请提前做一些研究,看看这些种子是否需要进行预处理。

气候

气候指的是一个特定地区的主要天气状况，能够影响种植和采摘的时间以及植物的选择。你可能已经很清楚当地气候，因为你生活在那里，不过现在你需要考虑气候如何影响你所在地区的植物。你要了解夏季和冬季的平均高温和低温、一般的风向和年平均降雨量。另外，你要考虑场地的微气候，包括：平均日照时间、土壤湿度、是否容易有早霜，以及其他在这个场地里观察到的特殊情况。

例如，伊利诺伊州南部属于温带气候，冬天不是特别寒冷，夏天比较炎热，所以我们大多是基于这样的气候条件，根据花园里一年四季所经历的变化，提出一些建议。在本书中，我们为不同类型的花园，提供了植物清单和花园设计样本，这些植物在伊利诺伊州南部的气候下生长得很好，相信它们在大多数温带气候条件下也会长得很好。此外，我们为西南花园设计了一个方案。无论如何，一定要考虑你所住的地方和当地的气候条件。如有必要，可以向当地的植物专家咨询如何选择植物。

温度

温度影响生长季节的时长。如果你还不太清楚，那么可以找出一年中你所在区域第一次和最后一次出现霜冻的大致日期，这个日期决定了你可以种什么植物，以及什么时候你可以安全地种这些植物。美国农业部的植物耐寒性区域地图（Department of Agriculture's Plant Hardiness Zone Map），主要依据各个地区的平均低温而设定，你可以在这个地图上找一找你所在的地方处于什么区域。几乎每一个花园目录里都有这个地图，你应该咨询一下当地的苗圃中心，看看你所在的区域是什么。根据目录购买种子或植物的时候，一定要确认一下植物生长的区域，大多数目录在植物清单中都会包含相关信息。苗圃中心和园艺中心通常会销售适合其所在区域的植物。请记住，一些植物在温暖气候下是多年生的，而在寒冷气候下可能是一年生的。

如果你生活的地区冬天很冷，生长季节很短，那么你需要选择那些能够在严寒中生存或者生长期比较短的植物。高温所带来的影响跟低温一样，因为一些植物是不耐热的。如果你无法确定一棵植物是否长得好，可以咨询当地的苗圃中心，大多数苗圃中心会提供在当地生长得比较好的植物。因此，当地的苗圃中心比距离较远的园艺公司更适合采购植物。

不应考虑的植物

你必须将某些植物排除在外，其中包括需要大量时间打理的植物，如绝大多数的杂种香水月季，它们需要定期喷药以防生病。此外，一些植物种植的位置需要格外注意，如果你种了不用特殊打理的玫瑰丛、小檗或其他带刺的植物，请确保儿童在日常游戏时不会进入这些植物所在的区域，否则尖尖的小刺所带来的伤害会让我们追悔莫及。

另外，你需要排除一些有毒的植物。我们在附录4中列出了一份有毒植物的清单，不过这也只是其中的一部分，仅供参考。如果你无法确定一棵植物是否安全，请电话咨询当地的中毒控制中心（Poison Control Center），他们能提供最新的信息，将对你有很大的帮助。罗宾的《植物游戏：儿童户外植物选择指南》一书，在这方面也提供了一些参考建议。他提出，并非所有的有毒植物都应该被禁止在学校花园里种植，我们对此表示认可。他强调，儿童应该了解一些有毒植物，因为他们可能会在生活中遇到这些植物，需要识别它们并了解其中的危害。如果防范措施到位，那么儿童是可以在校园里了解一些有毒植物的。罗宾还指出，不同的有毒植物的毒性是不一样的，在他所列的清单中植物根据毒性大小（剧毒、有毒、微毒）进行分类。蓖麻子、颠茄、大花曼陀罗（天使的号角）等剧毒植物，如果摄入会导致严重的疾病，甚至死亡。有毒的植物，如毛地黄、英国常春藤和耧斗菜，在摄入时可引起疾病，如果接触会引起严重的接触性皮炎。微毒植物，如荷包牡丹和毛茛，可能会引发轻微的病状或接触性皮炎。

当决定是否在花园里种植这些植物时，你要充分考虑其毒性大小、儿童年龄和成熟程度，以及植物本身的教育价值。如果儿童有严重的过敏症，那么你可能要更换其他植物。另外，要考虑一下植物的哪个部分有毒，儿童有多大的可能性会接触那个部分。如果年龄较小的儿童经常喜欢把东西（包括手指）放进嘴巴里，那么你就应当格外谨慎。倘若婴幼儿可以进入这个区域，那么你需要避开所有的有毒植物，也要避免结小浆果或种子的植物，因为儿童可能会因误食而噎住。最重要的是，要确保照看儿童的工作人员和志愿者清楚地知道可能导致问题的植物，一定要保存好距离最近的中毒控制中心的联系方式，以防不测。

播种还是移栽

在种植季到来之前，你要开始考虑是从播种开始，还是采购现成的植物，并将其移栽到花园里。作为教师，你可能认为从种子开始种植是很好的方式，因为儿童可以看到种子长成植物的全部过程，确实你说对了一部分。当然对于儿童来说，从种子开始种植是很有趣的。有些植物的种子很容易生长，有些植物只有播种才能丰收，还有一些植物之所以需要直接播种，是因为它们通过移栽生长得不好。不过，很多植物比较难从种子生长起来，所以在大多数情况下我们会采购现成的植物并移栽。另外，很多教室里的可利用空间限制了冬季末期可种植的幼苗数量。我们建议你把两种方式结合起来，冬季末时在教室里种植一些比较容易生长的种子，再移植一些已经采购或别人捐赠的植物。

> **小 贴 士**
>
> 在等待幼苗发芽的过程中，你可以把感官桌或大盆里装满潮湿的盆栽土。（不要用添加化肥的土！）你在播种的时候，可以撒一部分种子到这些土里。当你打算移植的幼苗在不受干扰的情况下生长时，儿童可以近距离地在感官桌上观察种子发生的变化。

我们在一起工作时非常幸运，因为我们可以使用校园温室来种植物，还吸引到一些志愿者来帮忙照料温室里的植物。查看一下你所在区域的周围，有没有可利用的温室，以及能够帮忙照料植物的志愿者。例如，你可以在附近找到一个家庭所有的有机农场或花园中心，让儿童到实地进行种植，然后观察种子发芽和植物生长的情况。如果你能找到一个温室或教室里还有空间，那么自己种植物可以省下一大笔费用，特别是种子是免费赠送的。

多维早期教育项目：温室

温室可以保护脆弱的植物免受恶劣天气的影响，对于那些植物生长期较短的项目特别有帮助。虽然大的加热型温室价格昂贵，但有很多小的温室经济实用，并且形式多样。一些早期作物或其他植物都可以在这些较小的温室里种植。阳畦（又叫冷床）这种类型可以延长冷季作物（如卷心菜类和绿叶蔬菜类植物）的寿命。

能够获得温室资金的项目，将会极大地增强花园活动的体验感。内布拉斯加州林肯市的多维早期教育项目中有一个温室，这个温室完全能够与儿童的自然探索教室相结合。这个温室长7米、宽4米，里面有三张野餐桌和一个大型镀锌盆子做成的蚯蚓箱，还有写字板和彩色铅笔，儿童可以用这些工具给植物写生。温室里一年四季都有植物，包括各种香草和提供不同感官感受的植物。在措施到位的情况下，温室通常会在户外玩耍时间作为一个游戏场所向儿童开放。教师还可以在上课期间带儿童在温室里进行小组活动。

这个温室是加热型的，每年服务于很多个项目。春季时，儿童会在各种各样的种子目录里进行搜索，为花园进行春季种植规划。每一个小组负责规划花园的一部分，完成规划后，他们就开始在温室里播种。除了最寒冷的天气外，大多数时候儿童还可以在里面种莴苣。秋季时，儿童能够观察到生命的循环过程，因为植物开始枯死，进入冬季的休眠期。他们还可以用扦插的方法，取植物上的一部分，让其在温室的珍珠岩里生根。他们还要摘除枯萎的、已经开过的花，这个过程称为修剪花头。然后他们要仔细分类，保存种子，并在包装袋上贴标签。在一些特殊的日子（如母亲节或圣诞节）里，儿童还会在温室里选取节日礼物，他们认为这些是最珍贵的礼物。这份礼物既包括儿童种的植物，还包括为植物提供丰富营养物质的蚯蚓肥。儿童会小心翼翼地从蚯蚓堆肥箱里收集肥料，并将肥料放进瓶子里，这种肥料很受园艺工作者的欢迎。

从种子开始种植

如果你决定从种子开始种植，那么要考虑从哪里获得种子。在很多的折扣店和花园中心里，你都可以采购种子，网上可选择的品种甚至更多。你还可以从当地或邮购的经销商那里获得免费的种子。我们建议你根据一年的种植计划，采购种子包，检查一下外包装，确定这些种子是不是今年的货源。如果是前几年的种子，它们可能会发芽，不过这也会提高存活率。新鲜的种子若储藏得当，同样可以让植物健康生长。如果你每年都要储藏种子，一定要把它们存放在凉爽干燥的地方，并贴上名称和日期的标签，以方便识别。

如果你要自己动手播种，要查看一下外包装上的说明，看看这些种子是先在室内种植，还是可以直接种在外面的花园里。如果是需要先在室内种植的种子，那么你要尽早开始，这样幼苗就可以在无霜期时种到花园里。每一包种子的外包装上都会注明，你应该提前多长时间进行播种，具体时长取决于不同的植物。要先确定无霜期，再通过倒数确定需要种植的确切日期。例如，在伊利诺伊州南部，4月15日后通常是无霜期。如果种子从播种到成熟需要6周的时间，那么我们就要在3月份的第一周播种。因为不同的种子需要不同的生长时长，所以你要制定一个种植时间表。（你甚至可以使用一个更大的日历，把种子包附在你计划种植的日期上。）在教室里，这个过程会很有趣，因为你有很多种植的机会，幼苗也会在一段时间内不断发芽。这样会持续吸引儿童的兴趣，因为他们在等待真正的播种时间的到来。

你可以通过很多方法从种子开始种植，你可以购买浅的苗床箱或泥炭盆，还可以用牛奶盒、鸡蛋盒或其他使用过的容器进行播种。如果选用使用过的容器，那么你一定要用漂白水溶液对其消毒。不管使用哪一种容器，请购买新的无菌混合土培育种子，混合土和容器必须没有细菌，这样植物才能健康生长。

幼苗需要适量的水分，略微保持湿润，否则过多的水分会滋生真菌，导致烂根。如果新的幼苗倒地枯死，可能是它们感染了真菌，导致所谓的猝倒病（damping off）。你必须避免它们传染给其他的幼苗，不然你的播种工作就白费功夫了。在教室里播种的经验告诉我们，儿童经常会浇水过多，而周末时又很难让幼苗保持湿润。由于存在这些问题，我们经常使用一种自动浇水系统，把毛细管垫的一端放入水里，从而把水输送到土壤，这样可以确保在没有人的时候，土壤依然能保持湿润状态，而且儿童依然可以通过给蓄水盆加水的方式，体验给幼苗浇水的过程。现在越来越多的大型园艺中心和网络公司在销售这种系统。

为了让种子在室内发芽，并呈现出最好的效果，可以使用荧光灯，帮助植物生长。打造一套照明系统简单又便宜。一个 1 米长的荧光灯通常不超过 10 美元，而且这种灯具的灯泡价格也很合理。当然你还可以买到用于特殊植物的灯泡，但这种灯泡就比较贵了，而且没有必要。大多数专家建议，你可以使用一个冷光灯和一个暖光灯，从而为植物提供合适的采光。你可以用一些轻便的链条来悬挂灯具，从而随时改变它们的高度，这样随着植物的生长，可以始终让灯具保持在植物上方约 8 厘米的位置。正如前面所提到的，关于室内种植有一本很好的参考书，就是伊芙和杰克撰写的《种植实验室：在教室里做园艺的完整指南》。

选择移栽植物

你可以从苗圃中心、花园中心、折扣店、路边摊甚至杂货店里，购买移栽植物的苗床箱。在早春时节，可选择的植物种类繁多。在有植物出售的商店里，你一般都可以找到合适的植物。如果你购买商店里刚到货的植物，那么它们绝大多数都很健康，随时可以移栽。一些商店在照料植物方面做得比较好，而另一些商店则采取某种销售策略，尽可能卖掉他们能卖的植物，然后让其他植物枯死。因此，如果早一点去商店，那么你就可能买到真正的便宜货。但如果你一直等待，那么就会发现大部分植物都已经生病或枯萎。

要物色那些叶子色泽光亮又很挺拔的健康植物。你可以随便拔一棵植物，检查其根部。根部应该很容易被拔出来，呈白色，看上去比较健康。如果照料得当，土壤应该保持湿润。不要选择那些看上去好像烂根的植物。

另外，不要选择开满花的植物或已经成熟的蔬菜。如果它们已经开花，那么移栽就没什么用了。你要重点考虑小的、紧凑的、健康的，甚至是准备发芽的植物，这样的植物移栽后会长得很好。

即使价格再低，也不要购买那些看上去生病的植物。它们很可能长得不好，而且会携带病菌，影响到花园里的其他植物。要让花园有一个良好的开始，拥有健康的移栽植物至关重要。

防止破坏行为

很多教师担心的另一个问题就是，花园是否会被破坏。在一些区域里，教师要用栅栏或其他屏障，限制进入花园的路径。当打造学校的第一个花园时，我们也有一些焦虑，因为很大一部分花园在操场的围栏外，紧挨着一条繁忙的人行道。我们很担心某些大学生晚上打打闹闹，误入我们的花园，所以我们要保护好孩子们的劳动成果。

我们采取的第一个措施就是为花园竖立标识牌，并放在醒目的位置，上面写着："这个花园是儿童发展实验室的孩子们精心照料的，请温柔地对待它！"这个对我们来说很管用，但是伊利诺伊州立大学园艺中心的杰茜卡就没有那么幸运。在2012年秋天，有人驾车闯入了她的4000平方米的花园，造成了巨大破坏，距离繁忙道路最近的儿童花园损毁最严重。幸运的是，通过当地新闻的报道，杰茜卡能够筹集到资金，重新修复大部分损毁的地方，并在后来赢得了很多支持者的同情和关注。

如果你担心花园遭到破坏，那么在一开始的时候就要竖立警示标识，如

同我们前面提到的那样。你也可以寻求邻居和警察局的帮助，当你不在的时候，请他们协助照看花园，并告诉他们如果发现可疑人员进入花园，可以联系哪位负责人。另外，可以考虑让社区人员参与进来，越多人对花园有归属感，花园遭到破坏的可能性就越小。根据我们的经验，当人们知道儿童参与其中时，他们会更加尊重儿童的劳动成果。当你把这个信息传递给更多的人时，你的花园出问题的可能性就越小。另一个防止偷盗或破坏的方法

就是，在花园附近安装感应灯或太阳能灯，"捣蛋鬼"一般更有可能避开有光亮的地方。我们了解到的一所学校就在花园附近贴了一个告示牌，上面写着："笑一个，你在摄像头前面！"如果你的学校有视频监控系统，那么了解一下花园区域是否可以纳入监控范围内。如果实在不行，你可以买一些假的摄像头，并将其安装在花园附近。这些摄像头看上去跟真的一样，甚至能安装电池，有红色指示灯，显得更加逼真。

第五章
与儿童一起在花园里工作

这正是你一直等待的时刻。既然你已经设计了花园，搜集了素材，调动了社区成员参与进来，现在该是弄脏手的时候了。在本章中，你将会从几个方面得到启发，包括：如何让儿童参与到种植的过程中，如何在花园里照看儿童，如何维护和管理花园，如何把动物请进来和请出去，如何采摘植物和种子，以及如何与他人分享你的花园项目。

花园种植

当你准备好苗床、种子和移栽的植物后，就可以开始进行花园种植了。等到这片区域没有霜冻后再开始，否则你的植物都有枯死的风险。在实际进行花园种植时，你需要仔细规划，根据花园面积的大小和植物的种类采取不同的方法。

当你思考如何进行花园种植时，请考虑哪些措施有助于儿童对这个花园产生归属感。如果有许多成人干涉，那么儿童很有可能会错过参与种植的很多机会。要尽可能地在种植过程中把儿童纳入进来，让他们把花园当成是自己的。

一个只有花卉和蔬菜的小型简易花园，可以在几天或者一周的时间内完成种植，每次只需要栽种几株植物。这个方法比较有效，因为教师能够有机会跟一个小组的儿童一起工作。儿童可以研究移栽植物的根部，或者比较不同种子的大小、形状和质地，教师在这个过程中能够为他们提供丰富的体验机会。在很多时候，我们常常忍不住一次种完整个花园，不过需要记住，不应该为了快速把所有植物种进地里，而牺牲与儿童一起共度时光的过程。

如果你要开展规模更大的园艺工作，或者你要做一些繁重的工作，例如搬运大石头、铺设踏步石、种植灌木或乔木，可能需要安排一次有组织的活动。正如我们之前所提到的，如果你有一个花园项目团队，包括儿童的父母、其他家庭成员以及感兴趣的社区成员，那么这正是让他们参与的时候。你也可以招募志愿者，这些志愿者可以来自园林景观专业的班级、社团联谊会或者当地园艺俱乐部。不过需要注意的是，你不要让成人把所有的工作都做完。在我们第一次和儿童一起种花的时候，我们发现自己为了赶时间，把所有的植物都种下去了，儿童却被忽略在一旁。随后，我们学会了通过一种更悠闲的方式，进行花园种植，让志愿者（如大学里的一个班）专门做繁重的体力活，或者与儿童进行一对一种植。

如果你要让很多人参与进来，那么要仔细想想每个人应承担的任务，并与他们进行沟通，制订一个易于实施的计划。如果工作量比较大，那么有些工作就需要在种植日之前完成。例如，所有繁重的建筑工作都要在种植日之前完成，涉及搭建围挡、种植箱、栅栏、棚架、儿童游戏的小房子或搬运巨石。如果你们在种植当天才能开展上述工作，那么就让参与工作的人员当天提前到岗，并在实际开始种植活动前完成这些工作。

当儿童没法参与繁重的体力工作时，他们很喜欢在旁边观摩，并在其他人工作时提出各种问题。有一次，萨拉的丈夫查尔斯使用旋耕机在一个苗床上打理土壤，这时孩子们就被吸引住了。在看到他的工作后，孩子们决定在花园日志里收录一张他耕作的照片。

当建设工作都完成了，种植区域也准备好了，你就可以准备开始种植。在种植当天前，要准备好马克笔和小旗，注明你要种的植物或种子的名称。当所有人开始种植前，你要在植物或种子将要种的具体位置上放置这些标记，然后把真正的种子或植物尽可能地种在它们将要生长的空间里，以免挡住整个种植区域。

下一步是把所有的工具都准备好，儿童最适合用手工工具。我们的经验是，幼儿园和学前班儿童在安全使用长柄工具方面往往会有困难。他们有时一冲动就会把锄头甩过肩膀，如果其他儿童站在后面，那么后果将不堪设想。经历几次这种让人胆战心惊的过程后，我们开始使用小泥铲和翻土叉。如果花园里的土壤很容易打理，那么这些工具就足够了。如果有一些年龄较大的儿童（例如二、三年级的学生），那么你可以让他们试试用长柄工具完成一些难度大一点的工作，但一定要细心指导他们如何使用工具，并密切关注他们。除了小泥铲，我们也可以提供很多成人和儿童手套，因为成人更喜欢戴手套工作，我们也给儿童提供同样的选择。儿童的园艺手套在折扣店和花园中心里很容易买到。

你应该向教师和前来帮忙的志愿者详细介绍种植的过程，确保他们了解如何播种或移栽植物。如果团队里有经验丰富的园艺工作者，那么这不会有什么问题，但新手仍然要掌握一些基本的知识，例如下文呈现的内容。

- 有些种子要播撒在一定的区域里，有些种子则需要挖一个小坑。仔细阅读外包装上的说明，了解如何种植每一种类型的种子。
- 大多数种子要种在不超过自身大小的两三倍的深度，如果种得太深，它们可能会长不出来。再次仔细看看外包装上的说明，了解种子种植的深度。儿童可能更喜欢挖很深的坑来埋入种子，这时我们需要给他们提供一些帮助，避免出现常见的问题。
- 要从包装里小心地取出要移栽的植物，一个比较好的方法就是轻轻地挤压根部周围的包装。尽可能避免拉扯植物的茎，因为这时它们是很脆弱的。如果你用力一拉，很有可能会把植物弄断，在向儿童示范如何做的时候要特别注意强调这一点。
- 如果植物是在可生物降解的花盆（如泥炭盆）中，那么它们可以直接种到地里，不需要从盆里移出来。如果花盆是由泥炭制成的，要注意让它完全埋入土壤，否则它很容易变干。若花盆顶部超出土壤的水平面，那么要把多余的部分去掉，因为土壤的水平面应该与原来植物在花盆里时的土壤水平面一致。
- 把坑挖得稍微比植物的根球大一点。（根球包括植物的根和周围的土壤。）移栽植物时要让其与土壤水平面保持原有的距离。
- 移栽植物前，要轻轻地把底部的根分开，这样有利于根系深入地下生长，而不是像原来在容器中那样继续绕圈生长。儿童很喜欢做这个工作。
- 一旦植物入土，轻轻拍打其周围的土壤，让它变牢固。如果你要种植灌木或乔木，在购买时要拿到详细的种植说明。对于这些较大的植物，可能你需要优先种植。

当你嘱咐妥当之后，就需要把儿童分配给指定的成人。因为这可能是儿童第一次真正在花园里干活，他们会充满热情，所以每个小组的规模最好小一点。有时我们会让一名成人只带一名儿童，但这通常不太现实。每名成人带两名学龄前儿童是比较理想的,如果成人有跟一群儿童打交道的丰富经验,那么带四名儿童也是可行的。尽量把每个小组的规模保持在较小的范围内,让儿童可以轮流交替参与。不要让一个志愿者带过多的儿童,导致负担过重,尽量让他们更容易操作。

当所有的植物都种在地里后,你可能需要考虑铺设覆盖物,当然这不是必须马上做的事情。如果你考虑要这么做,那么后文会有专门关于覆盖物的介绍。在种完所有植物后,你必须给整个花园彻底浇水,这对于移栽植物和种子来说特别重要,它们需要水分才能发芽。在接下来的几天里,花园要保持湿润,从而让植物发芽,并在新环境里扎根。

一旦你建好花园并完成种植,你的花园项目就开始走上轨道了。现在你将迎来最美好的时光,因为花园将成为日常生活中的一部分。接下来的内容包括:

- 在花园里照看儿童;
- 维护花园;
- 花园里的动物;
- 采摘植物和种子;
- 与他人分享你的花园。

在花园里照看儿童

如果花园位于儿童游戏的地方,那么他们就可以经常进入花园,因而很多非正式的园艺活动可以在儿童的户外玩耍时间进行。不过,在更多的时候,我们开展的是正式活动(例如播种、除草、修剪和采摘),这就需要一个成人密切关注儿童的行为。在这些活动中,要照看很多名儿童是有困难的,特别是当花园的位置远离儿童户外游戏场所的时候。我们认为最好的方法就是,限制参与活动的儿童数量,这样成人能够密切关注儿童正在做什么,并为他们提供适当的帮助。对于学龄前儿童来说,最佳的比例是一个成人带四五名儿童,当然这也要根据儿童的实际年龄来确定。很少有项目能够实现 1∶4 或 1∶5 的师生比，所以这时招募志愿者协助工作是很有帮助的。家长通常很乐意做志愿者（相比其他的活动，参与园艺活动的家长志愿者数量更多）。很多社区都有园艺俱乐部，会员们会抓住机会，让儿童参与他们最喜欢的活动。如果你的附近有学院或大学，那么可以招募大学生志愿者。很多校园组织经常会开拓一些服务性项目，你只要问一下就可以了。

你可以对儿童进行分组，两两配对，给每一对儿童分配特定的任务。由于每名儿童都有一个搭档，他们可以相互讨论和解决问题，这样他们就能学会通过合作来实现目标。

当你和儿童在花园里工作的时候，难免会有人犯错。有时儿童想摘一朵花，却把整个植株拔了起来，或者有人错把大家珍爱的植物当成杂草并除掉了。有一次，当萨拉得知，一位帮忙除草的志愿者拔除了她苦心培育的薏苡时，她简直欲哭无泪。不过，你可以通过接下来的措施，从容地面对这种情况。如果植物没有遭受太大损害的话，可以直接将其放回土里；如果植物已经无法挽救，你也不要反应过度，否则造成的后果更严重。请记住，花园项目是一个学习的过程，在这种情况下，儿童能够了解到当我们把植物连根拔起后，它们会死去。

如果花园位于户外游戏场地，那么儿童就可以在户外玩耍时随时进入这个区域。你需要密切照看儿童，如果他们进入花园区域，要确保附近有一位教师。儿童天生就喜欢探索，他们经常出于好奇，摘那些将来用于其他园艺活动的、未成熟的蔬菜或花朵。如果其他儿童制订了采摘植物的计划，那么他们会感到很失望。如果有一位教师在附近的话，那么他可以照看并指导儿童的行为，这样上述问题就不太可能发生。同时，教师可以抓住各种契机，优化教学内容，因为他更清楚儿童的兴趣在哪里。

尽量给儿童一片可挖掘和探索的区域，因为他们喜欢这么做。在这个区域里，他们不会破坏花园里的主要植物。要留出一小块地，让儿童挖掘和播种，种下自己喜欢的植物。你可以在这个区域粘贴"挖掘区"的标识，在旁边放置一个装有小铲子和园艺手套的板条箱，这样儿童就不需要向教师索要工具了。你可以请求园艺中心，让你时不时地看看他们准备丢弃的植物，然后你可以选一些适合这个区域的植物。你经常可以从很多即将枯死的植物中找到一些健康的植物。

有些区域如果要充分发挥作用，可能要用到支架。例如，我们搭建了一个棚架式的房子，每年夏天藤蔓植物都会在上面生长。葫芦从头顶上垂下来，藤蔓爬满窗户，我们希望儿童能够感受到这样奇妙的环境，但如果房子是空的，那么它的吸引力就非常有限。我们可以让儿童把木板和木箱带进这个区域，用它们搭建桌椅，这就可以为儿童创造很多开展角色游戏的机会。有一年儿童似乎都不太到这个房子里玩耍，因而我们在里面放置了桌椅，并添加了盘子，他们马上就开始在里面开展游戏了。从那以后，我们定期更换里面的材料，从而保持儿童对这个区域的兴趣和参与的热情。

在建造第一个向日葵房的那一年，我们也遇到过类似的情况。刚开始，儿童似乎都没有注意到这里的空地，随后我们添加了地垫和书籍，向儿童展示这个区域的用途。很快他们就走进这个地方，和教师或同伴偎依在一起看书。我们通过不断变换里面的材料，让儿童保持对向日葵房的兴趣。我们从这些经历中认识到，如果儿童不像我们预期的那样对花园感兴趣，那么我们就需要改变环境，从而引入新的游戏形式。

维 护 花 园

当你完成种植后，就需要设计一个维护花园的系统，确保植物获得充足的水分，杂草得到控制，这样你的植物才能茁壮成长。此外，你要给花园施肥，让植物得到充足的养分。如果想要花期尽可能长，你还需要为植物修剪，去掉那些枯萎的花朵。还有一点就是，要想方设法地帮助工作人员和志愿者识别花园里的植物。

护根覆盖

在花园里铺设护根覆盖物，可以有效保持花园的水分，同时减少杂草的数量。覆盖物有很多种类型，你在选择的时候要考虑预算和外观。在一些地区，有些覆盖物很容易就可以找到，而另一些覆盖物则很难获得。你可以使用几种类型的覆盖物，这样儿童就能观察和比较每种覆盖物的效果。最常见的覆盖物就是树皮或木屑，你可以在园艺中心和折扣店里买到成袋的覆盖物，但从苗圃中心里大量采购的话更经济实惠。要额外注意公用事业公司捐赠的木屑，这些材料可能含有某些成分（例如除草剂、杀虫剂和毒藤），你肯定不希望它们在花园里出现。有时，黑色塑料板或景观织物也可以当作覆盖物，不过要注意水是无法透过塑料的。其他的覆盖物还包括清理出来的杂草、报纸、稻草、树叶、松针和锯末。

铺设护根覆盖物对儿童来说是一种非常有趣的体验。我们当时一起做园艺时采用的是碎树皮，学校的工作人员在花园旁堆放了一大堆碎树皮。儿童用小型手推车装满了覆盖物，然后推到花园里他们准备开展工作的地方。令人感到惊讶的是，有些儿童会花几小时来完成这项任务。当儿童铺设护根覆盖物时，要小心照看他们，因为他们很容易在不经意间掩埋一些幼小的植物。

铺设覆盖物前的一个重要工作就是，要检查一下早春以来土壤是否变暖。覆盖物有利于土壤保持凉爽的温度，这在炎热的夏天是有益的，但是对于春天播种或移植幼苗就不太理想了。在一年生、多年生植物和灌木周围铺设的覆盖物，要保持 5~10 厘米的厚度，在乔木周围的覆盖物厚度则要达到 15 厘米。不过覆盖物不要紧挨着植物的茎或枝干，要留出一点呼吸的空间（大约 2.5 厘米），因为茎和枝干需要空气循环，防止植物烂根或生病。当然，覆盖物接触植物也是可以的，只是不要在植物周围盖得太严实。

除杂草和浇水

要制定一个浇水和除杂草的时间表。在我们所在的地方，一般一个星期浇一次水（除非下雨）。浇水多一点还是少一点，主要取决于当地的气候，可以查一下资料，找到适合你所在区域的方式。我们每周要给植物浇约 2.5 厘米深的水，所以我们可以用雨量计来检测降水量。如果在一周的时间内有 2.5 厘米的降水量，那么就不需要浇水了。通过监测雨量计，儿童可以了解到为了维护花园，除了自然降水外，还需要浇多少水。

园艺项目中最繁重的工作就是除杂草。控制杂草的最好方法就是，教会儿童如何识别杂草，养成每天巡视花园的习惯，一旦发现杂草就马上拔除。小的杂草是比较容易处理的。此外，每周要做一次检查，以便控制杂草的生长，这就是为什么你要把花园的大小保持在可控范围内。如果花园比较小，那么你可以通过让儿童定期给花园除杂草，让他们对花园保持长时间的兴趣。儿童很快就能学会如何识别杂草并除去它们。

如果你有一个比较大的花园，就不能指望儿童承担所有的除杂草工作。你需要制订一个计划来控制杂草生长的速度，每周可以选一天作为除杂草日，邀请儿童的家长和社区的园艺工作者参与进来。

我们喜欢用手来拔除大部分的杂草，如果地面潮湿，这样做就比较容易，所以在除杂草的前一天你要给花园浇水。我们之所以喜欢用手拔除杂草，是因为杂草拔除后不太可能再长出来，而且我们可以跟儿童一起研究不同植物的根系。不过，如果你有大面积的杂草，用锄头会更快。如果用锄头清理杂草，那么让一个成人来操作，对植物和儿童都比较安全；如果让儿童使用锄头，那么一定要密切照看好他们。

给你的植物施肥

如果从一开始你就给花园使用丰富的有机肥，那么即使第一年没有额外施肥，植物也会长得很好。不过，要让植物以最健康的方式生长，在第一年后你需要为花园添加养分。如果是容器花园，你就要经常给植物施肥，因为反复浇水会把养分从花盆里冲走。有很多好的肥料，如何选择取决于儿童的年龄以及使用肥料的方式。

对于儿童使用的肥料，我们更倾向于天然的有机肥，因为与化学肥料相比，它们对儿童的危害更小。你可以有很多种选择，比如血粉、骨粉、风干的粪肥、棉籽粉、鱼粉、海藻肥和鱼乳肥。很多成人对鱼乳肥的难闻气味望而却步，但是儿童似乎很喜欢靠近那些成人觉得恶心的东西。他们很喜欢使用粪便这样的肥料，经常以此来开玩笑。如果你要使用粪肥，要确保这些肥料已经放置了较长的时间。新鲜的粪肥可能带有令人讨厌的杂草种子和潜在的病原体（如大肠杆菌或绦虫等寄生虫）。另外，新鲜的粪肥会产生大量热量，导致植物生病或死亡，其原因在于新鲜的粪便与新产生的木屑和锯末一样，氮含量很高。当分解的时候，粪便会抢夺植物和土壤中的养分，从而导致植物脱水，直至生病或死亡。你可以在当地的花园商店或苗圃中心里购买粪肥，或者可以找一个愿意给你陈年粪肥的农民，这样使用起来比较安全。

摘花头

如果你想让花朵在整个季节盛开，就需要把枯萎的花朵剪去。草本植物如果结籽就不再开花了。一旦植物的花凋谢，就说明这株植物正在结籽。种子的产生是植物停止开花的信号，你可以通过摘除花朵来中断这个信号，这样植物就会为了繁殖，开出更多的花。这个过程就叫摘花头。

对于摘花头的最佳方式有很多种说法，不过对于你的最终目的来说，这个过程是很简单的，把花朵剪下来就可以了。我们要及时把鲜花剪下来，用于环境创设或教室里的其他活动,但鲜花盛开的速度往往比我们修剪的速度快。有时我们带着剪刀与儿童一起出去,让他们尽情地修剪。把花摘下来是可以的,但要注意有一些潜在的风险。很多花头比较难摘下来,如果用力不当,植物可

能会受损,或者被连根拔起。同样需要注意的是,你要摘下植物的整个子房和花头,而不仅仅是花瓣。如果儿童使用剪刀,那么这个任务对他们来说比较简单,而且有利于他们集中精力每次只摘一朵。如果花园里有菊花,那么夏天时你要在它们开花前多修剪几次,这样到秋天时这些花会开得更多、更好。如果花柄很硬,儿童用剪刀无法剪断,那么就要使用修枝剪,我们可以亲自操作,或者当儿童操作时有成人在旁边指导。

做标识

如果有很多人在花园里工作,那么你需要给植物做标识牌。虽然你比较清楚在什么地方要种什么植物,但其他进入花园的人可能很难分辨哪株植物是什么。另外,给植物做标识可以提高儿童的文字表达能力,让他们把口头表达和书面文字相结合。我们这些年做过很多标识牌,有积极和消极两方面的影响。你想要一个容易阅读的标识牌、经久耐用的,还是能让儿童动手操作的?仔细考虑一下这些标识牌有没有尖锐的边角,它们能在多大程度上固定在花园里,又能在多大程度上经受住天气的考验。

有很多制作标识牌的方法,例如,儿童可以用不干胶把种子包粘贴在一根木棍上,也可以用雪糕棒或其他木片来制作,然后在上面用马克笔写下植物的名称。自制的标识牌能够很好地帮助儿童对花园产生主人翁意识。你还可以在网上找到很多制作标识牌的创意,将花盆、木勺或石头等材料制作的标识牌放到花园里是很吸引人的。

你也可以采购植物的标识牌。最便宜的就是那种带尖头塑料棒的简易标识牌，你可以直接把它插进土里。不过我们目前发现，这样做对于儿童来说没有太大作用，植物的名字只朝向一侧，儿童得扭头才能看得到，这会让刚开始学会阅读的儿童感到困惑。我们只在培育种子的托盘上使用这种标识牌，在花园里就不用了。有一些标识牌是塑料的，上面留有的空间可以书写文字，不过这种类型的标识牌有点贵，而且字必须写得很小，当然这种标识牌是很方便阅读的。你可以试一试不同类型的标识牌，看看哪种最适合。儿童也可以用不同的材料来制作自己的标识牌，可能他们的一些创意想法会让你感到惊讶。

花园里的生物

不管你的花园有多小，它总会吸引各种动物。这些动物可能是小昆虫和其他虫子，或哺乳动物（如兔子、松鼠、花栗鼠、小鹿）。你可能要问这些动物是敌是友，这个问题比你想象得要更复杂。例如，一些园艺工作者花了很多时间，想方设法地阻止松鼠靠近花园和喂鸟器，因为松鼠会从花园里偷东西，还会吃我们准备给鸟的食物。不过，在花园里，松鼠能够为儿童提供很多学习的机会。有一次发生了一件有趣的事情，一只松鼠妈妈在距离操场几十厘米的树洞里筑巢。孩子们和教师看到后非常兴奋，观察两只小松鼠如何成长，看它们围绕树干追逐打闹，我们不会为了花园有更好的收成，或者为鸟提供更多的食物，而牺牲这种难忘的经历。实际上，大学校园里有很多松鼠，就算我们没有花园，也不太可能阻止它们在我们的操场上栖息。我们可以学会与它们一起生活，多种一点东西，这样就有足够的可分享的食物。当儿童参与时，培养他们对待野生动物的这种态度，是花园管理的一个重要部分，利弊必须加以权衡。

> **是不是虫子**
>
> 在本书中，我们用"虫子"这个词来指代小的昆虫和其他生物，比如蜘蛛、球潮虫、蜈蚣，以及我们在花园里发现的其他类似生物。这是常见的说法，但我们要指出，它们实际上不是真正的虫子。从专业角度来看，虫子是一种半翅目的昆虫。蝉和蚜虫是真正意义上的虫子，但我们所指的很多生物并不是真正的虫子。一些专家建议我们把其他昆虫、蛛形纲动物、节肢动物等称为小动物或小生物，而不是虫子。我们认为这是一个不错的意见，并且推荐你这么做。不过，就如同有些人信奉素食主义，但又不能完全实现它一样，我们会继续使用"虫子"这个词，它通俗易懂，表达了我们想要表达的内容。

此外，我们必须将儿童的安全放在首位，在儿童生活的地方决不能使用化学杀虫剂。我们发现，要维持一个健康生长的花园，可以选择耐寒的植物。害虫很少具有让一棵植物完全枯死的破坏性，如果植物因为害虫而死去，那么我们可以把这个过程当作一次学习的机会，并且在第二年把这棵植物从花园里清理出去。

如果你注意到作物被什么东西破坏或偷吃，那么第一件要做的事情就是查清楚发生了什么。你可以让儿童参与这个过程，这是展示他们的调查能力的好机会。如果你发现了问题，可以问儿童认为导致这个问题的原因是什么，不管他们的回答是什么，统统都接纳，并把这些回答写下来，这样你就可以开展进一步的调查。你和儿童可以采取以下步骤，来确定导致问题的罪魁祸首是谁。

- 仔细检查植物。你看到上面有昆虫吗？把放大镜拿出来，现在你能看到什么呢？把一张白纸放在树叶下面，摇一摇树叶，然后用放大镜看一看。像红蜘蛛这样小的生物，在叶子上并不明显，但在白纸上很容易被看到。如果你发现了什么，可以查阅参考书、互联网或找一位园艺专家来帮你鉴别，记得让儿童参与到这个过程中。
- 如果你在植物上没有找到什么东西，那么就花一些时间观察植物所在的整个环境。当儿童在花园里或附近时，可以多鼓励他们仔细观察，可能他们会发现兔子、小鸟或其他进入花园的动物。

- 如果你仍然不知道发生了什么，那么可以做一些研究。查阅参考书或上网搜索信息，让儿童也积极地参与一些调查。儿童可以从采访父母开始，大多数学校都会有一些园艺经验丰富的家长，他们可以给出一些回答。另一种方法就是邀请一位园艺专家到学校里，通常你可以通过推广服务机构或花园中心来物色这样的人。如果你找不到合适的人，那么可以把受损植物的一部分送到园艺中心进行检测和分析。

一旦你确定是什么东西损害植物，下一步就需要考虑如何处理。如果你决定消灭害虫，那么就要选择一个安全的方法。在这个过程中，儿童可以发挥作用。请考虑以下几种选择。

- 不用管它。有时肇事者带来的损害是很小的，甚至挺有意思，以至于你根本不想阻止它们进入花园。
- 研究对付肇事者的不同方法。例如，如果有小鸟到花园里偷吃东西，那么可以让儿童问一下家长，并提出一些想法来阻止小鸟进入花园。有很多种驱赶小鸟的办法，可能儿童会产生很多种想法。（如果你真的不想把小鸟赶走，那就放轻松吧。虽然很多园艺工作者用稻草人、猫头鹰或蛇的模型来驱赶小鸟，但这些方法并不是非常有效。如果小鸟没有被儿童奔跑的身影和叫喊声吓跑，那么它们也不会害怕稻草人。如果不驱赶小鸟，你反而有很多机会去研究它们。）
- 可以使用杀虫剂，但不要用化学杀虫剂。肥皂杀虫剂特别有效，不过需要定期反复使用。有一些食物（如胡椒）也比较有效，尽管如此，我们与儿童在一起时不太使用胡椒杀虫剂，因为它有可能进入儿童的眼睛和嘴巴。油也是可以的，能够黏在害虫的身体上，但植物更需要经受考验，尤其是在极端炎热的天气下。在刚开始的时候，要小心喷洒，可以在一片叶子上试试看植物会有什么反应。然后在一天中比较凉爽的时候再操作，这样植物不会那么受折磨。如果一切就绪，你就要彻底进行喷洒,确保叶子的上面和下面都被喷洒到,并且每周喷洒一次。儿童似乎对用喷壶喷植物一直有浓厚的兴趣,让他们参与进来通常是很容易的。如果儿童对此兴趣不大,那么你可以利用这个机会带他们查看没有喷洒杀虫剂的植物,并将其与已经喷洒杀虫剂的植物进行比较。我们在下文中列举了一些儿童可以安全使用的杀虫剂的配方,当然你还可以在网上找到其他配方。

自制杀虫剂

大蒜杀虫剂

材料:5 瓣大蒜、1 升水、纱布。

步骤:

1. 把大蒜捣碎,去皮。

2. 把大蒜放入水里,放置一整夜。

3. 用纱布过滤大蒜水,然后倒入喷雾瓶,这样就可以喷洒那些讨厌的昆虫。

肥皂杀虫剂

材料:半杯皂液或洗涤剂、4 升水。

步骤:

1. 把皂液和水轻轻地混合在一起,避免产生太多泡泡。

2. 将混合物倒入喷雾瓶,对害虫进行喷洒。

大蒜和肥皂杀虫剂

材料:1 升热水、4 瓣大蒜、2 匙皂液、纱布。

步骤:

1. 把大蒜捣碎,去皮。

2. 把大蒜放入热水,与皂液轻轻搅拌在一起,避免产生过多泡泡。

3. 放置一个晚上。

4. 用纱布过滤混合物后,倒入喷雾瓶进行喷洒。

- 用昆虫来驱赶昆虫。很多人都知道瓢虫吃蚜虫,所以越来越多的人开始释放瓢虫来除害虫。不过瓢虫并不是最好的昆虫捕食者,其他类型的昆虫(如绿草蛉)胃口更大。益虫现在被更多地用于花园害虫的防控,你可以通过各种渠道购买益虫。
- 把捕食者引入花园,你可以帮助儿童具体认识什么是食物链。杰茜卡·沃利斯(Jessica Walliser)写的《益虫和害虫》(*Good Bug, Bad Bug*)是一本非常好的参考书,可以帮你进一步了解益虫和害虫。
- 把植物移除。如果植物有无法治愈的病害,或唯一的治疗方法对儿童有害,那么移除这棵植物就是最好的选择。如果这棵植物的病害对花园里的其他植物没有威胁,那么你也可以把植物留在那里,让儿童观察病害是如何发展和变化的。

驱赶昆虫的植物

有一些植物是可以驱赶昆虫的,你可以试试在花园里种下列植物,看看它们能否驱赶害虫:

紫菀

菊花

天竺葵

万寿菊

洋葱

金盏花

花园里的动物

当你让儿童参与花园生态系统的构建和学习时,他们就会开始理解植物和动物之间的相互依赖关系。作为一名教师,当你对遇到的动物了解得越多时,你就越能培养儿童的这种意识。下文的内容涉及你可以在花园里发现的动物,这些内容只是为了让你有一个初步的认识和了解。如果你真的遇到这些动物,就应该让儿童参与进一步的研究,这时参考书就非常重要,在附录1中你会找到一些相关的好书。

好家伙

你肯定希望吸引一些小动物到花园里,不过许多成人有时难以区分有益和有害的动物。关于吸引和研究一些对园艺工作者有益的动物,这里提供了一些建议。

蚯蚓

蚯蚓很棒!它们很了不起!它们在土壤中耕耘,把氧气带到植物的根部,以有机物为食,并将其转化为肥料。如果你要检查土壤的健康状况,

可以数一下蚯蚓的数量。此外,可以考虑做一个蚯蚓堆肥箱,买一些蚯蚓,它们会吃掉你吃剩的水果和蔬菜,由此产生的肥料可以放到花园里,以供植物生长。还有哪个动物能有这么多贡献?

蚯蚓也是很好的研究对象。如果让它们在干燥和潮湿的环境中进行选择,那么我们可以观察到它们跑向潮湿的环境。另外,它们喜欢待在黑暗而不是光亮的地方。在后面的内容中,你还可以找到一些关于蚯蚓的实验。我们最喜欢的有关蚯蚓的活动,其实设计起来非常简单,仅仅是把蚯蚓放出来,然后让儿童探索,确保旁边有教师指导他们的互动和观察。要做到这一点,我们会使用餐厅的托盘,不过其他有边的托盘或平底锅也是可以的。我们会把湿纸巾放在托盘上,防止蚯蚓由于干燥而死亡。不管什么时候把蚯蚓从它所在的

环境中拿出来一段时间,这样做都是必要的。随后,我们在每一个托盘里放置几条蚯蚓,对于儿童来说,蚯蚓似乎有一种磁场魔力,儿童会花1小时来探索蚯蚓。我们也用同样的方式研究球潮虫,这种虫可以在花园或其他自然区域的岩石和朽木下找到。在第七章中,我们会讲述一些更复杂的实验。

蜜蜂

蜜蜂是最吸引人的昆虫之一。大多数儿童都知道蜜蜂可以酿蜜。有些人认为,它们之所以能酿蜜,是因为采集了花粉。实际上,蜜蜂是从花里采集花蜜来酿蜂蜜的。这时,它们会把花粉从一朵花带到另一朵花,从而完成授粉这项重要的工作。蜜蜂对于农业来说非常重要,所以农民经常会支付费用,让养蜂人在他们的农场或果园里养蜜蜂。这种昆虫比较常见,因而很多人会有一些误解。要帮助儿童了解关于蜜蜂的基本情况。

你在花园里看到的蜜蜂是工蜂,都是雌性。雄蜂会留在蜂巢里,因为它们的唯一工作就是与蜂王交配。只有雌蜂有刺,能蜇人,雄蜂是没有刺的。[因此你如果一直唱《我把一只大黄蜂宝宝带回家》(*I'm Bringing Home a Baby Bumblebee*),里面的歌词"哎哟,他叮了我",从科学角度看是不正确的!]

蜜蜂只有在感到害怕或受威胁时才蜇人,而且它们会在蜇人后死去,所以蜜蜂不会到处攻击人。要教儿童如何在蜜蜂面前举止得体,以免被蜇,但是一些成人在这方面没有树立很好的榜样。他们看到蜜蜂就会摆动手臂四处拍打,这样就给蜜蜂释放了一个清晰的信号:这个人要打死我。这种做法是最有可能被蜜蜂蜇的。要教儿童在蜜蜂周围慢慢移动,如果他们站着不动或小心移动,蜜蜂就不会觉得受到威胁,也就不会蜇人。实际上,只要我们安静地保持不动,蜜蜂经常会在我们的身上爬来爬去,而不会构成威胁。你如果在蜜蜂面前保持冷静,就可以为儿童树立非常好的榜样。

有些儿童对蜜蜂的蜇伤是高度过敏的,如果你的项目里有这样的儿童,那么就要避开吸引很多蜜蜂的植物。你还应该跟儿童的父母一起制定预案,以防儿童被蜇伤。

瓢虫

瓢虫是花园里很受欢迎的捕食者，不少儿童对于把它们捡起来并放在自己的手上，看它们爬来爬去乐此不疲。这是一种性情温和的生物，它们最喜欢的食物就是花园里不受欢迎的害虫——蚜虫，因而它们成为花园里受大家欢迎的访客。如果你要把瓢虫引入花园，通常你可以从供应商那里购买。在释放瓢虫之前，你要先给植物浇水，然后在一天中较早或较晚的时候，挑选一个时间把它们放出来，这样可以增加它们留在花园里的可能性。另外，要确保把它们放在有蚜虫的植物的根部，而不是让它们到处乱飞。如果有东西吃，那么它们就不太可能离开。要对瓢虫做一些研究，这样你就可以辨别出它们的幼虫。虽然幼虫没有成虫那么吸引人，但它们的胃口更大，而且对于维持花园里的瓢虫数量至关重要。

螳螂

螳螂是一种令人印象深刻的生物，眼睛凸起，腿很修长，经常会在花园里出没。它又被称为合掌螳螂或祷告虫，因为它的前肢动作就好像在祷告。螳螂是唯一可以向后看的昆虫，这让它看起来很有意思。不过它们通常很难被发现，因为在花园中它们的保护色起了很大的作用。它们的胃口不小，通常会吃较大的昆虫（如草蜢和蜜蜂）。唯一的缺点就是，它们既可能吃害虫，也可能吃益虫。

如果你在花园里找不到螳螂，可以从供应商那里采购一些卵鞘，这样儿童就可以近距离地观察螳螂如何在里面孵化。这项工作需要在早春时进行，通常是四月底或五月初（你可以在此之前采购卵鞘，然后冷藏，直到无霜期为止）。

你可以把螳螂的卵鞘放在一个罐子里，确保在罐子的顶部放几层纱布或裤袜，然后盖上打了孔的盖子。刚孵化出的小螳螂很小，我们就曾见识过它们从盖子上的小孔跑出来。一个卵鞘里最多有200个卵粒，所以它可能会给你带来比想象中还要多的惊喜。

幼虫孵化后不久我们就需要把它们放出去，因为它们会饿，若没有足够的食物，它们可能会吃掉彼此。不过，你还是要在室内留一个幼虫，以方便观察。那些你已经放到外面的幼虫是无法进行观察的，它们非常小，可能已经离开这个区域，或者被其他掠食者吃掉。一个幼虫需要5个月才能发育成熟。

蜘蛛

蜘蛛不仅是花园里的优秀捕食者，还是非常好的研究对象。它们所设计的复杂的蜘蛛网堪称几何学的奇迹。在享用大餐之前，它们喜欢用蛛丝包裹猎物，这个过程对儿童有巨大的吸引力。一定要让儿童知道蜘蛛不是昆虫，而是蛛形纲动物。我们可以通过腿的数量来辨别两者的不同，昆虫有6条腿，而蛛形纲动物有8条腿。

对于触碰蜘蛛，要格外小心。虽然大多数有毒的品种不会在花园里出现，但一些蜘蛛在被激怒时会咬人，所以对于大多数蜘蛛最好以观察为主，而不是直接触碰。不过唯一的例外就是长腿蜘蛛，严格来说它们是蛛形纲动物，而不是蜘蛛。它们比较温驯，无害，很容易被辨认出来。

如果让儿童抓着长腿蜘蛛进行观察，请密切留意他们，因为这些动物娇嫩的腿很容易受伤。我们要求儿童张开手掌，托着长腿蜘蛛，观察后立即把它们放回原处。

探索长腿蜘蛛

特雷弗在攀爬植物上看到了一只长腿蜘蛛，他想去踩它，但是我阻止了他。我给特雷弗和马奎斯示范如何轻轻地捧着长腿蜘蛛，并向他们解释：长腿蜘蛛不是蜘蛛，而是蛛形纲动物，蜘蛛也是蛛形纲动物。我们一起观察，看到它的腿是多么精致修长。刚开始他们有点害怕，但随着时间的推移，他们逐渐变得勇敢起来。

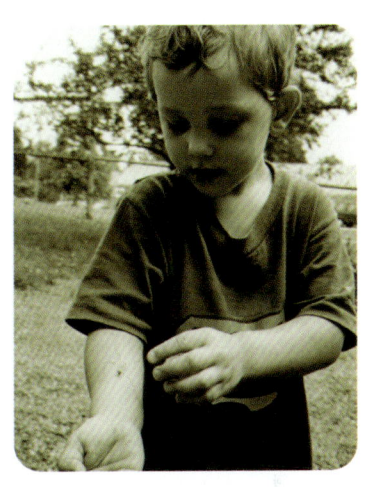

因为长腿蜘蛛挠了他们的手和胳膊，他们忍不住扔了它好几次，所幸长腿蜘蛛没有什么大碍。他们又尝试把它拿起来，轮流捧着它。我们也在讨论如何对待这种动物。特雷弗认为应该把它放在花园里，这样比较安全，而且其他儿童抓不到它。不一会儿，特雷弗和马奎斯就把这只长腿蜘蛛放到了向日葵上，于是这个小动物掉到地上，爬走了。

我为特雷弗感到骄傲，他之前差点就踩死了这只长腿蜘蛛，因为他对这个动物感到害怕。如果我没有及时阻止他，那么这段学习和探究的经历就不会发生。在得到一些帮助后，特雷弗能重新集中注意和研究这种动物。他意识到长腿蜘蛛不会伤害他，于是他和马奎斯一起把它放到花园里的安全地方，因此他们变成了长腿蜘蛛的保护者。

青蛙和蟾蜍

青蛙和蟾蜍的食欲都很大，有助于减少花园里的昆虫和鼻涕虫的数量。如果你很幸运地在花园里发现了这种两栖动物，儿童一定很喜欢捕捉和研究它们，只要确保在当天结束时把它们放回被发现的地方就可以了。你可以把陶土花盆的一部分埋在蟾蜍的旁边，为它打造一个家。如果在开阔的地方种植玉簪或黄花菜，那么这些植物还可以为蟾蜍提供保护。

蛇

蛇是花园里有益的动物。虽然它是历史上最毒的动物之一，但是它的贡献远不止于控制害虫的数量，它还会吃小动物（如老鼠）。很多成人看到蛇时会恐慌，他们的偏见和恐惧会传给下一代。儿童对这种爬行动物没有先入为主的偏见。如果成人能树立一个榜样，表达对蛇的尊重，那么这对于儿童建立对待蛇的积极态度是很有帮助的。

在美国，毒蛇的种类比较少，它们不太会被吸引到温带区域的花园里

(当然，如果你真的发现了毒蛇，请立即打电话给动物控制中心，让他们派人把它带走）。此外，蛇是一种很怕生的动物，它们遇到人时通常会逃跑。如果你生活在一个毒蛇时常出没的区域，可能需要多提防它们（比如西南地区的响尾蛇）。此外，如果你生活在佛罗里达州或附近，需要小心那些被宠物主人和爬行动物爱好者，不小心或故意放生到野外的非本土物种的蛇。蟒蛇已经入侵佛罗里达州的大沼泽地，严重威胁当地的哺乳动物的数量。这种蛇在温暖潮湿的气候下会迅速繁殖，我们应当严肃对待这种威胁（U.S. Geological Survey，2012）。

话说回来，如果你很幸运地发现了一条蛇，那么就可以充分利用这个学习的机会，让儿童在远处观察。如果你觉得这条蛇必须离开，那么就找一个知道如何处理它的人，把它活捉后拿到其他地方。这么做会让儿童感受到所有的动物都应该得到尊重。

坏家伙

在花园里，儿童可以有很多机会认识各种虫子，不过其中有很多虫子会把你们精心栽培的植物叶子作为美食大餐进行享用。为此你可能要清理一下花园里的害虫。有一些害虫可以用手清除，或者直接喷水，把它们从植物上冲走。另一些害虫需要喷洒安全的杀虫剂（肥皂水或其他杀虫剂），你甚至可以用益虫（瓢虫和螳螂）来控制害虫的数量。下面的内容涉及花园里常见的害虫。

蚜虫

蚜虫是一种小型的软体昆虫，以植物的汁液为食，经常聚集在芽和茎的周围，有白色、黑色和绿色的。如果出现蚜虫，你可能会看到畸形的芽、花或发育不良的植株。有蚜虫的植物更容易生病。最简单的方法就是，用水把它们从植物上冲下来，不过你也可以用安全的杀虫剂来对付它们。瓢虫及其幼虫很喜欢吃蚜虫，所以你可以带一些蚜虫和瓢虫到教室里进行观察。

红蜘蛛

红蜘蛛是一种微小的蛛形纲动物,我们的肉眼几乎看不到它们。它们会吸走叶子的汁液,所以它们存在的第一个迹象就是,叶子开始变成青铜色或呈棕色,这些叶子最终会枯死并掉落。另一个红蜘蛛出现

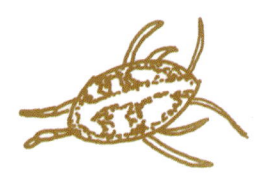

的迹象就是,在植物的叶子和茎之间出现了一些细小的网。它们在炎热干燥的夏季最为常见。为了检查是否有红蜘蛛,可以把枯萎的叶子放在一张白纸上,然后摇晃一下,如果可以的话,用放大镜仔细观察。倘若你看到很多小点在动,那么极有可能就是红蜘蛛。最安全的防控方法就是,用细小而有力的水流把它们从植物上冲下来。

甲虫

有很多甲虫喜欢吃植物,但有一些甲虫(如瓢虫)对花园是有益的。一定要辨别甲虫,以了解它们是友是敌。有些甲虫(如黄瓜甲虫和日本金龟子)会在短时间内对叶子和花造成巨大的伤害。最简单的防控方法就是用手把它们抓下来。

毛毛虫

毛毛虫的胃口很大,会对植物造成很大的伤害。所幸的是,它们很容易被发现,也很容易被人从植物上抓下来。不要急于清理这些毛毛虫。虽然一些毛毛虫会在短时间内对植物造成巨大的伤害,但如果一些毛毛虫变成美丽的蝴蝶,你可能就不太会清理它们了。有关蝴蝶和飞蛾的参考书,可以帮你辨别所看到的毛毛虫,或者你可以上网搜索相关资料。如果你决定抓一只毛毛虫到室内进行观察,那么一定要了解清楚它属于什么种类、喜欢吃什么。有些毛毛虫很特别,如果它们没有得到所需要的食物,那么它们就会死去。

蚂蚁

对于蚂蚁，我们还是要多加注意。儿童对花园里的蚂蚁非常着迷，不停地数蚂蚁窝的数量，并且记录他们与蚂蚁打交道的经历。虽然蚂蚁本身不会对花园构成什么危害，但它们会被蚜虫、粉蚧、白粉虱分泌的蜜汁和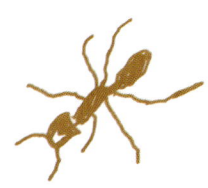鳞屑吸引。有时蚂蚁甚至会把蚜虫带到健康植物的上面，以保持蜜汁的分泌量。虽然我们不建议把花园里的蚂蚁都清除掉，但如果你发现了蚂蚁，请确认一下是否有其他昆虫出没的迹象。

鼻涕虫和蜗牛

鼻涕虫和蜗牛在室内都是很好的研究对象，这些黏糊糊的生物（与蛤蜊和牡蛎有相似的地方）如果被养在水族箱里，会成为很有趣的宠物。这两者很容易区分，蜗牛有壳，而鼻涕虫只有软软的身体。无论它们走到哪里，都会留下闪亮的痕迹，所以儿童很喜欢在花园里探寻它们。

鼻涕虫和蜗牛必须一直保持湿润的状态，所以它们通常白天躲在潮湿的地方，晚上出来觅食。正因如此，你可能看不到它们吃植物，但它们存在的迹象往往很明显。

你不要诱捕蜗牛，这对于儿童来说不太安全。很多园艺工作者喜欢用啤酒作为饵料，但这不太适合大多数的儿童项目。我们提供了一个用酵母制作饵料的配方，你可以尝试一下。儿童对于鼻涕虫吃掉花园里的大量玉簪感到十分气愤，于是他们热情高涨地想办法，把鼻涕虫淹没在这个混合配方里。虽然我们没有捕捉到任何鼻涕虫，不能保证其效果，但是制作过程中积累的经验是值得的。

诱捕鼻涕虫

材料：1匙干酵母、1/4杯糖、3杯温水。

步骤：

1. 在温水里搅拌干酵母和糖。

2. 找一个浅的罐头盒或平底锅，侧边是直的，将其放置在花园里可能有鼻涕虫的地方（金枪鱼罐头盒或旧的烤盘都是不错的选择，目的是让鼻涕虫能进来但出不去）。

3. 在容器里放入搅拌好的混合物，在第二天早上检查一下，看看是否抓到了鼻涕虫。

小鸟

我们认为小鸟并不是有害的。我们很喜欢它们，希望它们能来到花园。儿童会花很多时间对小鸟进行观察、绘画，并记录他们所看到的。然而，如果这些小鸟在丰收前把蓝莓或葵花籽吃掉，那么你可能就会觉得它们很讨厌。

如果你这么认为，那就和儿童讨论这个问题，并一起决定下一步要做什么。

哺乳动物

你的花园里可能会有各种哺乳动物，这主要取决于你所生活的地方。松鼠、兔子和花栗鼠经常会光顾我们的花园，同时我们会看到浣熊和小鹿。萨拉曾经在她的家庭花园里看到过郊狼和狐狸，因为她的丈夫在种植箱里堆放了一些兔子的粪便。我们很喜欢在学校的花园里跟动物们打交道，所以我们没有真正采取什么措施把它

们赶走，尽管有时它们闯进来挺让人烦恼的。

比如，我们花了 3 年时间才建成向日葵房，因为松鼠经常过来偷吃种子。花栗鼠吃掉了我们在恐龙花园里种的所有蕨类植物，还把我们的牵牛花幼苗连根拔起。（我们不确定真正发生了什么，不过这些结论是儿童研究实际情况后得出的。事实上，鼻涕虫对蕨类植物的消失负有责任。）对于向日葵房，我们只能不断尝试新方法，直到有一种方法能够成功——撒三包种子，至少有一部分能发芽。在其他情况下，我们会选择放弃——蕨类植物太贵了，所以我们决定不要了。你要评估哺乳动物是否对花园造成损害，以及你要采取什么应对措施。

我们要在两个方面提醒你。一个方面是，要注意有些哺乳动物携带狂犬病和其他疾病。如果你在花园里或附近，看到生病的或行为怪异的动物，那么要打电话给动物控制中心。在过去 10 多年的时间里，我们只看到过几次这样的情况，但重要的是，儿童要远离生病的动物，如果它们被打扰了可能会咬人。

你可能还需要注意的另一个方面是，儿童会追逐动物。我们校园里的松鼠已经习惯了人类，胆子很大，所以它们会与儿童走得很近。儿童因此很喜欢追逐松鼠，我们费了很大的力气来制止这种行为。如果一名儿童把松鼠逼到无路可走，那么松鼠可能会因为害怕而咬人。我们认为应该教育儿童，让他们知道追逐任何野生动物都是不可以的。

采摘植物和种子

当花园建成后，你就可以和儿童一起分享丰收的喜悦。在采摘、清洗和烹饪花卉和农产品的过程中，有很多学习的机会。同样，你在这个过程中扮演着至关重要的角色，在儿童的小组中发挥示范和指导作用。对于暑期的课程项目来说，丰收永远是儿童的快乐源泉。在丰收的过程中，你可以做很多事情，其中的一些活动在下文中会有所介绍。

采摘和清洗

儿童可能需要帮助,以确定什么时候可以采摘某种水果或蔬菜。你可以在这个过程中,为他们提供相关的参考书(包含花园里的各种植物的彩色照片)。如果儿童不确定某种植物是否可以采摘,他们就可以参考这些书籍。有些关键词需要着重强调,如绿色、未成熟、成熟、过熟、腐烂、变质等。对于各种植物的采摘技术,你可能要对儿童进行一些指导,有些需要剪,有些则需要掰、挖、切或拉。你可以与儿童一起使用这些字词,丰富他们的词汇量,从而帮助他们更好地理解这个过程。

你还可以把各种数学技能融入采摘的过程。例如,当采摘四季豆时,我们要求儿童估算一下装满四季豆的碗里,一共有多少四季豆,然后数一数四季豆的实际数量,结果实际数量比预先估算的数量要多很多。之后我们把豆子掰成小块,准备烹饪。这时儿童又想猜一猜数量,这次他们估算的数量比第一次更接近实际。同样,儿童可以估算南瓜的重量,然后用秤进行测量,或者估算胡萝卜的长度,然后用尺子进行测量。在采摘的过程中,儿童可以学习分类,例如辣椒可以分成红色的和绿色的,也可以分成特辣的和微辣的。

花园日记

我们在下午的时候摘四季豆。凯蒂认为我们摘了9颗,而米歇尔预测有20颗,亚历克西娅猜有3颗,南迪也说有3颗。我们数了一下,实际一共有75颗。

我们把这些四季豆掰成小块,然后大家决定再数一次。米歇尔猜测可能有100块,我们数的结果是199块。

2012年6月23日 晚上8:47

埃布里今天帮忙摘番茄。我们中头彩了,因为我们本来是放假的,却发现有很多成熟的番茄。我们数了一下,有8个番茄的品种是"早女孩",有17个番茄烂掉了。另外,有很多圣女果,我们决定按5个一组这样计算,用纸杯蛋糕盒把它们装起来,数下来一共有130只,再加1个多出来的番茄。我们总共摘了131个番茄,准备明天用这些番茄和花园里的罗勒制作水果沙拉。

农产品在采摘后和烹饪前,要用流动的水彻底冲洗。我们在儿童水槽中安装了大型滤器,这样他们可以充分参与这个过程。在清洗农产品的时候,要确保用的是准备食物的水槽,而不是洗手的水槽。在采摘和清洗的各个阶段,要尽可能地拍照,并把儿童的讨论和反馈记录到小组或个人的日志中。

烹饪

采摘之后就可以进行烹饪,烹饪可以提供丰富的学习机会。儿童能够阅读食谱图表,给调料称重,学习卫生与安全知识,观察物体的变化,亲身体验园艺所带来的营养价值。许多家长得知他们的孩子在学校里吃生的西兰花或红叶莴苣时感到很惊讶，因为他们在家里从来没有这样做过。这里的关键在于动力，当儿童投入某件事情的时候，他们会更愿意冒险享受自己的劳动成果。在花园里的经历可以让儿童感受到很多新品种蔬菜的手感、气味和味道。

教师可以提供各种烹饪书籍和园艺杂志，让儿童进行探索，把语言运用融入烹饪过程。所有小组使用的食谱都应该打印到食谱图表上。对于年龄较小的儿童来说，食谱图表可以使用从杂志上剪下来的照片或图画，这有助于发展他们的早期读写能力，培养环保意识。我们喜欢在烹饪时大声朗读食谱中的每一个步骤，让儿童注意到一些关键词和数学概念。我们建议你把最喜欢的食谱进行过塑。

在实际操作的时候，可以让儿童单独或成对使用食谱卡。按照这种方法，在每一张卡片上写明一个步骤并加以说明，从最基本的步骤开始（如洗手和清洁操作环境），每一个必要的步骤都展示在下一张卡片上，包括最后要为下一名儿童清理和准备操作环境。这种做法对于年龄较大且相对独立的儿童来说效果很好。

在制作食谱图表或卡片时，一定要用图画符号帮助儿童发展阅读技能。剪贴画或从互联网上查找的资料都有可供选择的各种符号。实际上，年龄较大的儿童可以协助教师制作图表，这些图表经过过塑后就可以反复使用。请使用真实的烹饪术语，从而让儿童得到最真实的体验，并学习新的词汇。例如，食谱图表可以包括把番茄切成块，把卷心菜切成条，炖四季豆，以及腌黄瓜。

儿童可以针对同一种食物，采用不同的烹饪方法。在这个过程中，他们会学到很多。我们可以将土豆煮熟和捣碎，或者像薯条那样整块烘烤，又或者切成片做成土豆煎饼。我们可以烘烤南瓜籽，用南瓜做饼干或馅饼。我们可以生吃黄瓜，把它们切成小块做成沙拉，或者腌制成泡菜。香草可以露天晾晒或在脱水机中变得干燥，也可以在新鲜时被使用。我们在学校里用了一些香草，剩下的香草被装进透明的、贴着标签的储存袋里，儿童可以将其带回家，在家里进行烹饪。

记住，敢于尝试是一件好事，但并不是每一个食谱都会取得巨大的成功。有一次,我们发现从植株上掉下来三个绿番茄,于是我们决定制作油炸绿番茄,这对于所有人来说都是第一次。在活动结束后,我们根据儿童的口述,进行了记录。他们将这些油炸绿番茄描述为"酸的""恶心的""不好吃的",不过整个学习的过程是很美妙的。

花园日记

我们邀请家长到儿童发展实验室参加野餐活动,并制作了三色堇黑麦三明治作为开胃菜。

"我们摘了一些三色堇,然后拿一些面包,再来一点奶油芝士。用水洗一下三色堇,把三色堇放到三明治里,就可以吃了。"——凯西

"你根本尝不出那朵花的味道。它看起来像花。面包有一半是白的,我大概吃了三个。"——尼尔

"我吃了那朵花,味道不太好,但奶酪和面包的味道不错。"——霍奇

"它们叫三色堇黑麦三明治,味道很好,富含各种维生素。"——多尔西

"我吃了一个三色堇黑麦三明治,嘴里感觉软软的、黏糊糊的,几乎尝不出花的味道。"——玛拉(教师)

我们建议食谱里包含几种你在花园里种的植物,这样可以减少额外的费用,让儿童看到花园所发挥的作用。比如,我们用番茄、红辣椒和花园里的

青椒制作萨尔萨辣酱,后来我们又用同样的原料,在英式松饼上制作迷你比萨饼。凉拌卷心菜的食材包括胡萝卜和卷心菜,凉拌沙拉的食材包括莴苣、黄瓜、萝卜和番茄。另外,罗勒番茄派由新鲜的罗勒和番茄制成。现在通过互联网查找食谱比以前更容易了。

在我们的项目中,很多成人和儿童对食谱中采用鲜花作为食用原材料感到特别惊讶。我们会把旱金莲添加到沙拉里,让其更加可口和美味。我们还会剪下鼠尾草的花,蘸上面糊后油炸。我们还有很多"杰作",比如万寿菊芝士蛋糕、三色堇黑麦三明治等。这些都是花园聚会和野餐及其他节日庆祝活动(如生日会和年终活动)的绝佳食谱。

薄 荷 茶

用剪刀剪下薄荷

把薄荷清洗干净

把薄荷放入干净的瓶子

瓶子里灌入冷水

把瓶子放置在太阳下约6小时,之后瓶子里的水尝起来就是薄荷味的

花园日记

米歇尔和凯蒂在外面摘花,她们认为这些花很适合婚礼。米歇尔是新娘。

"我是新娘,乔是牧师。"

凯蒂是提着米歇尔的裙子的伴娘。

花园创意作品

除了烹饪之外,花园里采摘的东西可以有各种各样的用途。你可以把葫芦放在花园里或挂在室内晾干,待其干燥后就可以用来制成花瓶、鸟屋和沙槌等物品。对于鱼尾菊、麦秆菊、紫苑和万寿菊,无论是新鲜的,还是干燥的,都可以拿来即用。你还可以把香草和鲜花一起晾干,制作百花香包,并将其作为礼物赠送给他人。蜀葵娃娃(见上一章的内容)制作好后,就可以成为角色游戏的道具。我们建议你订阅园艺方面的杂志,或者请求儿童的父母捐赠一些旧物,你会发现很多有创造性的食谱、想法和项目。

收获和储存种子

当你丰收的时候,不要忘记从花园里收集种子,以便来年继续播种。通过鉴别、采集和储存种子,儿童可以学到很多东西。我们这时可以收集一年生植物的种子,因为它们的生命周期是一年。我们也可以收集二年生和多年生植物的种子。但是杂交植物(如一些蔬菜)的种子通常不太成形,所以很多时候我们倾向于种植常规品种的蔬菜。

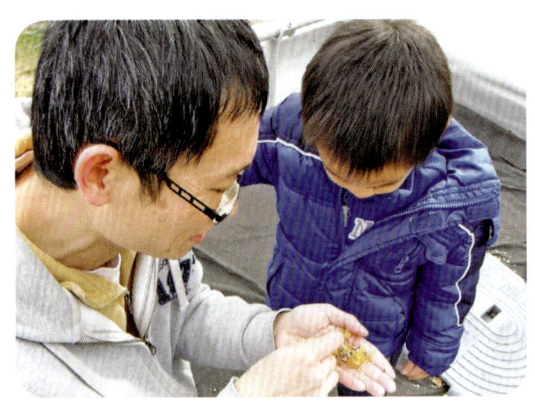

要告诉儿童从健康、茁壮成长的植物上取种子,并去除种子表面的果肉和纤维。种子的最佳采集时间因植物而异,一般来说,应该让种子在植物上自然干燥,时间越长越好。我们建议你尝试收集蔬菜的种子,如菜豆、豌豆、辣椒、南瓜和番茄的种子。当然你也可以收集一年生花卉的种子,如鱼尾菊、向日葵、万寿菊和秋英的种子。在这个过程中,我们建议你多一些创意和实验,比如从你所知道的杂交植物上采集种子,让儿童看看它们能否繁殖。

在家长或其他志愿者的帮助下,你所在的班级可以把采集和出售种子作为一个筹款项目。我们了解到,有一个三年级班的学生和教师一起采集种子,并在美术教师的指导下制作了可以在市场上销售的种子袋。这些儿童清点种子的数量,在包装上粘贴种植说明,并将种子卖给社区成员。很显然,儿童在科学、数学、经济学和传播学等领域,上了一堂宝贵的课。

与他人分享你的花园

在整个花园项目中,儿童会用各种方式表达所学到的东西。一项研究结束后，当儿童应用和表达新的概念时，他们需要在最终展示时得到帮助。你可以让儿童回顾园艺日志和其他记录，选择他们最擅长的方面，为他们的最终展示给予相关支持。在这个时候，儿童可能想把口述的草稿加上图片或重新进行绘画，把原来遗漏的细节补上，以进一步巩固他们的学习成果。还有一些儿童想在日志里写下最后几页，或者准备一组幻灯片，总结他们在整个园艺过程中的想法和感受。如果儿童朝着有意义的目标（如准备结业仪式或布置教室展览墙）努力，那么他们会很乐于参与这些活动。

结业活动

结业活动是一个很好的结束研究的方式，儿童可以借此机会向其他人展示项目成果。通过主动参与活动策划，儿童能够巩固和应用新学到的知识。根据每名儿童的发展水平和兴趣爱好，活动方式可以多样化。教师需要指导儿童确定活动的类型，年龄越小的儿童越需要指导。例如，你可以向年龄较小的儿童提供一些活动建议，然后邀请他们全面地参与准备工作。另外，你可以采访一些儿童，了解他们想如何与其他人交流和展示学习成果。

聚会、家庭开放日以及邀请其他班级前来参观，都是很不错的结业活动。无论选择哪种类型的活动，你都应该考虑听众。儿童在向家长和社区成员展示自己的学习成果时是否感到自在？他们更愿意邀请学校里其他班级的学生吗？他们想要通过幻灯片做口头陈述、通过角色表演和歌曲进行展示，还是想要带领其他人游览花园，或在教室里进行其他形式的展示？每位教师在做出决定前，必须考虑儿童的自信心和技能水平。

我们最难忘的一次结业活动，发生在我们拥有花园后的第一年夏末，这是一次家长、社区成员和其他班级儿童共同参与的花园聚会。我们向儿童提出活动建议，并征求他们的意见。我们在策划活动时主要的关注点就是，确保儿童在整个活动过程中的主人翁地位。我们希望这次聚会能够充分展现他们的想法，以及学习的成果。在开始时，我们先问儿童如何策划一次聚会。很多儿童都知道邀请函是必要的，一些儿童建议安排食物和游戏，还有一些儿童提出在聚会时穿宴会服装，欣赏音乐。

基于儿童之前对聚会的了解，我们开始着手策划结业活动。我们先让儿童在名片大小的纸张上，画一些与花园相关的图画，最后有几名儿童的艺术作品被采纳。让儿童拥有参与感的另一个方法是，让他们根据之前的烹饪经验和花园里现有的花卉、蔬菜，选择自己喜欢的食谱。我们最后确定的菜单确实很丰盛，包括万寿菊芝士蛋糕、罗勒番茄派、韭菜土豆煎饼和三色堇黑麦三明治。

随着聚会日期的临近，儿童准备在他们最喜欢的花园区域，为参加聚会的人员当导游。我们建议的一个方式是，开展花园寻宝游戏，第七章中有详细的说明。儿童会拿到带有图片和某种植物的名字的小卡片。通过这种方法，他们可以很快地学会找到各种花卉和蔬菜，并说出它们的名字。在聚会当天，很多客人和家长对学龄前儿童区分罗勒和鼠尾草等植物的能力赞不绝口。

为了融入音乐的元素，儿童从我们的园艺歌曲和诗歌集里，挑选了自己最喜欢的内容，并在聚会上表演。我们还邀请家长志愿者，在活动期间在花园里现场演奏音乐。一位家长演奏长笛，其他几位家长演奏吉他。其他的庆祝活动还包括用报纸、胶水、小金属片和羽毛制作派对帽子，以及在感官桌上吹泡泡。教师还制作了一份项目宣传单，对花园的各个部分都进行了介绍，里面还包括儿童的语录。

在活动开始的前一周，儿童收集农产品，为聚会准备食物。他们还给花园清理杂草，给喂鸟器补充饲料，给鸟浴盆灌满水，在操场上捡拾垃圾。我们准备了一个留言簿，客人们可以在上面签名并提供反馈意见。这些活动都可以帮助儿童在努力实现聚会目标的过程中，发展社交技能，感受社区的氛围。

展览

通过展览，儿童可以用另一种途径来反思和表达所学到的东西。教师可以鼓励儿童回顾所有的草稿、日志和其他保存的作品。儿童可以分成小组，创作带有细节的墙画。一些儿童可能想要画花园里的各种植物，有一种方法是用石头把每种植物拓印在一张较大的白纸上（见第七章的"捣碎的万花筒"）。另一些儿童可能想要在墙画上绘制铺设护根覆盖物、浇水、除杂草和修剪花头所用到的工具和技术。还有一些儿童可能想要根据实地考察中搜集的照片、视频和草图，制作一个关于实地考察（如水上花园或花店）的墙画。

在整个项目过程中拍摄的照片也可以用于展示。为了准备花园聚会，我们制作了四幅大型海报，标题分别是"之前与之后""种植""维护"和"收获"。每张海报上都附有照片，然后我们让儿童描述每一张照片里他们都在做什么。我们会将儿童的表述打印出来，然后贴在海报上。这是儿童与父母、同伴和客人分享所学的另一种方式。

展览品可以是三维实物，比如园艺工具、种子包、不同类型的土壤、蔬菜、参考书，以及雨量计和温度计等测量工具。你可以准备一个托盘，在上面放满花园里的各种农产品，充分刺激五感（见第七章的"多感官体验"）。其他的展示作品可以包括，儿童在项目的不同阶段创作的艺术品和手写的故事。图表和照片可以和儿童所写的探索过程中的逸事一起展示。最后，不要忘记展示你所创建的概念网络图及其所涵盖的主题，或其他能体现儿童在研究期间提出和解答问题的作品，这样家长和儿童可以把一些基础的入门知识与儿童的实际所学进行比较。

第六章
与婴幼儿一起做园艺

关系对于婴幼儿来说至关重要，他们要进行学习，就必须与生活中接触的主要照护者建立安全感。这些小孩子特别脆弱，在刚开始时缺乏交流和行动的能力，需要依靠成人来理解一些提示。成人要迅速回应婴幼儿的诉求，在他们悲伤的时候安慰他们，在他们快乐的时候与他们一起庆祝。为了满足婴幼儿的需求，成人需要使用肢体语言，构建温暖、积极回应的关系。通过这种相互关系，婴幼儿能够建立对周围事物的信任，并了解这个世界。

由于婴幼儿与他们的主要照护者有着很强的联结，你对待自然的态度就变得至关重要。有时大自然一团糟，有时一些自然界的生物不如其他事物有吸引力。你认为蜘蛛和蚯蚓如何？大多数婴幼儿都会怀着极大的好奇心，敬畏小生物，然而他们与大自然的联系取决于他们与生活中接触的主要照护者之间的关系。肢体语言在花园里同样重要，如果婴幼儿看到你的反应是恐惧或厌恶的，那么他们就会知道你给他们的暗示是什么。为了帮助婴幼儿成功地学会热爱自然，你要先与大自然建立信任关系，这非常重要。你可以花点时间到户外安静地坐着，研究一下你感到害怕的生物。你可以观察一下织网的蜘蛛，不用触碰它们，但是可以注意它们身上的细节！看到它们的错综复杂的网，你不得不感叹蜘蛛的能力。想象一下你拿起一条蚯蚓，实际上你知道它摸起来并非黏糊糊的，而是凉飕飕的，它在你手里蠕动时还会让你发痒。蚯蚓不会伤害到你，但是你很容易伤害到它们，所以我们要把它们放回土里，这样比较安全。当你在花园里和婴幼儿一起工作时，你可能会遇到这些生物，甚至还有其他的生物。你不需要爱它们，但为了婴幼儿，你要学会接受它们，尊重它们在世界中所处的地位，因为这些生物给婴幼儿提供了深

入探究和学习的机会。

婴幼儿通过感官进行学习。你可以仔细观察一名婴幼儿如何探索身边的世界。他会观察每一个小颗粒,捡起来仔细看一看,摸一摸,放在嘴巴里尝一尝,用舌头舔一舔,感受它的质地。对于婴幼儿来说,一切都是新鲜的,他们充满了好奇心,要探索这个世界的各种颜色、形状、声音和质地。

我们把一些水仙花和三色堇拿到婴儿室里,放在婴儿玩耍区旁的地板上。水仙花是当天早上摘的,而三色堇是从纸箱花盆里拔出来的,根部还带着泥土。婴儿立刻去研究这些花。

一个穿绿色上衣的男孩抓着一株三色堇的根部,仔细观察附着在上面的泥土,并用左手抓了一些土。另一个孩子拿起一株水仙花,并挥舞着它,探索花茎末端的平衡,然后把花靠近自己的脸颊,用脸感受这朵花,随后再次挥舞它,眼睛跟着花转动。

第三个孩子捡起一片水仙花的细长叶子,用手抓着叶子的两端,一遍又一遍地弯曲和拉直这片叶子,仔细研究叶子如何在手上变化。好几个孩子一直在研究这些花和叶子,放下一片,又拿起另一片,大概持续了近15分钟。

把婴幼儿带到户外

如今美国的婴幼儿很少能自由活动，我们经常看到他们被放在汽车的座位上或者婴儿车里。要安全地保护好年幼的孩子，从而解放成人的双手和大脑，这种做法是从什么时候开始的？对于婴幼儿是如何发育和成长的，我们了解多少？我们知道他们会通过不同的感官探索这个世界，他们会仔细倾听和观察，摸一摸，闻一闻，尝一尝。他们需要运动，了解平衡感和空间方位，以及身体在空间中的位置，从而发展他们的前庭和本体感觉系统。前庭觉和本体觉能够让一个人了解自己的身体在空间中的位置，以及对于不同的外部刺激，他们的肌肉需要进行多大的反应。运动对于年龄较小的婴幼儿来说至关重要，这些领域都是紧密相连的。当婴儿的身体逐渐发育成熟后，他能够进入一个新的环境，他所接触的世界会不断扩大。如果他只待在一个地方，那么他是无法体验到新发现的。他可以自己探索新的事物，不再依赖成人。当他学会站立后，他可以从一个新的视角看世界，感受这个世界的不同，并且他可以够到那些之前无法触及的东西。他很快就可以走路，只要他愿意，就能够触摸很多东西。他会用感官探索新的事物，不断了解它们，从而扩大对这个世界的认知。身体活动能够促进婴幼儿发展认知能力，如果我们不让他们动,只是让他们待在秋千、弹性座椅、婴儿车和汽车座位上,那么我们实际上就限制了他们的学习和成长。

婴幼儿需要到户外,不过他们得依赖成人才能到外面。遗憾的是,有时成人不太愿意带这些幼小的孩子到户外。虽然这些婴幼儿不太会用语言表达自己想去户外的意愿,但他们会给出很多提示。他们可能会站在那里嘭嘭地敲着门或窗户,或者透过窗户看着外面。这就需要成人发现这些信号,并确保婴幼儿能够在户外的自然环境中花大量的时间进行探索。在这方面,有一个方法可以帮助这些不会使用语言的婴幼儿,那就是你可以教他们一些基本的手语,这样他们就可以清楚地告诉你他们什么时候想去外面。

户外环境还有一个作用,就是能让婴幼儿安静下来。我们经常会看到一个哭闹的孩子,被带到户外后很快就平静下来。实际上这个方法非常有效,我们在南伊利诺伊大学卡本代尔分校的儿童发展实验室里经常使用它,同时对户外活动采取开放的态度(这意味着总是有成人可以到户外,婴幼儿可以选择在室内或户外玩耍)。当一个婴儿哭闹时,教师经常会说:"带他到外面吧。"婴儿被带到外面后,哭声通常就会停止,为什么会这样呢?可能婴儿室里比较吵,压力比较大,户外的压力相对小一点。不过我们要注意户外有些东西跟室内是完全不一样的,新生婴儿会对这种差异做出反应。

试一试,打开门,走出去,注意你的皮肤有什么样的感觉,你所看到的和闻到的有什么不一样。户外活动是一种全身的体验,能够调动你的所有感官。你会感受到空气(无论凉爽或温暖、干燥或湿润),你可以比在室内时看得更远，闻到更清新的味道。如果你在自然环境中，那么这一切都会被放大。洛夫（Richard Louv，2011）在他的《自然法则》一书中就提到了维生素 N（自然）。这种与大自然的联结对于婴幼儿的身心健康至关重要。

年龄更小的婴儿同样可以进入户外，你可以把他们抱在膝盖上，或直接让他们躺在草地上，以及花园里其他舒适的表面上。如果婴儿的年龄足够大，能够自己坐着，那么你就可以让他们坐着。你可以把他们放在靠近花卉或植物的地方，让他们能够看到或够到（婴儿年龄大的话，可以让他们用手抓到）。你也可以摘几片叶子或一些花，然后将它们放在婴儿够得着的地方。不要把婴儿放在学步车等让他们保持坐姿的设施里，自由活动是"他们最基本的需求，也是他们学习的途径"（Gonzalez-Mena，2007，p. 22）。如果一个孩子可以自由活动，那么他就可以集中精力学习和探索自身所能做的事情。在户外，婴幼儿可以感受到腿和胳膊下面的草在摆动，用自己的方式探索花园。

要等待婴幼儿的反应，不要太着急。请记住，你跟大自然的关系是婴幼儿与大自然联结的基础，当你欣赏自然环境时，婴幼儿也会做出相应的回应。当他们发现嗡嗡作响的蜜蜂、爬来爬去的蚂蚁或者随风摇摆的花朵时，他们会表达一种敬畏之心，此刻我们就要安静地坐下来观察，不要用太多的谈话影响他们。此刻我们应让花园里保持安静，让大自然决定一切，沉浸和享受一切奇妙的发现。一定要留意这个时刻，免得错过了，这是很关键的时刻。

当然，我们也有很多时候可以跟婴幼儿交流，扩展知识面，进行思想碰撞。在你说话之前先倾听婴幼儿说什么，虽然他们还不会使用语言，但仍可以用自己的方式进行表达。注意观察他们正在拿的和看的东西，他们对什么感兴趣，如实描述他们正在做的事情。"兰，我看到你拔得很用力，把鼠尾草上的花都拔下来了。""凯尔，我注意到你用手摸香蜂叶。你要试着闻闻叶子的味道吗?"

即使是婴幼儿也可以使用丰富的词汇,不要用居高临下的口气对他们说话。如果你们要进行交流,可以使用动植物的名字。不要担心使用术语,如小泥铲和耕耘机。婴幼儿的能力远超大多数成人所想象的,如果你认为他们有能力,他们就会接受挑战。

你可以与婴幼儿一起讨论花园里正在发生的事情,基于他们的现有经验问一些有意义的问题。例如:"还记得我们什么时候种球茎植物吗?你看长出来的是什么?"不要居高临下地跟他们说话,因为他们还太小。只针对颜色、形状、大小等方面提出问题是不够的,不能帮婴幼儿培养好奇心和解决问题的能力。

在你决定为婴幼儿提供帮助之前,要让他们自己尝试努力,享受这个时刻。值得拥有的东西往往来之不易,把花从枝干上摘下来可能没那么容易,但仍然可以让婴幼儿自己尝试。如有必要,你可以紧紧地握住植物,这样婴幼儿就不会把它连根拔起。要注意婴幼儿正在进行的学习,当他们尝试弄清楚如何握住一根树枝或一根向日葵的茎时,他们正在进行视觉空间方面的学习。如果婴幼儿还没弄清楚如何平衡它或用它来走路,你就把这些材料拿走,那么他们就被剥夺了很好的学习机会。如果他们想把这些材料带回教室,你可以帮助他们想一想该怎么做。

婴幼儿能够在花园里干活。他们可以播种,你可以帮他们挖一个洞。在必要时,你可以协助他们把植物从容器里取出来,给他们看一看带着土壤的根,跟他们讲一讲植物的根系如何输送水和养分,以帮助其生长。你还可以教他们如何把植物种在土里,轻轻地用土把根盖起来。婴幼儿可以在植物周围铺覆盖物,你可以每次给他们一点材料,教他们在植物的周围铺设这些自然的材料,而不是把材料撒在植物上。婴幼儿特别喜欢挪动周围的东西,你可以给他们准备装满覆盖物的几个桶或手推车,他们一定会感到很高兴。

另外,他们可以给植物浇水,添加有机肥料(比如鱼乳肥)。如果你有蚯蚓堆肥箱,还可以让他们把蚯蚓肥撒在植物上。很多开花的植物需要剪花头,以便能持续开花,所以婴幼儿还可以用非传统的方法使用工具剪花头。

要告诉婴幼儿尊重大自然。他们可以在岩石和木桩下搜索什么动物生活在那里。如果他们发现一只蜗牛或球潮虫，我们要教他们温柔一点，轻轻地把它们送回家。婴幼儿在发现新事物时往往会高兴得尖叫起来，变得很兴奋。要帮助他们放慢脚步，在花园里细细观察。当他们要抓某些生物的时候，要告诉他们保持不动，使用"尊重"和"小心"等词语，让他们知道我们必须善待这些生物。

家庭沟通

一些家庭对于是否让婴幼儿走进户外犹豫不决，特别是在比较寒冷或下雨的时候，他们会对婴幼儿接触泥土和小动物感到不舒服。你可以对婴幼儿的父母加以引导，让他们知道小孩子走进户外对健康有好处。若婴幼儿待在室内，他们更有可能感染引发感冒和流感的病毒，而走进户外并不会增加患病的概率。实际上，导致那些疾病的病毒在户外存活的可能性更小。如果婴幼儿可以健康地来到学校，那么他们就可以健康地走进户外。

此外，你要花一些时间告诉婴幼儿的父母和其他家庭成员，孩子们可以从他们的经历中学到什么。你可以向他们展示婴幼儿如何通过挖土，在岩石下探索和寻找小生物，以了解科学的概念。你也可以跟家长谈谈孩子的性格培养，户外活动能够激发婴幼儿的好奇心，让他们学会提出和解决问题，在第一次尝试失败时学会继续坚持。

你可以邀请家长参与你的花园项目。你与自然的关系对于婴幼儿构建与自然的联结至关重要，这种关系也会影响家长的态度。如果你能关心和尊重大自然并树立榜样，那么其他人也会注意到并积极回应。

每天都去户外

如果可以的话，每天都带婴幼儿走进户外。即使天气寒冷或下雨，他们也可以出去。要多准备一些雨鞋和雨衣，因为总有一些孩子把这些东西忘在家里。下雨天在外面玩耍别有一番趣味。在花园里，婴幼儿可以看到植物有没有被雨水淋湿，观察水珠如何在一些植物上凝结，以及水如何在鸟浴盆里积聚。他们还可以研究动物的行为。小鸟出来了吗？蚯蚓爬到地面上了吗？恶劣的天气只不过是另一个需要研究的内容而已。

种植球茎植物

我们有一张旧的塑料长椅,座位都断了,不过我们没有把它送到垃圾填埋场,而是决定用它打造一个花园。我们在里面填上表土,种上球茎植物和几株三色堇。我们撕开装土的袋子,把土倒进去(几个孩子还钻到这张长椅的下面,看看土能不能被装下)。我们打开球茎植物的包装,开始仔细观察它们。

"这上面有很长的东西。"欧文摸着植物的根说。

奥克利正在剥掉包装纸的外层。"松鼠吃这个。"她说。

我们还买了水仙花和郁金香。我给孩子们看了看包装,这样他们可以知道它们开花的样子。

"这就是它们长大后的样子,"我说,"我们得把它们种在土里,冬天过后它们就会发芽。"

我们讨论要把它们的根朝下、茎朝上放置。大家一起把植物种进土里,凯特在拍打球茎周围的泥土,她和奥克利一起这样做。

"把它们捂严实了,奥克利,像这样。"她说。

"晚安。"奥克利说。

我们把这些球茎植物用土盖严实,对它们说:"晚安,睡个好觉,春天见。"

今年春天,这些植物从土里发芽了,我们立马前去查看。

"看呀,它们苏醒了。"亚伦说。

尼古拉斯把脸靠近泥土,大声喊道:"醒一醒!"

——巴布·梅拉兹(东南密苏里州立大学)

如何与婴幼儿一起散步

带婴幼儿进行实地考察，似乎比带学龄前儿童进行实地考察更难，但是带婴幼儿到社区周围散步还是可以的，而且这样做同样可以达到实地考察的效果。你可以在周边地区做一下调查，看看有没有婴幼儿感兴趣的植物，留意一下能驻足思考并能观察灌木或鲜花的地方，看看你能否找到一个特别有趣的目的地。据我们所知，这个年龄段的儿童最喜欢长满青草的山丘、大的雕塑、大的岩石、小桥和小花园。如果你在城市里，可以选择去花园甚至其他人的院子里。在这个过程中，要充分利用好沿途的树木。

如果婴幼儿的年龄足够大，可以让他们选择如何出行。他们想走路、坐婴儿车，还是坐四轮手推车？只要他们能够自己坐好，四边有木板围栏的四轮手推车还是很适合孩子们出去散步的。在转弯的时候，你必须要小心，让手推车保持平衡。散步的整个过程应该花费很长的时间，如果你发现了有趣的东西，请停下来，带婴幼儿一起研究植物和鲜花或者有趣的昆虫。如果可以的话，尽量让婴幼儿用手触摸和抓住要探究的事物，把他们从婴儿车或手推车上扶下来，以便他们可以更仔细地观察。如果你发现了一只松鼠或小鸟，可以停下来，让孩子们安静地观察它。要注意语言和非语言上的暗示，如果你看到婴幼儿指指点点或边看边发出声音（"啊嗯啊嗯"），要及时提醒他们，并让他们集中注意力。这是一个很有教育意义的时刻，要让婴幼儿构建课程内容。

你需要特别留意一些地方。在有小木桥的地方，婴幼儿可以把阅读过的故事表演出来（比如三只小羊），还可以探索桥边生长的植物。在长满草的土坡上，婴幼儿可以跑上去滚下来，他们的前庭和本体感觉系统可以得到进一步的发展，同时与身下的小草建立联结。在花园里，婴幼儿可以安静地坐在长椅上，享受整个花园带来的安逸，或者他们可以近距离地观察地面的植物，在植物中探寻昆虫的足迹。教师可以带着写字板、纸张、铅笔或其他书写工具,这样婴幼儿可以沿途进行绘画创作,这个年龄段的儿童是有表达能力的。如果婴幼儿能够再次到访相同的地方,对相同的事物进行绘画创作,那么他们会有更加细致的观察和探索,并且在绘画时突出更多的细节。

与婴幼儿一起散步,可以让他们探索和发现教室和户外游戏场所之外的自然世界。教师需要提前踩点,制订计划,观察和留意婴幼儿的兴趣点,让他们在散步的过程中最大程度地参与和体验。

"粉红色的闻起来最香。"凯特拿起一朵玫瑰时大声说。

"我喜欢这一朵。"薇洛说着,把一朵鲜艳的粉白色玫瑰举到她的脸旁。

"它很柔软!"奥克利边说边把一片花瓣放在脸颊上,并且摩擦了一下。

尼古拉斯和薇洛把玫瑰放在黑色的毡垫上。

"这里一朵,这里一朵。"他说。

"这是我最喜欢的。"薇洛说着,把一块毡垫拿起来,再把她的玫瑰放上去。

我们把整箱玫瑰抬到户外,薇洛把一块块毡垫收好,把它们铺在山坡上,孩子们把这些玫瑰一朵朵地排列成一个圈。当玫瑰干枯时,我们把剩下的花瓣摘下来,放进一个柳条筐里,再把这个筐放在架子上的灯下面。我们搅动它的时候,依然可以闻到一股香味。

——巴布·梅拉兹(东南密苏里州立大学)

为婴幼儿选择植物

我们认为，对于婴幼儿来说最好的选择就是感官花园。3 岁以下的儿童在探索世界的过程中，会先用眼睛仔细地看一看，然后闻一闻、摸一摸、尝一尝，还会仔细地听一听。香草既可以食用又很结实，对于这个年龄段的儿童来说特别适合。大多数香草需要摘花头，以避免婴幼儿把花摘下来时伤及植物。毛茸茸的羊耳朵非常适合触摸，其五颜六色的花也很吸引婴幼儿的眼球。旱金莲和三色堇的花是可食用的，所以也是不错的选择。另外，快速生长的绿色蔬菜也是可以的。

容器花园易于维护，很适合这个年龄段的儿童。婴幼儿不太可能花太多时间除杂草，也无法分辨种的植物和杂草之间的区别。他们在除杂草时往往过于积极，甚至把莴苣当成杂草。不过他们通常对浇水更感兴趣，可以定期到容器花园进行浇水。一些比较浅的容器（如阳台种植箱），对于婴幼儿来说就很合适，因为他们够不到比较高的容器。

如果你为婴幼儿选择种植箱，那就把高度降低一点，25~30 厘米就好。这样他们就很容易够到种植箱，甚至可以坐在围栏边上。最好能在种植箱之间留出一条过道，对于习惯在室内的平坦路面上行走的婴幼儿来说，不平的路面会提供一些新的挑战。你会看到他们在花园里不平坦的路面上特别小心地行走，更加注意自己的步伐，适时调整自己的身体。

一定要确保花园里婴幼儿能单独接触的植物是无毒的，因为他们会把东西放进嘴巴，喜欢品尝植物的味道。要照看好他们，避免他们把大块的植物放进嘴巴，造成窒息。如果你要让他们品尝香草，一定要清楚不是所有的植物都是安全的。要教婴幼儿在品尝任何一种植物之前先询问教师或家长，还要教他们只捏一小块尝尝。

把花园带进室内

你可以通过多种方式把花园带进室内,让婴幼儿进行探索,比如在室内种植物,使用蚯蚓堆肥箱,或者把花园里的花和植物带进室内。在刚开始的时候,可以让婴幼儿把物品放在地板、感官桌或普通的桌子上进行探索。他们需要通过感觉、观察、气味甚至味道来熟悉这些物品。你可以为他们提供一些帮助,向他们展示你要观察的物品,轻轻地摸一摸你想要触及的植物部位(如根、花瓣等),这样可以让他们了解什么时候需要温柔地对待这些植物。"你需要握住底部的根,如果从上面拔植物,它们就折断了。"

切记,所有的事物对于婴幼儿来说都是新鲜的,所以你要不断地把相同的材料带进室内,让他们探索,或者把动植物放在室内,让他们观察一段时间。当梅拉兹向 2 岁儿童介绍香草时,她便是这样操作的,结果在介绍欧芹时,他们居然发现了不速之客。

> 关于在室内种植物,我们认为香草是最合适 2 岁儿童的,因为他们会用嘴巴探索植物。根据过去的经验,我发现种植可以在午餐时食用的香草,能够提高我们的用餐效率,并让婴幼儿在其他场合学会尝试新的食物。把香草添加到食物里,可以让很多婴幼儿更愿意接受某种他们只在其他地方"尝过"的食物。
>
> 在星期四的下午,当花盆送到的时候,我们很高兴在欧芹上发现了五六条毛毛虫。通过上网调查,我们发现这是黄色燕尾蝶的幼虫,孩子

们称它们为"毛毛虫"。我们把花盆放在靠近操场的窗户边,毛毛虫心满意足地在欧芹上尽情享受着美食。孩子们饶有兴趣地观察着,看它们在叶子上爬来爬去,有些孩子还试图"抚摸"一下。过完周末,它们已经把花盆里的欧芹都吃干净了。我们的植物捐赠人承诺周一会再送一盆欧芹过来,这样它们又可以继续吃了。

到了周一早上,第一位授课教师准备组织全班开展教学活动,这时他注意到门边的垫子上有一条毛毛虫。当他把门帘拉开时,又发现另一只毛毛虫正从门帘上爬下来。我们把这些毛毛虫放回欧芹的花盆里,但其中的一只毛毛虫不动了。我们认为可能它在试图爬出去的时候脱水了,因为花盆里的欧芹已经完全被吃完了,它们要出去寻找更多的食物。当天早上,一盆新的欧芹很快就送到了,我们把剩下的毛毛虫转移过去,可惜只找到三只毛毛虫。孩子们好奇地看着我们翻阅书籍,书上有蝴蝶蛹的图片。孩子们期待看到这些毛毛虫在建造自己的"小房子"时会做些什么。我们把一根树枝放在花盆里,希望它们能在这上面完成蜕变。到了星期二,毛毛虫已经不再吃东西了,开始在花盆边缘爬来爬去。第二天早上,一只毛毛虫已经在花盆的边缘结了蛹。我们把花盆放在一个活动架子上,这样孩子们可以轮流站在椅子上观察并保护它。另外的两只毛毛虫还在到处爬,早上时我们已经把其中的一只放回花盆里两次了。午休后,当我们再去看时,却发现只有一只了……我们找啊找。下午晚些时候,当把积木挪开时,我们发现了毛毛虫!它爬下来,停留在架子最上层的下面,蝶蛹就挂在我们的架子上。我们把一块透明的树脂玻璃放在蝶蛹的前面,并用透明胶带固定,以此保护它。现在就可以观察蝴蝶了,不用担心触碰蝶蛹。在接下来的一个星期里,我们继续观察"破茧成蝶"的迹象。

在第二个星期，当我们准备外出时，我注意到好像门帘的顶部有什么东西。原来门帘卷起来的地方的右上角有一只蝴蝶。我说："看！有一只蝴蝶！"孩子们兴奋极了，全都跑到门口。我们赶紧拿起相机，开始拍照。"我们怎样让它下来呢？"帕克斯顿问道。"它需要飞起来。"亚伦说。我们把香草花盆里的树枝拿起来，递给这只蝴蝶。"它的翅膀在干燥后变硬，才能正常飞行，"我说，"我们帮助它下来吧。"那只黄色燕尾蝶踩在我们递过去的树枝上，当我们准备把它放到桌子上时，它飞走了，停在了墙上。

"哎呀！"薇洛叫了一声。我们又用树枝帮它从墙上下来，这次它没有飞走。

"这是一只蝴蝶。"帕克斯顿说。

"飞吧！"亚伦说。

"我们要把它带到户外！"凯特说。

"是的，它在外面生活。"亚伦说。

我们一致认为它应该去户外，所以我们打开通往操场的门，把这只蝴蝶带到了户外。微风吹来，它一下子就掉到土坡下面。由于外面已经有一些在玩耍的婴幼儿，我们便再次让它站在树枝上。这一回它飞了起来，飞到空中，飞过了楼房。

"蝴蝶再见了！"奥克利叫道。

"明天见！"凯特叫道。

第二天早上，花盆边上的蛹也开始有动静了。我们给它拍摄了一些视频，一位送孩子上学的家长也与我们一起观察了一段时间。虽然它一会儿又不动了，但我们确信这一天会看到一只蝴蝶孵化出来。然而，什么都没有出来，架子下面的蛹也没有孵化出蝴蝶，我们猜想这可能与空调温度有关系。

香草一直都是我们教室环境中的重要组成部分，它们的旁边有一个对着窗户的小长凳，孩子们经常坐在这里摘叶子、闻味道、用手指摩擦叶子。我们轮流浇水，观察它们生长。班上有一个孩子比较特殊，他不用语言交流，但有时会发出很大的声音。一天早上，他在沙发上待了很长时间，随后在长凳上坐下，把手伸到茂密的叶子里，嗖嗖地挥动起来。有些叶子掉落了，他捡起来闻了闻，笑了笑，又把手伸进去，就这样待了好几分钟，才站起来离开。

午餐时，我们偶尔会吃土豆罐头，里面的土豆是去皮切片的。孩子们不是特别喜欢，十二个人里只有两三个吃这些食物。随后这段时间，我们开始制作"欧芹土豆"，现在每个人都喜欢吃了！绿色的点缀和白色的土豆放在一起，看上去特别可口，而且欧芹能带来一种令人兴奋的"新鲜风味"——这是我们自己种的！

对于年龄较小的婴幼儿来说，不断让他们接触大自然非常重要，就像在梅拉兹的教室里那样。他们有一天能接触香草会很有趣，但每天都接触香草才算是真正的学习。正因如此，室内的体验才会变得那么有价值。塔米·戴维斯（Tammy Davis）讲述了在东南密苏里州立大学儿童研究中心，她和那些12—14个月大的儿童一起搭建蚯蚓堆肥箱的故事，其中特别提到一个叫康纳的男孩。

我接受了项目负责人的建议,给婴幼儿介绍一种新的堆肥系统。我打开了一箱蚯蚓,不过我不确定婴幼儿对蚯蚓如何反应,也不知道我会对它们有什么感觉。这些蚯蚓是在深秋的某一天送到的,而且是邮寄过来的。纸箱里装着一个布袋,里面有一大团蚯蚓,为了安全起见,中间还掺了一些蚯蚓肥。后来我才知道,蚯蚓肥是一种非常好的肥料(用孩子的话说就是蚯蚓粪便),是蚯蚓吃下我们平时看到的很多东西后产生的。我把蚯蚓拿给孩子们看的时候,他们非常兴奋,充满了好奇,当然还有一部分孩子感到不知所措。我们在一个约25厘米高的、带通风盖子的大型塑料容器里,为蚯蚓做了一个家。孩子们帮忙撕报纸,并用水把报纸弄湿,然后我们从户外拿一杯泥土,混合在里面,这样就给蚯蚓提供了家和食物,因为它们需要吃纸张,而且要保持湿润状态。

那天在家长来接孩子时,我毫不犹豫地向他们介绍了蚯蚓,因为我知道如果家长不参与进来,那么我们就很难营造一个尊重蚯蚓的氛围。我向他们展示了蚯蚓,并解释了蚯蚓堆肥的过程。家长们的支持至关重要,这样可以让蚯蚓堆肥成为课程的核心部分。

孩子们随时随地都可以观察这些蚯蚓。如果有的孩子不会说话,他们可以走过去把盖子打开,这样我就会知道他们要看一看蚯蚓。孩子们每天都要去探究一下这些小动物。

康纳特别关注蚯蚓堆肥的过程。他和妈妈每天早上都会带着咖啡渣,他牵着妈妈的手带她到蚯蚓箱旁,随后妈妈把装满咖啡渣的袋子递给康纳,他就把这些咖啡渣倒进箱子里,脸上露出自豪的表情。他和妈妈利用这段时间分享在一起的宝贵时光,关注蚯蚓堆肥可以让他们有机会发现照顾动物的价值。他们一起坐在地板上，彼此谈笑，用简单的语言进行交流（"妈妈，蚯蚓"）。通过这个过程，康纳、他的妈妈以及大自然之间建立起了一个连接的纽带。这段时间的过渡还可以让康纳的妈妈以一种轻松的方式跟康纳说再见。

康纳每天早上都会跟我和其他孩子一起在堆肥箱旁玩耍，他经常用小铲子挖蚯蚓或者用手掏蚯蚓肥。我们还会发现很小的、几乎透明的蚯蚓宝宝，孩子们看到后感到很惊奇。这些蚯蚓非常小，甚至只有孩子们的指尖那么大。康纳找来一个放大镜，这样我们可以更近距离地观察蚯蚓宝宝。很多时候我们会静静地观察着它们，但有时候我们也会交流，把这些小蚯蚓从一只手交换到另一只手上。我们必须对这些蚯蚓宝宝更加温柔，因为它们又小又脆弱。寻找这些蚯蚓宝宝，便成了我们日常生活中的一部分。孩子们似乎对这些蚯蚓宝宝有一种责任感，康纳想要把每一只蚯蚓宝宝都变成一条很大、很大的蚯蚓，他张开双臂描述它们会长成多么大。通过这些透明的蚯蚓宝宝，我们可以看到孩子们对自然世界的爱和尊重。

孩子们知道我们需要撕一些碎纸给蚯蚓吃，因而找报纸也成了我们日常生活中的一部分，这也为孩子们提供了非常好的实地考察机会。我会问谁想去找一些大学报纸，有时会有几个孩子加入进来，有时是整个小组。康纳知道我们需要用喷壶给蚯蚓提供水分，在这个过程中，他学会了什么是轮流操作，在等待中培养了时间观念。当他努力想办法把喷壶对着堆肥箱，而不是其他同伴和教师时，他还进行了视觉空间的学习。在等待和轮流使用喷壶的过程中，孩子们开始明白，每个人都有机会喂蚯蚓喝水。为每个孩子提供这样的机会，已经成为照顾蚯蚓的过程中非常重要的一部分。康纳跟坐在他旁边的孩子达成了共识。其实，让婴幼儿了解什么是轮流操作，是一个非常困难甚至令人沮丧的过程，而蚯蚓让这个过程变得容易很多。康纳把午餐后的残羹剩饭拿给蚯蚓吃，他知道如果蚯蚓没有食物和水就会死去。蚯蚓跟火车、汽车、积木、书

> 籍、颜料及其他能带进室内的塑料玩具一样重要。
>
> 通过参考书、绘本、多种创意媒体、歌曲以及故事,孩子们学习了解蚯蚓,不过更多的时候是他们自主探索。孩子们在开展关于蚯蚓的活动时,我从不催促他们。只有给予充分的时间和自由度,有耐心和爱心,康纳、其他孩子和我才能与蚯蚓一起学习和成长。

大自然为婴幼儿提供了生产厂商无法提供的东西。任何玩具公司或计算机程序,都无法复制自然物的复杂性、颜色、形状、气味、质地、声音和独有特质。你如何在室内提供一种类似于观察蜜蜂在花丛间跳舞、倾听它们发出嗡嗡声的体验,或者是坐在花园里感受微风拂来、花香从空气中飘来的体验?婴幼儿需要大自然,需要到户外去体验,也需要在教室里学习大自然。他们还需要一位重视大自然,并愿意与他们一起感受大自然的教师。

第七章
通用的花园学习体验

人们常常认为,儿童在早期阶段的专注时间都不长,我们是反对这个说法的。当成人主导儿童的学习并决定他们如何支配时间的时候,儿童的专注时间就很短。然而,当儿童可以决定自己要做什么的时候,他们通常就会花大量的时间来学习和探索。任何在教室里与儿童打交道的教师,在允许儿童自主选择的时候都可以证明这一点。

在花园里开展学习活动时,儿童对地球及动植物表现出来的浓厚兴趣,会让你感到惊讶。很多活动都是由儿童自主发起的,或者很自然地从花园体验中延伸出来。只要稍微动一动脑,你的花园项目就会是独一无二的,让人充满惊喜。

在我们开始自己的花园项目时,我们对很多有关儿童园艺的书籍感到失望。因为很多书中的内容都是介绍如何种植各种各样的植物,或者每种植物可以用来做哪一种活动。我们没有办法每天都种一棵新的植物,而且植物的生长是需要时间的,所以这些参考书都不符合我们的需要。鉴于此,本章的主要目的就是提供一些通用的学习体验,可以在任何花园中开展而不依赖具体种植什么植物。如果你想在花园里寻找新的挑战,我们希望下文中的内容能够满足你的需求。

探索植物的活动

解剖花朵

1. 概念

（1）花朵有很多不同的部分。

（2）花朵的每个部分因大小、形状、质地、颜色和气味而异。

（3）花朵的每个部分都有名称，如茎、叶、花瓣、花蕊和柱头。

2. 材料

摘下来的花朵、剪刀（可选）、纸张、马克笔或彩色铅笔。

3. 描述

（1）把花朵放在桌子或地面上，让儿童自由探索。在他们探索时，允许他们把花朵剪开，观察每个部分。

（2）帮助儿童了解如何用语言表示花朵的不同部位。如果有很多种花朵，你可以帮助儿童比较它们的花瓣和叶子之间的差异。

（3）如果儿童对整朵花或其各个部位的绘画感兴趣，那就鼓励他们尝试，不过要确保马克笔或彩色铅笔与花朵的颜色相似。

4. 延伸

（1）与儿童分享附录1中所列的书目——《见证植物》（*Eyewitness: Plant*），书中介绍了植物的不同部位的名字和图片。

（2）给儿童提供方形木板，让他们在上面摆放植物的各个部位。通过这个方法，让儿童用植物设计图案。

（3）为儿童提供一个天平，他们可以测量植物的不同部位的重量。

5. 安全事项

不要选用商业种植的玫瑰，因为这些花被喷洒了大量的杀虫剂和杀菌剂。此外，在确保没有化学物质的情况下，要为儿童提供自家养殖的花卉。

喝完它

1. 概念

（1）植物需要水分才能生存。

（2）花朵通过茎来吸收水分。

（3）花朵在茎、叶、花瓣上都有导管。

2. 材料

花朵（为了达到最佳效果，用多种花进行实验。有很多小花瓣的花，如野胡萝卜花或笑靥花，最适合被放入深颜色的水，不过大多数的白色花也是可以的。最适合观察花瓣上的导管的花便是铃兰，不过如

果你要选这种花，有必要密切关注整个过程，因为这种花有毒）、透明瓶子或其他容器（切掉上半部分的苏打水饮料瓶也可以，不容易裂开）、水、食用色素、用来切开茎的刀或剪刀。

3. 描述

（1）把水倒入花瓶或其他容器，添加几滴食用色素。

（2）把花的茎切开，如果茎比较软，可以用剪刀操作，但如果茎比较硬，用刀切成斜面效果最好。

（3）把花放进染色的水里进行观察，过几小时后，你会看到水的颜色被输送到花瓣上。

（4）与儿童一起研究花瓣，放大镜有助于儿童观察花瓣上的导管。

4. 延伸

（1）在把花放进水里前，拿一些花到外面晾一会儿。在把这些花放入染色的水里前，不要马上剪它们的茎。比较刚剪花茎的花和在外面晾一会儿的

花,在吸收率上有什么不同。

(2)纵向把茎切开,把一半放到一种颜色的水里,把另一半放到另一种颜色的水里。(你需要把两个花瓶并排放置,花瓶最好是薄一点的容器,如饮料瓶。为避免把茎切得太高,你可以把饮料瓶剪到只有几厘米高,最后用胶带来固定花。)观察会发生什么。

(3)试一试不同类型的花,比较一下结果。

5. 安全事项

只有教师才可以使用锋利的刀,如果茎不太硬,那么儿童可以用餐刀来切。

小豆芽

1. 概念

(1)植物从种子开始生长。

(2)种子需要水分才能生长。

(3)种子能长出根、茎和叶。

2. 材料

感官桌或大的盆子、盆栽土、菜豆的种子、水、小泥铲和松土耙。

3. 描述

(1)指导儿童用盆栽土把感官桌或盆子至少填满一半。

(2)让儿童浇水,直到土壤完全湿润。如果盆栽土比较干的话,用水量就会比较大,但要注意不要浇太多水,以防止底部有积水。

(3)把菜豆的种子放进土里,种子越大,儿童越容易观察到变化。

(4)让儿童用小泥铲和松土耙把种子埋起来。让土和种子保持这种状态。容器上不要盖任何东西,否则可能会导致霉菌生长。每天观察一下菜豆的情况，允许儿童继续挖土。

（5）随着时间的推移，观察种子的变化，它们会长大、发芽、生根。让儿童照顾这些种子，引导他们观察发生的变化。

（6）在把种子拿走前，要让儿童有足够的观察时间。在种子完全发芽后，需要把它们移植到容器或花园里。让儿童小心地把幼苗埋好，把根扎进土里。

4. 延伸

（1）在种子生长的每个阶段，让儿童进行绘画创作。

（2）每隔几天，教师可以自己或让儿童给种子拍照，用照片展示种子的每个阶段。

（3）记录儿童口述的所看到的种子变化，或者让年龄较大的儿童写下他们所看到的变化。

（4）用大小不同的种子进行这个活动，比较不同种子的差异。

5. 安全事项

不要使用带有化学肥料或其他添加剂的盆栽土，要使用弧形边缘的而不是锋利的小泥铲和松土耙。当儿童使用手工工具时，一定要有成人在旁边照看。

里面有什么

1. 概念

（1）水果和蔬菜有不同的组成部分。

（2）很多水果和蔬菜里有种子。

（3）种子的大小、形状和质地都不相同。

2. 材料

两三种带种子的水果或蔬菜、小刀、用于探索蔬菜或水果的托盘。

3. 描述

（1）把水果或蔬菜放在桌上，让儿童讨论关于这些农产品的已有知识。

（2）让儿童讨论关于种子的话题。他们有没有在花园里播种种子？他们认为这些种子从哪里来？如果他们把蔬菜或水果切开，那么他们会看到什么？

（3）把蔬菜或水果切开。如果这些农产品比较软，那么儿童可以用餐刀来操作。如果这些农产品又大又硬，那就需要成人用比较锋利的刀切开。引导儿童观察里面的种子，这些种子有什么相同或不同的地方？用什么样的词汇可以描述这些种子？

4. 延伸

（1）切一个大一点的水果或蔬菜，比如鸟屋葫芦或天鹅葫芦。在这个过程中，儿童可以使用木工工具，例如锤子。在他们敲开葫芦的时候，一定要让他们戴上护目镜。要先在葫芦上打一个小孔，然后用锤子把这个孔弄大一点，这样很快就可以从里面取出种子和果肉。

（2）如果你的身边有种子包，可以让儿童把取出的种子与种子包里的种子进行比较。

探寻质地之旅

1. 概念

（1）通过感官触摸，可以识别植物。

（2）植物可以是光滑的、毛茸茸的、多刺的、柔软的、坚硬的、平整的或凹凸不平的。

（3）植物有茎、叶、秆、藤、花瓣和果实。

2. 材料

卡片、马克笔、图表纸或带白纸的写字板、鲜花盛开的花园。

3. 描述

（1）在活动开始前，在每一张卡片上写下描述某种质地的文字，如毛茸茸、光滑、多刺、柔软、坚硬、平整、凹凸不平。

（2）邀请六七名儿童一起到花园里，进行探寻质地之旅。来到花园后，让儿童告诉你植物摸起来是什么感觉，接受他们所有的回答。跟儿童说明他们要寻找摸上去有某种感觉的植物，每次给他们看一张卡片，并让他们念出来。询问儿童能否想到摸起来光滑的某种植物。对于每张卡片都重复一遍这个过程。

（3）告诉儿童，每人可以拿到一张带有相关描述词汇的卡片，然后让他们进入花园寻找植物，所找植物摸起来的感觉需要与卡片上的描述词汇一致。跟儿童强调在触摸植物时一定要轻一点，避免损害植物。这不是一场竞赛，他们可以慢慢地走，仔细地寻找与卡片描述一致的植物。

（4）提醒儿童植物有很多组成部分，让他们用语言表示植物的某些部位，把他们说出来的部位打印在图表纸上或贴在写字板上。提醒他们注意可能会遗漏的部位，让他们触摸和观察植物的不同部位，看看感觉如何（例如，藤蔓可能多刺，但蔬菜的表面可能比较光滑）。给每名儿童一张卡片，确保他们能理解卡片上的内容。每次让一名儿童到花园里探索，避免多人一起比赛。

（5）跟随儿童进入花园，当他们发现每一种植物的质地时，给予他们相关的支持，看看他们能否说出所触摸的植物部位。

（6）让儿童交换卡片，继续探寻新的植物质地，直到每个人都完成所有卡片上的任务。

4. 延伸

（1）在开展了几轮探寻质地之旅后，儿童就可以准备进行延伸活动。让儿童集中到花园旁，每次用手绢把一名儿童的眼睛蒙上，把他带到一棵带刺植物（比如黄瓜）旁，然后把他的手放在上面，让他猜一猜这个带刺植物的名字。让其他儿童在其他植物（例如，毛茸茸的羊耳朵或者凹凸不平的南瓜）上重复这个过程，每个人都要轮一遍。

（2）把几支大号蜡笔的外包装去掉。把写字板、薄如洋葱皮的白纸或透写纸以及蜡笔，拿到花园里，让儿童对植物进行拓印。把植物的某个部位（如玉簪或蕨类植物的叶子）放在纸张和写字板之间，或者直接把纸张放在植物（如南瓜）的上面。除非已经准备采摘这些植物，或者它们在花园里的数量庞大，否则在拓印的整个过程中，要注意不能破坏这些植物。

闻起来什么味道

1. 概念

（1）植物有叶子和根。

（2）很多香草有特殊的味道。

（3）我们吃的很多食物中都有香草。

2. 材料

感官桌、有强烈味道的香草（如薄荷、罗勒或香蜂）。

3. 描述

准备：在儿童到来前，在花园里摘几根香草，例如薄荷。（如果香草的数量很多，可以连根拔起，这样儿童就可以观察植物的整体。）如果可以的话，尽量选择几种不同的香草。将刚采摘的香草放在感官桌上，若你没有感官桌，也可以把这些香草放在普通的桌子上。

（1）让儿童到感官桌旁探究这些香草，给他们一些时间，让他们在这个区域玩耍。

（2）鼓励儿童观察香草的不同部位，询问他们观察到了什么。让他们闻一闻这些植物，向他们示范如何用手指摩擦叶子，从而让气味更浓。问问儿童这些气味让他们想起了什么。

（3）讨论一下用这些香草所制作的食物（例如，对于薄荷，可以讨论糖果、茶、冰激凌、口香糖等）。

4. 延伸

（1）把水和餐具添加到感官桌上，这样儿童可以玩做饭的角色游戏。

（2）用新鲜的香草与儿童一起制作真正的食物。

（3）在用香草进行烹饪后，与儿童一起阅读和讨论这些食谱，然后将其贴在感官桌旁，这样儿童在玩角色游戏时可以进行参考。

（4）用带有香味的花卉和香草，准备气味配对游戏。收集一些有盖子的不透明容器，在盖子上戳几个小孔。到花园里，对每一种有香味的花卉或香草（如玫瑰花瓣或鼠尾草叶子）采集两个样本。把这些植物放进容器，用马克笔把花卉或香草的名字写在盖子的下面并盖好。让儿童闻一闻，直到他们找到两个气味相同的容器。为检验结果是否正确，让他们打开盖子，看看他们猜的结果与盖子下的名字是否一致。

花园叶子记忆游戏

1. 概念

（1）植物有叶子。

（2）每一种植物的叶子都有其独特的形状、大小和颜色。

（3）通过研究叶子，可以识别植物。

2. 材料

空白的卡片、马克笔、透明不干胶或塑封膜、几对植物的叶子。

3. 描述

（1）在花园里找10对叶子。如果儿童的年龄较大，更多的配对数量可以让这个游戏更具有挑战性。如果儿童的年龄较小，那么叶子的特征需要更加明显（如使用欧芹叶、南瓜叶、罗勒叶）。你可能会认为应该从数量最多的植物上摘叶子，但其实你也可以从其他叶子独特的植物上，用剪刀剪下一小部分叶子。

（2）用透明不干胶把一张叶子粘在一张卡片上，或者把叶子固定在卡片上，然后进行过塑。

（3）让儿童以小组形式聚集在地板上或桌子旁，玩记忆游戏。把所有的卡片混在一起并反过来排列。

（4）决定从哪名儿童开始，每人翻两张卡片。协助儿童阅读卡片上的植物的名字，并观察叶子的特征。如果两张卡片一样，那么这名儿童就可以把两张卡片拿走，并获得额外一轮翻卡片的机会。如果两张卡片不一样，那么让儿童记住这些植物是什么样的，并把卡片面朝下，重新放回原处。沿着桌子，按照顺时针方向，轮到下一名儿童翻卡片。

（5）在完成所有的配对后，把卡片混在一起，重新开始游戏。（对于那些拿到最多卡片的儿童，我们尽量避免使用"赢"这个词，而应更关注游戏的结束和新一轮游戏的开始。）

4. 延伸

（1）如果这个游戏太简单了，那么就让儿童与你一起进入花园，找一些新的叶子，并将其纳入游戏。同时要让儿童协助你，把叶子固定在新的卡片上，并把植物的名字写上去。

（2）用种子目录上的花卉图片、种子包或真实的花瓣，重复这个游戏过程。

（3）年龄较大的儿童还可以从花园或校园周围的大树上，找树叶来玩这个游戏。

多感官体验

1. 概念

（1）植物由多个部分组成。

（2）每一种植物的外观都是独一无二的。

（3）植物的质地是多种多样的。

（4）一些植物有特别的气味。

（5）一些植物可以发出声音。

（6）一些植物可以食用。

2. 材料

5个大的托盘（比如复印纸盒盖、烘焙用的托盘、餐厅的托盘）、彩色马克笔、海报板的粘贴条、可以发出声音的植物、香味很浓的植物、可以吃的植物、色彩鲜艳的植物、质地很有趣的植物。

3. 描述

（1）给每个托盘贴上文字和图片，表示五种与感官有关的动作（看、摸、听、闻、尝）。

（2）让儿童头脑风暴，想一想在每个托盘上可以展示的花园物品。把儿童分成小组，与他们一起到花园里，收集每个托盘上相对应的物品。

- 听觉：风铃、酸浆、干枯的葫芦和黄金葛、小判草。
- 视觉：风铃草、百日草、金鱼草、庭荠、天竺葵。
- 触觉：羊耳朵、银叶菊、景天、麦秆菊、鸡冠花、石莲花。
- 嗅觉：百里香、鼠尾草、罗勒、香葱、黄瓜片。
- 味觉：欧芹、草莓、圣女果、胡萝卜、三色堇、旱金莲。

（3）把托盘放在儿童或其他访客能动手操作的地方。

（4）在儿童探索物品时，给予他们相关支持，帮助他们调动所有的感官。

4. 延伸

把儿童分成四组（摸、闻、看、听），给每组一个写字板，让他们在操场、附近社区或公园里，进行感官探秘之旅（如果可以的话，让儿童用相机进行拍照）。鼓励儿童把一些有趣的事记录下来（例如，触摸冰凉的砾石或炙热的沥青路，寻找昆虫，闻一闻附近餐馆里的食物，倾听鸟儿歌唱）。在回到室内后，让每组分享他们的发现，并把他们的记录在当天贴出来，给家长们观摩。

种子与植物配对

1. 概念

（1）很多植物从种子开始生长。

（2）每颗种子能够长成某种特定类型的植物。

（3）通过大小、形状和颜色，可以对种子进行识别。

2. 材料

20张卡片、10对不同的种子、种子目录（空的种子包或旧的园艺杂志）、胶水、马克笔。

3. 描述

（1）你需要10种类型的植物（例如南瓜、玉米、菜豆、番茄、利马豆、向日葵、葫芦、西瓜、胡萝卜和倒地铃）。对于每种类型的植物，准备两粒种子。把种子粘到20张空白卡片上，这样你就有两组10粒不同的种子。把其中一组卡片放在一边，将另一组卡片翻面，在卡片的背面固定对应种子长成植物后的图片。现在你有两组卡片，其中一组每张卡片上都有一粒种子，另一组每张卡片的一面是种子，另一面是种子对应的植物图片。在每张图片的下面，用马克笔写上植物的名字。对于年龄较小的儿童，每次只玩5种植物的配对就可以了。

（2）在集体活动时间，可以让儿童在科学区的桌子上玩这个配对游戏，用10张卡片展示植物图片，用10张卡片展示种子。

（3）在儿童表现出兴趣后，询问他们可否在不拿起卡片的情况下，把植物与种子进行配对。

（4）当完成所有的配对后，让儿童把有植物图片的卡片翻过来，看看背面的种子是否与配对的种子一致。

4. 延伸

（1）带儿童到当地折扣店的园艺区进行实地考察，找一找种子包的货架，挑选一些种子，然后把它们播撒在你的花园里。

（2）在季末的时候，从花园里采集种子，以便儿童第二年在学校或家里种植。

（3）准备一些南瓜籽或葵花籽，把它们作为零食享用。

（4）用装小松饼的罐子或调味罐把收集的种子进行分类。

5. 安全事项

仔细阅读种子的外包装，确保种子没有用有害的化学物质处理过，同时确保它们没有毒（如大花曼陀罗和蓖麻子是有剧毒的）。

永恒的花朵

1. 概念

（1）一些植物的花瓣有不同的形状、大小和质地。

（2）花朵可以在干燥后保存。

（3）沙子和玉米粉等物质可以在花朵干燥的过程中，帮助保持花的形状。

2. 材料

鞋盒、细的沙或玉米粉、小漏斗、用来干燥的花朵。

在玉米粉或沙子中很容易变干的花			
落新妇	野胡萝卜	黑心金光菊	玫瑰
柳叶马利筋	沙斯塔雏菊	翠雀花	金鱼草
蜀葵	紫罗兰	万寿菊	蓍草
牡丹	百日草		

花的保存

一些花可以称为永久花，你只需要把它们捆成一小束，这些花就很容易变干。你可以用绳子或橡皮筋绑住花茎，再把这些花倒挂起来，直到它们变干为止。下面列出的永久花可以通过这样的方法变干。

艾草	星辰花	满天星	麦秆菊
酸浆	马约兰花	韭菜花	艾菊
千日红	蓍草	薰衣草	

3. 描述

（1）如果你要用沙子，一开始就要选细的、干净的、干燥的沙子，用过滤网进行过滤，直到只留下最细的颗粒。

（2）指导儿童把干燥介质（玉米粉或沙子）装入鞋盒，深度约2.5厘米。

（3）把大部分的花茎去掉，让儿童把花放在干燥介质的上面（每一次只放一朵花）。

（4）当你把干燥介质倒入漏斗时，让一名儿童用手指按住漏斗的底端。当漏斗灌满后，向儿童示范如何把手拿开，让沙子从漏斗下流出来并覆盖在花朵的周围。（如果没有漏斗，可以用小勺子一点点添加沙子。）不要直接把沙子倒在花朵上，而要堆积在花朵的旁边，直到沙子自然地流到花瓣上。你的目的就是通过花朵旁的介质，保持其形状，但不要过于挑剔，对于年龄较小的儿童来说，他们很难精确控制好这些介质。

（5）继续添加花朵，并在其旁边堆满介质，直到装满整个盒子为止。

（6）把盒子放置两周左右。为了把花朵取出来，可以从盒子的一角把介质倒出来。在看到花朵的时候，用漏勺把它们取出来，用干净的画笔刷把多余的干燥介质清理掉。

4. 延伸

（1）在一个盒子里使用沙子，在另一个盒子里使用玉米粉，比较同一种花朵的干燥效果。

（2）用不同类型的花朵进行比较，哪一种花在干燥后看上去最自然？在你的花园日志中做好记录，下一次干燥花朵时可以进行参考。

标本压制

1. 概念

（1）每一种植物都有可识别的特征。

（2）植物可以通过压制保存起来，用于日后的研究。

（3）标本压制可以有多种方法。

2. 材料

蜡纸、旧报纸、两块木板（约40厘米×30厘米）、硬纸板、结实的绳子或商店里出售的植物压制机。

3. 描述

（1）从花园里采集一些用来压制的鲜花和树叶，记得在早晨露水干后进行采集，这样它们很新鲜，而且没有露水。询问儿童是否愿意学习压制植物标本的方法，以便日后可以使用。准备好相关材料，让儿童在桌子旁集合，告诉他们准备学习如何用植物压制机来保存这些植物。

（2）你可以用两块木板、报纸和硬纸板制作植物压制机。先在桌子上放一块木板，把一张报纸对折后放在木板上，在对折的报纸里放入一棵植物，然后把报纸对折一次，最后在上面放一块硬纸板。用另一份报纸和植物重复这个步骤。

（3）继续铺报纸和硬纸板，直到所有的鲜花和叶子都放在里面。把第二块木板放在顶部，用绳子将这一叠材料绑紧并打结。

（4）把这个自制植物压制机，放在一个温暖干燥的地方，过几天后再查看这些植物。当植物干燥后，把它们拿出来仔细检查，让儿童讨论花朵或叶子在压制过程中发生了哪些变化。经过压制的植物可以在室温下用两张报纸或蜡纸夹起来保存。

4. 延伸

（1）自制注意力配对游戏，从10~15种不同的花朵、香草或叶子中选两种进行压制。

（2）用压制好的鲜花来装饰贺卡或花园聚会的邀请函。

（3）制作一本关于花园里最喜欢的物品的书。让儿童在花园里选一棵最喜欢的植物，摘取上面的一片叶子或鲜花用于压制，用透明的接触印相纸把这些标本粘到另一张相同尺寸的纸上。让每名儿童用自己的语言在标本旁进行备注，或从花园标签、种子目录和种子包上把名字抄写下来。最后把这些纸编上页码，装订成书，让儿童自选标题，创建封面和扉页。

挖深一点

1. 概念

（1）植物的根会吸收土壤中的水分和矿物质。

（2）根可以帮植物立于地面。

（3）侧根从主根中延伸出来。

（4）根的生长发生在根的顶端，细的根毛从土壤中吸收养分。

2. 材料

小泥铲、放大镜、铅笔和白纸或花园日志、花园里的各种植物、《见证植物》（见附录1）。

3. 描述

（1）把儿童带到花园里，跟他们一起挖一些植物，以用于研究。香草很适合这类活动，因为它们在花园里的数量庞大。试试挖一株罗勒、一株鼠尾草以及一些欧芹或薄荷。为了进行比较，你还可以挖一个白萝卜、一个胡萝卜、一个土豆、一些莴苣和附近的杂草。

（2）让儿童集中在一起用放大镜观察各种植物，讨论这些植物的相同点和不同点，要特别留意每一种植物的根部。

（3）翻开《见证植物》这本书，让儿童再观察一下这些植物，看看能否区分出书中所提及的三种类型的根。继续翻看这本书，看看这些植物的根与书中所描述的根有没有其他的相似之处。

（4）给这些植物及根部拍照留档。让儿童选一种植物进行绘画创作，尽量把植物在地面上和地面下的部分都画出来。

4. 延伸

（1）给儿童尺子，让他们测量不同植物的根。

（2）准备烹饪一种植物的根，如胡萝卜、白萝卜或甜菜。

（3）用牙签把一瓣大蒜、一片红薯或土豆，或者一颗牛油果核，固定在一杯水的上面（一部分在水里，顶部露在外面）。观察并记录植物生根的过程，随后把它移到花盆的土里，最后移植到花园里。

捣碎的万花筒

1. 概念

（1）每一种植物的叶子都有独特的形状。

（2）叶子含有叶绿素。

（3）叶子有叶脉。

（4）花瓣中含有色素，因此花朵会呈现颜色。

2. 材料

绿叶和颜色鲜艳的花朵；锤子或中等大小的石头，至少有一面是光滑的；细薄的棉布，剪成小方块，不超过30厘米×30厘米，或一大块布料（如床单或桌布）；一块或多块软木板（如松木），至少30厘米×30厘米；图钉（每块木板上有4颗）；防护眼镜；马克笔（可选）。

3. 描述

这个活动既可以在室内，也可以在花园附近的户外空间进行。如果你想做大一点的作品，可以选择床单或桌布。如果你要让每名儿童都有一份材料，能够自己操作，那就需要事先准备裁剪好的棉布。给每名儿童准备小份的材料，可以减少一些麻烦，而且可以让他们同时在多个木板上进行操作。不过我们发现对于学龄前儿童，一个成人最多只能照顾到围在两个木板前进行操作的儿童。如果你使用多块木板，那就需要准备额外的图钉和敲打工具。学龄前儿童用石头比较好，而年龄较大的儿童有更好的控制能力，可以使用锤子。提示：这个活动会发出很多噪声，不过非常值得。

（1）从花园里收集各种花朵。

（2）把一块木板放在平坦的表面上，让儿童在木板上放一片叶子或一朵花，然后用棉布盖住。在木板的每个角上轻轻敲打一颗图钉，把棉布固定在上面。在敲的时候要轻一点，只要把钉子固定好就可以了，不要把整个图钉都敲进木板里，否则你可能会损坏图钉，很难再拔出来。这样做的目的在于防止木板滑动，从而得到比较清晰的印染效果。

（3）让第一名儿童戴好防护眼镜，把锤子或石头交到他的手里。让他敲击叶子或花朵，尽量敲打得均匀一些，你会看到植物的颜色染到棉布上。当儿童敲打完成后，你还可以让他用马克笔把植物的名字写在印染图案的下面。

（4）完成所有工作后，小心地把钉子取下来。让儿童举起木板，给其他人看一看，要求他们描述印染图案上的细节，以及所看到的颜色是如何形成的。向儿童解释，有一种叫叶绿素的色素，能够让植物看起来呈现绿色，而且叶绿素还可以帮植物从阳光中吸取能量。完成花朵印染后，也要给儿童解释一下色素让花瓣呈现颜色，必要时可以在讨论期间加入其他的词汇。

（5）如果你用一大块而不是小块的布料，那么在每名儿童完成印染图案后，改变一下布的位置，让下一名儿童在空白的地方继续操作。每一名儿童都重复一遍这个步骤，增加新的图案，直到每名儿童都轮一遍，或者直到整个布料都均匀地覆盖了印染图案为止。

4. 延伸

用另一张床单或棉布碎片，让儿童制作自己的印染图案。根据图案上的叶尖数量进行分类，把这些叶子图案从小到大进行排序。选一部分印染图案，放进你的花园日志里。让儿童分享一下为什么他们要选这些图案，进一步研究印出这些图案的植物，在日志里记录关于这些植物的更多细节。

5. 安全事项

当儿童敲打植物时，要多加留意，避免人员受伤。在这个过程中，教师和儿童要戴好防护眼镜。

探索植物的生长需要

向日葵的高度

我们发现向日葵都长得非常高。有一天，我们决定测量一下最高的向日葵究竟有多高。萨拉爬上梯子进行测量，玛吉在最下面抓着卷尺。这朵向日葵有 3 米高。

接着我们找一张很长的纸，把它裁剪成 3 米长——跟这株向日葵的高度一样，然后拿来另一株被风吹断的向日葵，这样就可以在绘画时进一步观察它的一些细节。

我们先从向日葵的头开始画，仔细研究真正的向日葵的头，这样画出来就不会有问题。种子所在的中心区域是棕色的，周围的花瓣是黄色的。接下来我们画茎和叶子。玛吉注意到，这些叶子都是锯齿状的，于是她仔细地在向日葵叶子的边缘画了一个Z字形。

最后我们想知道向日葵与我们相比有多高，估计一下究竟有多少名儿童的高度加起来，才能达到向日葵的高度。随后我们让儿童与向日葵进行比较，发现向日葵有三个学龄前儿童那么高。

学习与成长

儿童可以观察和描述向日葵以及每个部位之间的联系，通过绘画来表现向日葵，探索图画与实物之间的关系。他们还通过测量向日葵来学习数学的概念，既有传统的测量方法，也有非传统的方法（用他们自己的身体），这对于他们来说更有意义。此外，他们还研究了空间关系，观察了直立的向日葵，并将其与折断后放在地上的向日葵进行比较。

有多大

你在研究植物的生长时，测量植物是花园项目中的一项常规内容。

1. 概念

（1）植物一生都在不断生长。

（2）我们可以通过测量来发现植物生长了多少。

2. 材料

一株高大的植物（向日葵、玉米、蜀葵）、梯子（如果植物太高，教师够不着顶部）、卷尺、一卷纸、马克笔、相同类型的另一株植物上的花朵或叶子（如另一株向日葵或蜀葵）。

3. 描述

（1）选定一种植物，让大家在旁边集合，用卷尺测量植物的高度。如有必要，可以使用梯子（只有教师可以爬梯子）。

（2）铺开纸张，把纸的长度裁剪成与植物高度一样。

（3）让儿童仔细观察和研究另一株植物的叶子和花，讨论你们所看到的东西，如肉眼可见的种子、花瓣的形状和颜色、叶子的形状等。

（4）让儿童在长长的纸上，画出与实物大小相同的植物。

（5）绘画完成后，用儿童的身高或教室里物品的长度来测量这株植物。多少名儿童的身高等于这株植物的高度？积木呢？玩具娃娃呢？多试几种不同的物品，把结果写在纸或图表上。

（6）向大家展示你对植物的描述和得出的结论。（向日葵比墙壁还高，我们不得不把它弯下来、顶在天花板上，因而我们在结论中又加了一句："向日葵比墙壁高。"）

4. 延伸

（1）对于厘米、米或其他度量单位，儿童无法很好地理解，所以你可以用其他东西进行测量。要测量比较小的植物，魔法方块就很合适。儿童可以用这些方块，每周测量植物的生长情况，然后把它们画在图表上，从而直观地描绘出植物的生长情况。对于大一点的植物，儿童可以用教室里其他熟悉的物品（比如积木）进行测量。

（2）比较不同种类花朵的大小，如将俄罗斯猛犸象向日葵与其他品种的向日葵进行比较。

（3）用这种方法描述许多大小不一的花朵，给每朵花做标识，把这些图画贴在一起，做成一幅墙壁拼贴画。

又要脏了！

1. 概念

（1）植物需要土壤才能生长。

（2）人们可以混合各种材料，为植物创造土壤。

（3）一些材料很适合植物，因为它们能提供水分和养料。

2. 材料

混合土壤所需的大容器（例如感官桌、洗衣盆或手推车）、测量土壤所需的小容器（例如桶或量杯）、表土、泥炭藓、珍珠岩、水。

3. 描述

（1）让儿童探索混合土壤的三种原料，比较它们的质地、颜色和其他属性。

（2）取表土、泥炭藓和珍珠岩各一份，将它们在大容器里混合在一起。（为了让这项活动适合容器的大小，我们只列出相关原料的份数，而不是具体数量。如果你只有一些土，仅够装几个花盆，可以用量杯。如果你需要很多土，可以用桶或花盆。）

（3）加水，直到土壤混合物湿润为止。这时，你可以把这些盆栽土放置几天，让儿童在感官桌上进行探索。

（4）把这些土壤混合物放进花盆或花园里。

4. 延伸

在混合这几种材料之前，单独给每一种材料加水，比较一下不同介质对水分的吸收率。

5. 安全事项

确保儿童不把这些材料放进嘴里，不要使用添加化肥的材料。

充分利用堆肥

1. 概念

（1）植物需要食物才能生长。

（2）随着时间推移，植物会分解，变成丰富的肥料，帮助其他植物生长。

（3）食物的残渣可以用来制作花园的堆肥。

（4）分解的植物可以产生热量。

2. 材料

大的方形洗衣篮、美工刀（仅成人使用）、小泥铲、土、堆肥材料（如干树叶、清理的杂草、修剪的枝叶、蔬菜和水果碎屑、咖啡渣和蛋壳）。

3. 描述

（1）用美工刀裁开洗衣篮的底部。

（2）在花园或附近选一个区域，指导儿童挖一个与洗衣篮大小一致的坑，深度为10~15厘米，刚好能容纳一个洗衣篮。

（3）把洗衣篮放进坑里，让儿童添加一层堆肥材料（大约10厘米厚），再铺上一层土。重复这个过程，直到用完所有的堆肥材料，或者装满篮子。（如果篮子还没满，在接下来的几周内可以继续向里面添加材料。）

（4）用水弄湿堆肥材料。为了达到堆肥的效果，要定期搅拌。由于整个堆肥材料体积不大，儿童可以用手工工具进行操作。此外，要保持整个堆肥材料湿润，但不要有过多积水。当有机质变成褐色且疏松易碎时，堆肥就成功了。

4. 延伸

（1）做两份堆肥，添加不同的材料，比较结果。一种有机物是否比另一种有机物分解得快？最后它们看起来一样吗？

（2）做两份堆肥，加入相同的材料，分别置于阳光下和阴凉处。它们的分解时间一样吗？

（3）记录堆肥的温度，并画成图表。堆肥会产生热量，其温度与空气温度相比怎么样？让儿童把手伸进堆肥材料里感受热度。

5. 安全事项

有人担心堆肥会引来老鼠，只要你不添加肉类或乳制品就没有什么问题。温暖的堆肥材料有时会引来蛇，但通常这没有什么危害。如果你居住的地方有蛇出没，那么要多留意一下它们。

有臭味的茶

1. 概念

（1）植物需要养分才能生长。

（2）养分可以来自其他的植物。

（3）来自太阳的热量能够让植物更快地分解成营养物质。

（4）分解的物质通常有强烈的气味。

2. 材料

苜蓿草颗粒（种子商店里售卖）、水、有盖子的大型容器。

3. 描述

（1）引导儿童选一个阳光充足的地方，制作苜蓿茶，把容器放好。

（2）仔细观察这些苜蓿草颗粒，看它们的形状，闻一闻味道，把它们掰开看看质地如何。

（3）让儿童把这些苜蓿草颗粒放入容器，大概一杯苜蓿草颗粒需要11升水。（数量不需要非常准确，所以不用太担心。）

（4）在容器里加入水。

（5）将容器盖上盖子，并放置在阳光下。每天都过来检查一下，观察外观和味道有什么变化。这些茶要成功发酵，需要两周左右的时间。如果你闻到很臭的味道，那就说明这些茶发酵好了。如果没有异味，那就还没有制作好。发酵完成后，你可以把这些茶汲取出来，并浇到植物上。植物很喜欢这种有味道的苜蓿茶。

4. 延伸

（1）你可以买很多有机肥，让儿童将其放到花园里。到当地花园中心找一找棉籽粉、鱼粉、骨粉、泻盐等,这些材料可以直接播撒在植物周围。其他材料则需要加水,鱼乳肥就是不错的选择。即使儿童将它们撒在叶子上,植物也不会被灼伤,而且儿童特别喜欢那种难闻的味道。

(2)把所观察到的这些物质发酵的情况记录下来。

(3)比较一下,用苜蓿茶施肥的植物和没有施肥的植物的生长过程有什么区别。选两棵在相同环境下大小一样的植物,一棵用苜蓿茶施肥,另一棵不用施肥,结果会怎么样?

(4)如果有粪肥,你也可以用粪肥茶代替苜蓿茶。步骤是相同的,只是把苜蓿草换成粪肥。由于粪便中通常含有杂草种子,需要先用粗的麻布或棉布包裹住粪肥,用绳子绑紧后再放入水里,这样可以避免杂草种子进入花园。注意:切勿把新鲜粪肥直接撒到花园里,否则植物会被灼伤。

5. 安全事项

18升的大桶很适合制作苜蓿茶或粪肥茶,不过考虑到年龄较小的儿童可能会掉到里面溺亡,我们建议你选择小一点的容器。

感觉很好

1. 概念

(1)土壤由各种物质组成,有助于植物生长。

(2)土壤中的一些物质可以为植物保持水分。

(3)土壤中的一些物质有助于排水。

2. 材料

感官桌或大的盆子、生长介质(如泥炭藓、珍珠岩、砂土、黏土、表土等)、水、手工工具(如小泥铲和松土耙)、桶或其他容器。

3. 描述

(1)一次只用一种介质,让儿童探索这种材料的具体特点。把这种介质装到感官桌或盆子里。

(2)如有必要,加一些水。对于含有灰尘的珍珠岩和泥炭藓等材料,一定要加一些水,从而避免儿童吸入太多的灰尘。对于其他物质(如表土、砂土和黏土），儿童可以在干燥和湿润的情况下进行探索。

（3）让儿童自己动手或使用工具来探索这些材料，向他们提问，鼓励他们进一步观察和思考。帮助他们一起研究这些介质有利于吸水还是排水，水如何影响这些介质。

（4）在儿童探究完一种介质后，把它倒掉，再更换另一种介质。

4. 延伸

用几个盆子装不同的介质材料，让儿童比较它们的不同质地和属性。

5. 安全事项

确保儿童不把这些材料放进嘴巴。

覆盖物也疯狂

1. 概念

（1）种下植物后铺一层覆盖物，有利于土壤保持水分。

（2）种下植物后铺一层覆盖物，有利于控制杂草生长。

（3）很多材料都可以作为覆盖物。

（4）覆盖物的效果因使用材料的不同而不同。

2. 材料

幼苗、土壤、铁锹或小泥铲、旧报纸、稻草、木屑、清理的杂草、咖啡渣、碎布条、黑色塑料、水、量杯或浇水壶、洒水器、小尺子。

3. 描述

（1）让儿童带一张便条回家，问一下家长能否捐一些清理出来的杂草、咖啡渣、碎布条和旧报纸。

（2）为了开展这项活动，选一些幼苗并种到花园里，找一个已经清理杂草但没有铺覆盖物的区域。给这些幼苗浇水，如果面积较大，可以用洒水器。如果是容器花园，每个容器都一样大，可以用量杯或小的浇水壶，给每个容器加入等量的水。

（3）让儿童探索用于覆盖物的各种材料，可以试试铺报纸，在幼苗的位置开一个孔，或者尝试其他的传统做法，如使用木屑、稻草、清理的杂草、咖啡渣、黑色塑料和碎布条。鼓励儿童提出有创意的想法并大胆尝试。

（4）向儿童示范如何在幼苗周围而不是上面铺覆盖物。把花园平均分成几个区域，让儿童在每个区域铺一种材料。如果每个区域的覆盖物的厚度一样，那么实验效果就最好。给儿童小尺子，测量所铺材料的厚度。

（5）与儿童一起画花园的草图，标注好每个区域所铺覆盖物的材料。

（6）提醒儿童每天观察每个区域的水量，看看哪一种覆盖物在保持水分方面效果最好。

（7）协助儿童观察每个区域的杂草，并数一下数量有多少。两周后制作一个图表，展示覆盖物的类型，以及所对应区域的杂草数量。

（8）与儿童讨论这些发现结果，鼓励他们从中总结出一些结论，或者重复实验，确保结果的准确性。

4. 延伸

（1）参考野外指南，识别花园里所发现的杂草。制作一份杂草日志，把杂草压制成标本，贴在照相纸上，在旁边附上相关信息和儿童关于杂草的口述。

（2）比较铺覆盖物和没铺覆盖物的区域有什么差异。

5. 安全事项

如果儿童使用铁锹来铺覆盖物，成人需要在旁边照看好他们，避免其他孩子和植物受到伤害。

测量

1. 概念

（1）植物需要水才能生存。

（2）雨量计可以测量雨水。

（3）雨量计有不同的大小和类型。

（4）降雨量可以用折线图表示。

2. 材料

两三种不同大小和类型的雨量计、图表纸或花园日志、马克笔。

3. 描述

准备：在开始活动前，你需要购买或借两三种不同大小和类型的雨量计（安装在围栏上、安装在地面上、数字比较大、易于查看数值等）。

（1）把雨量计放在花园周围的不同地方，让儿童参与进来，告诉他们在玩耍时不要碰到雨量计或把里面的水倒出来，这样测量的结果才会准确。

（2）让儿童每天检查一下雨量计，向他们示范如何根据水位进行读数。比较不同雨量计的水位，看看它们测量的降雨量是否一致，之后再给儿童示范如何清空雨量计，为下一次测量雨水做准备。

（3）在花园日志、地板书或图表纸上，把2~4周内的降雨量绘制成折线图。如果这段时间没有降水，可以让儿童观察干燥对植物的影响。在花园日志或地板书中把这个情况记录下来，然后让儿童给花园浇水。

（4）如果一直都没有降水，你需要用洒水器来给花园浇水。检查一下雨量计，看看洒水器的水量是否均匀。

4. 延伸

在雨天组织一次徒步，告知家长为儿童准备好雨鞋、雨衣和雨伞。你可以从一开始就着手准备各种雨具，这样随时可以有备用的雨鞋和雨衣，以便在这种活动中使用。在第一个下雨天，你可以调整计划，出去徒步一下，让儿童注意雨水的声音、气味和感觉。徒步时还可以唱一唱关于雨天的歌曲，例如"如果所有的雨滴都是柠檬汁和口香糖"或"下雨了，倾盆大雨"。回到教室后，让儿童口述刚才的经历，让他们估计一下雨量计里有多少雨水。在雨停后，带儿童到外面检查雨量计，看他们估计的是否准确。

探索花园的生物

地下深处的统治者

1. 概念

（1）蚯蚓吃纸张和其他我们不要的食物。

（2）蚯蚓需要在湿润的环境里生存。

（3）它们摄入的食物会转化为植物喜欢的营养丰富的肥料。

（4）用蚯蚓堆肥称为蚯蚓养殖。

（5）我们必须定期为蚯蚓提供食物和水分，让它们保持健康。

2. 材料

较浅的大容器（20~30厘米深，例如储物箱或镀锌材质的洗衣盆）、纸张或报纸的碎片、一杯土、水、0.5千克重的红蚯蚓（为蚯蚓堆肥箱购买一些红蚯蚓，你可以在网上找到相关资料。不要买其他类型的蚯蚓，因为它们可能有非常具体的生存要求，你不一定能满足）。

3. 描述

（1）让儿童在容器里加入一些碎纸片。

（2）指导儿童在纸片上均匀浇水，每次一杯，让纸片完全湿透，又不能让容器的底部有积水，这些混合物称为蚯蚓床。

（3）加一杯土，帮助蚯蚓消化这些纸片。

（4）与儿童一起研究蚯蚓。可能儿童很想把蚯蚓抓起来观察，这个步骤得花费一些时间。给儿童示范如何轻轻地把蚯蚓拿起来，把手掌张开并伸平，让蚯蚓在手掌上爬行。仔细观察一下这些蚯蚓，注意其中一端小的带状东西（环带），讨论一下蚯蚓爬在手上的感觉如何。

（5）把蚯蚓放回容器，用一块重一点的塑料板或盖子盖在容器上。（如果你用的盖子不通风，可以在上面打几个小孔，这样蚯蚓就可以获得氧气。）

（6）在接下来的一段时间内，蚯蚓不会出现太大问题，因为它们可以吃那些碎纸片。不过，很快儿童就需要为蚯蚓添加新的食物。你可以用蔬菜和水果的残余、蛋壳、吃剩的面包或谷物制品来喂养它们，不要用乳制品或肉类产品，这样会引来害虫。儿童往堆肥箱里添加食物时，尽量把食物埋在一部分纸片的下面，定期换一个位置，这样每次可以把食物放在不同的地方。

（7）堆肥箱里要保持湿润状态。你添加的食物会含有一些水分，所以当心不要加水过量。有一个很好的方法，就是让儿童用喷壶往箱里喷水。

（8）当你看到蚯蚓床上有很多精细的黑色蚯蚓肥时，就可以把蚯蚓拿走，让它们继续在其他地方堆肥。（你也可以把整个混合物，连同蚯蚓一起放进花园里。）为了把蚯蚓从肥料中分离出来，可以把一小堆一小堆的肥料放在一个大的塑料板上，用明亮的灯照射每一堆肥料，蚯蚓会从光照处爬向阴暗处。（这个过程需要一点时间，不过儿童很喜欢。）慢慢地把堆肥刮掉，给蚯蚓充足的时间爬出去，最后你会得到一大堆蚯蚓。把这些肥料放到花园里，再把这些蚯蚓放进一个新的堆肥箱。

> 备注：唱一唱下面的这首有关蚯蚓的歌来加快这个过程。
> "蚯蚓、蚯蚓、快躲光。蚯蚓、蚯蚓、快跑光。"
> （Worms, worms, run from the light. Worms, worms, get out of sight.）

4. 安全事项

儿童在抓蚯蚓或堆肥材料之前和之后一定要记得洗手。

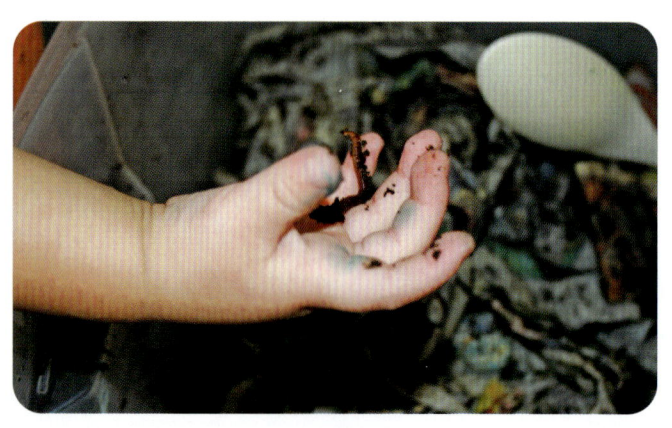

潮湿路滑

1. 概念

（1）蚯蚓需要水分才能生存。

（2）蚯蚓会向有水分的地方移动。

2. 材料

蚯蚓、纸巾、边缘较浅的大盘子、水。

3. 描述

（1）让儿童弄湿纸巾，保持湿润的状态就可以了，但不要滴水。把纸巾铺开，覆盖盘子的一半空间，再放一张干的纸巾，让干、湿纸巾的边缘碰在一起。

（2）把几只蚯蚓放在盘子里，让它们身体的一部分在干纸巾上，另一部分在湿纸巾上。观察这些蚯蚓，讨论：它们会去哪里？它们会做什么？它们是否会待在原地不动或爬到其中一张纸巾上？

（3）把蚯蚓拿起来，再重复一遍这个实验。这次在每一张纸巾上各放一些蚯蚓，有一些蚯蚓在湿纸巾上，有一些蚯蚓在干纸巾上，观察接下来会发生什么。

4. 延伸

每次拿一只蚯蚓进行实验，使用计时器，看看它们需要多长时间才能爬到其中一边。5分钟后，数一数每张纸巾上有几只蚯蚓。

5. 安全事项

在做蚯蚓实验时，主要的安全问题在于蚯蚓本身。我们让儿童接触鲜活的生物时，必须向他们示范如何尊重生命。年龄较小的儿童在接触蚯蚓等弱小的生物时，需要成人在旁边密切照看。注意不要让蚯蚓在纸张上待太久，因为纸会变干，蚯蚓也会跟着变干。

谁怕黑

1. 概念
（1）相比光亮的地方，蚯蚓更喜欢黑暗的地方。
（2）蚯蚓会向远离光线的地方移动。

2. 材料
蚯蚓、边缘较浅的盘子或箱子（蛋糕烤盘是一个不错的选择）、硬纸板或深色的纸、纸巾、水。

3. 描述
（1）让儿童弄湿纸巾，把纸巾铺在箱子或盘子的底部。
（2）用硬纸板或深色的纸盖住盘子或箱子的一半，以遮挡光线，另一半不用盖。

（3）把几只蚯蚓放在箱子的中间，观察并讨论你所看到的情况，蚯蚓会去哪里呢？
（4）当你观察到这些蚯蚓已经决定去哪里的时候，把它们放回原处，再拿另一些蚯蚓来进行实验，这些新来的蚯蚓是否会做相同的事情？

4. 延伸
把你观察到的结果画在一张图表上，一边标上"光亮"，一边标上"黑暗"，根据每只蚯蚓所喜欢的地方，在相应的一边做好标记，对比一下结果。

5. 安全事项
与前面的活动类似，在做蚯蚓实验时，主要的安全问题在于蚯蚓本身。当我们让儿童接触鲜活的生物时，必须向他们示范如何尊重生命。年龄较小的儿童在接触蚯蚓等弱小的生物时，需要成人在旁边密切照看。注意不要让蚯蚓在纸张上待得太久，因为纸会变干，蚯蚓也会跟着变干。

触摸体验

1. 概念

（1）蚯蚓对触摸有反应。

（2）蚯蚓身体的某些部位比其他部位对触摸更敏感。

（3）蚯蚓的带状区域称为环带。

2. 材料

蚯蚓、湿纸巾。

3. 描述

（1）把蚯蚓放在湿纸巾上，观察它在做什么。

（2）轻轻地摸一下蚯蚓的头、身体中部以及尾部。（蚯蚓的尾部是尖的，头部距离环带区域最近。）

（3）讨论一下蚯蚓的哪个部位被触摸时反应最激烈，哪个部位反应最不激烈。

（4）换不同的蚯蚓进行实验，看看结果是否一致。

4. 延伸

在图表上记录结果，把图表分成三个部分，分别标上"头""中部"和"尾部"。根据每只蚯蚓的情况，把它们反应最激烈的部位记录下来，比较一下几只蚯蚓的实验结果。

5. 安全事项

与前面的活动类似，在做蚯蚓实验时，主要的安全问题在于蚯蚓本身。当我们让儿童接触鲜活的生物时，必须向他们示范如何尊重生命。年龄较小的儿童在接触蚯蚓等弱小的生物时，需要成人在旁边密切照看。注意不要让蚯蚓在纸张上待得太久，因为纸会变干，蚯蚓也会跟着变干。

观鸟背包

1. 概念

（1）通过大小、形状、颜色和行为，可以识别鸟类。

（2）食物、庇护所和水可以吸引鸟类。

（3）一些鸟类生活在一个国家的某些地区。

（4）同一个种类的雄鸟和雌鸟通常颜色不同。

2. 材料

双肩背包或其他小的手提包、带彩色照片或图片的野外指南（见附录1）、放大镜、尺子或小的卷尺、彩色铅笔、速写本或无格子的小笔记本、双筒望远镜（儿童款或成人款）。

3. 描述

（1）把所有的材料统一放在背包或其他便携式容器里。

（2）以小组的形式向儿童介绍背包里的材料，讨论如何在操场上观察小鸟，示范如何使用背包里的材料。给儿童一些时间练习如何使用望远镜，如何用放大镜观察事物，如何用尺子或卷尺测量教室里常见物品的长度。

（3）给儿童看一看野外指南，告诉他们这本书可以帮助他们了解在户外所看到的鸟类，展示这本书的主要部分（如区域地图、图画或照片）。让儿童说出之前在操场上看到的小鸟的名字，在目录页查找这种鸟所在的页数，给儿童阅读文章里的内容。随后让大家特别注意这只鸟的关键信息，如大小、身体特征、行为、饮食、叫声以及雌雄鸟之间的差异。

（4）让儿童用彩色铅笔和速记本记录尽可能多的鸟类细节，如颜色、特别的标志或其

他的关键特征。儿童还可以画羽毛、掉落的鸟巢或在步道和操场上发现的空蛋壳。

（5）向儿童说明观鸟背包可以在户外任何时间自由使用，不过要在回到室内前把所有的材料放回背包。（你可以附上一份过塑的物品清单，列出应该放在包里的所有物品。）告诉儿童如何安静地坐在花园、鸟浴盆或喂鸟器的旁边，等待鸟儿飞过来。

（6）在下一次计划户外游戏时，提醒儿童关于观鸟背包的事。（根据小组人数和儿童的兴趣程度，你可以做一张签到表，让儿童轮流使用背包。）记住，鸟儿在一天中较早的时候更活跃，因而更容易被发现。把你的喂鸟器装满，把鸟浴盆换好水，这样可以吸引到更多的小鸟。你可以跟儿童讨论这些事宜，鼓励他们承担这方面的责任，照看和维护好喂鸟器及鸟浴盆。

（7）在必要时，协助儿童使用野外指南，记录重要数据，绘制草图，并得出结论。当你和儿童一起观鸟时，要注意鸟儿的行为。它是在跳跃、行走，还是奔跑？它是爬上树干，还是头朝下爬下来？它是吃喂鸟器里的食物，还是在地面上寻找虫子？教儿童使用野外指南，把这些信息作为识别鸟类的重要依据。

（8）在接下来的几周里，以小组或大组的形式讨论他们的观察结果。

4. 延伸

（1）增加一台照相机，这样儿童可以把他们所发现的东西拍下来。

（2）策划一次外出实地考察，拜访当地宠物店的鸟类专区或鸟类保护区，观察、研究和绘制各种不同的鸟类。

（3）在熟悉你所在区域的常见鸟类后，制作一个图表，展示在花园或操场附近观察到的鸟类。把这个图表挂在户外，每次去操场时都带上。鼓励儿童在校园里每当看到一只鸟时，就在图表上相应鸟类的旁边做一个标记。一周后，数一下标记的总数，并讨论相关结果。

（4）用木材、塑料瓶和其他可回收材料，做一个喂鸟器并挂在花园里。

（5）尝试用不同的鸟食，看看能否吸引新的鸟类到你的花园。

（6）把纱线、绳子、棉纸或布料的碎片，放在喂鸟器旁的一个小盒子里，看看小鸟是否会利用这些材料筑巢。

5. 安全事项

在观鸟时不要打扰它们。观察带幼鸟的亲鸟时，需要格外小心。每次在儿童接触羽毛、鸟巢、蛋壳或鸟类尸体后，必须要求他们彻底把手洗干净。

寻找生物

1. 概念

（1）蚯蚓移动时通过吞食土壤钻进地下。

（2）蚯蚓、球潮虫、潮虫和蚂蚁需要水分才能生存。

（3）球潮虫和潮虫属于节肢动物，但不属于昆虫。

（4）球潮虫会卷起来保护自己，潮虫会跑掉。

2. 材料

铁锹或小泥铲、装小生物的容器、观察用的较浅的托盘或烤盘、放大镜、纸张和铅笔、参考书目。

参考书目如下所示。

Insects (Golden Guide) by Clarence Cottam and Herbert Zim (St. Martin's Press, 2002)

National Wildlife Federation Field Guide to Insects and Spiders & Related Species of North America by Arthur V. Evans (Sterling, 2007)

Wiggling Worms at Work by Wendy Pfeffer (HarperCollins, 2004)

National Audubon Society First Field Guide: Insects by Christina Wilsdon (Scholastic, 1998)

Those Amazing Ants by Patricia Brennan Demuth (Simon & Schuster, 2012)

Yucky Worms by Vivian French (Candlewick Press, 2010)

Garden Wigglers: Earthworms in Your Backyard by Nancy Loewen (Picture Window Books, 2006)

3. 描述

（1）让儿童走进户外，在操场或花园里寻找小生物，把他们认为可能发现的小生物的样子以及发现的地点画下来。

（2）走出去找一找可能发现小生物的地方。如果没有，试着在潮湿的地方看一看，如岩石或木板的下面、腐烂的木头或水泥裂缝里，以及潮湿的垃圾堆里。你可能会发现潮虫、球潮虫和蚯蚓。在雨后潮湿的人行道上，或直接在花园里挖土，都有可能发现蚯蚓。小一点的蚯蚓会靠近土壤表层，而大一点的蚯蚓则在土壤更深处。在不影响植物生长的情况下，可以用铁锹或小泥铲向下挖 15~30 厘米深的土。

（3）你也可以寻找蚂蚁的痕迹，跟着它们看看能否发现蚁群。蚁穴通常建在松软干燥的土壤上。如果发现蚁穴，一定要告诉儿童不要踩踏或打扰它们，那个小山丘是蚂蚁的家，没有人希望自己的家园被毁掉。

（4）一旦找到一些小生物，对每一种类型都小心收集一些，用于当天的学习。在靠近这些小生物的地方，放置一个自制的容器（如盖子上有孔的婴儿食品罐），然后把这些小生物装进去。

（5）把它们带到教室里、旁边的餐桌或地垫上进行观察。通常把它们的"自然栖息地"一起带上是很有必要的，比如腐烂的树皮、潮湿的叶子或者一块湿润的土壤。不知所措的小生物可能会找地方躲起来，观察它们的这种行为，可以增加儿童的学习体验。蚯蚓、潮虫和球潮虫可以被安全地放在儿童张开的手掌上。

（6）在观察区域，你可以把这些小生物从容器里拿出来，放在较浅的托盘上进行观察。餐厅用的旧托盘或饼干盒都很适合，也可以用鞋盒的盖子。要鼓励儿童用放大镜进行观察。

（7）为儿童提供纸张和铅笔记录他们所观察到的情况。如果是在户外的地垫上，可以给他们准备写字板或大的、平整的书垫在纸张的下面，这样他们更容易进行书写和绘画。这些记录材料都可以直接放进花园日志或地板书。

（8）让儿童记录一些关键信息，如身体部位、颜色、外观和行为，这样他们可以更仔细地进行观察。年龄较大的儿童可以选择两种不同的生物进行比较，比如潮虫和球潮虫。对于那些还无法写字的儿童，可以把他们的口述记下来。

（9）为儿童提供参考书目，查找和阅读他们所发现关于生物的书籍。他们可以跟同伴们分享有些内容，并将其添加到绘画作品里。

（10）在当天结束时，把这些生物放回原处，保护它们的生命及校园周围的自然环境。在观察它们时，要确保满足它们的基本需求，比如，如果没有湿纸巾和土壤提供水分，蚯蚓就会脱水而死。要关注这些生物的需求，并将其放回原来的自然栖息地，让儿童知道如何尊重生命。

4. 延伸

（1）在小组讨论时，让儿童用肢体语言向其他人描述所观察的生物。

（2）在教室里着手打造蚯蚓堆肥箱。

（3）帮助儿童用锤子和钉子在回收的奶油罐盖子上打几个孔，制成装小生物的容器，让他们带回家。

5. 安全事项

密切照看好儿童，确保他们没有打扰到那些可能带来伤害的昆虫，如蜜蜂、黄蜂、咬人的蚂蚁。在儿童用铁锹时要更加注意，提醒他们拿铁锹时前端要指向地面。在室内观察蚂蚁时，不要把它们放出容器，否则它们会跑到教室的其他地方。婴儿食品玻璃罐掉在地上会破碎，应该要小心，不要让儿童带着这种玻璃罐回家。

近距离接触昆虫

1. 概念

（1）昆虫是节肢动物。

（2）昆虫的成长过程称为变态。

（3）卵、幼虫、蛹、成虫是变态的几个阶段。

（4）昆虫有6条腿。

（5）每一种昆虫都有坚硬的外骨骼，覆盖身体的每个部位。

（6）昆虫的每一个目或组都有其独有的特征。

（7）蝴蝶和瓢虫对植物是有益的。

（8）昆虫的身体分为头、胸、腹三个部分。

2.材料

昆虫卵或幼虫（瓢虫、蝴蝶和蚂蚁是很好的研究对象，因为它们早晚会在你的花园里出现。瓢虫和蝴蝶的卵或幼虫，可以从教育供应目录上订购。蚂蚁可以从各种渠道找到）、盖子有小孔的透明观虫器或网笼、放大镜、纸张和彩色铅笔或蜡笔、昆虫喜欢的食物（新鲜的叶子、植物、水果、用糖水浸泡过的棉球或蜂蜜）、参考书目（见附录1）。

3.描述

（1）仔细阅读相关说明，在开展项目前研究这些昆虫的需求。提前计划好如何以及何时把这些昆虫放回自然环境，这个会影响你的时间安排，例如把这些鲜活的昆虫在寒冷的冬天放到户外是不合适的。切记，你的目标之一是让儿童学会尊重生命。

（2）当收到这些昆虫后，你需要跟儿童介绍这个项目。仔细按照说明进行操作，确保这些昆虫能变为成虫。

（3）在整个项目过程中，要确保在儿童身边准备足够多的资料，因为他们会很积极地了解关于这些到访者的一切信息。可以考虑提供一些科幻类和纪实类的图书、网址、海报和昆虫的立体模型。研究昆虫如何与植物相互作用，对植物有害还是有益，以及它喜欢什么类型的植物。

（4）在安全的地方，将观虫器放置在儿童的视线水平上，一个坚固的架子或桌子都是不错的选择。一些装蝴蝶的网笼需要挂在天花板上，要在教室里选一个相对安静的区域，如阅读或科学探索区。

（5）把放大镜放在容器旁，每天给儿童一些时间，以小组形式观察这些昆虫的成长情况。有个方法就是，在这些区域根据可容纳儿童的数量，放置足够多的椅子。太多的儿童挤在笼子周围，可能会引发事故，你应该不希望蚂蚁掉到地上，被踩踏或迅速跑掉。

（6）在昆虫容器旁，摆放一些日志本或写字板，配上白纸和书写工具，这样可以帮助儿童记录昆虫变态的过程。同时可以在旁边贴上画报，展示昆虫生命周期的四个阶段和身体构造。在适当的时候，教给儿童一些词汇，充分利用每个可以开展教学的时刻。把儿童的讨论记录下来，或鼓励他们用自创的拼写方法，把关键的信息写下来，在艺术作品旁进行备注。随着儿童对昆虫有更多的实际了解，他们的画也会变得更加细致。

（7）每天在集体讨论时，让儿童分享他们的观察情况，问大家："今天瓢虫怎么样了？""有谁注意到毛毛虫有什么不一样吗？"把儿童的口述记录下来，注明日期，贴在昆虫容器的旁边。

（8）陪在儿童旁边，与他们一起学习，不要害怕承认你不知道的细节。表现出你的好奇心，为儿童树立榜样，让他们知道如何寻找解决困难的方法。

4. 安全事项

为了昆虫的安全，教育儿童不要摇晃、移动或敲打容器，尤其是玻璃容器。此外，要教会儿童在任何时候都把容器的盖子盖好，防止昆虫跑进教室里。向儿童解释，这些昆虫先待在容器里会比较好，等到合适的时间再把它们放回原本属于它们的大自然。

召集所有蚂蚁！

1. 概念

（1）蚂蚁会寻找食物，并运回自己的巢穴。

（2）蚂蚁更喜欢某一些食物。

（3）蚂蚁是昆虫，昆虫是节肢动物。

2. 材料

鞋盒盖或又大又平的硬纸板、婴儿食品罐或盖子、马克笔、各种食物（如果冻、糖浆、小块碎肉、砂糖、一片酸橙、碎饼干、奶酪碎等）、关于蚂蚁的书目（见附录1）。

3. 描述

（1）使用婴儿食品罐和马克笔，让儿童在盖子或硬纸板上画6个圈。

（2）让儿童把不同类型的食物放在每一个圈里，让他们预测蚂蚁最喜欢的食物是哪一种及其原因，然后在图表或花园日志里把他们的口述记录下来。

（3）与儿童一起把硬纸板或盖子拿进花园，放在一个不会被其他儿童影响或不会被小鸟注意到的地方。你可以问一下儿童之前在花园的什么位置发现蚂蚁或蚁穴，然后把食物放置在那些地方。

（4）让儿童离开那些区域，让蚂蚁注意到这些食物。同时，阅读几本关于蚂蚁和节肢动物的书籍。

（5）定时回看蚂蚁的情况，观察它们的行为。让儿童留意蚂蚁更喜欢吃哪些食物，而碰都不碰哪些食物。

（6）利用昆虫野外指南，识别所吸引的蚂蚁属于哪种类型。

（7）当天反复到那些区域进行观察，了解实验的进展情况，检验儿童的预测，最后确定蚂蚁所偏好的食物。

4. 延伸

（1）让儿童把正在"丰收"的蚂蚁画下来，记录他们的口述。

（2）问一下儿童，蚂蚁是否喜欢其他食物。在接下来的几天里，不断重复实验过程，你甚至可以尝试提供大一点的食物（如一整块全麦面包、半个苹果或一大片奶酪），观看这些食物如何影响蚂蚁的丰收行动，绘制图表，比较结果。

5. 安全事项

在儿童进行观察时，要告诉他们不能打扰蚂蚁，因为有些蚂蚁会咬人。

一步一个脚印

1. 概念

（1）通过踏步石，我们可以知道花园的路在哪里。

（2）人们通常会为花园添加装饰。

2. 材料

洗碗盆或其他搅拌混凝土的容器、混凝土混合物、水、小泥铲、手套、模具（你可以采购混凝土模具或使用塑料存储容器，它们的大小、形状可以不同，但最后做出来的石板应该达到8厘米厚）、植物油、装饰物（如陶瓷块、贝壳、大理石、玻璃球、纽扣、石头）。

3. 描述

（1）让儿童在模具上涂一层薄薄的植物油，这样以后更容易把石板取出来。

（2）把混凝土混合物倒入洗碗盆，数量多少取决于你要做的石板的大小。不必太担心准确性，如果有需要，你可以多做一些。（倒入混凝土时，让儿童往后站，防止他们吸入粉尘。）

（3）让儿童每次加一点水，用小泥铲轻轻搅拌。加入适量的水，让混凝土完全湿透，不要过量，你能用它揉成一个球就可以了。

（4）用混凝土混合物填满模具，把模具在坚硬的物体表面敲几次，使混凝土里的气泡排出来，最后让儿童用小泥铲把顶部铲平。

（5）让儿童在石板上用你选的材料进行装饰。

（6）在从模具里取出石板前，先晾干三天。

（7）备注：大一点的石板应当铺一层金属布或铁丝网，进行加固，把它切得比模具小2.5厘米。先倒入2.5厘米深

的混凝土，铺上铁丝网后，再把剩余的部分填满。

4. 延伸

让儿童用自己的名字、手印或其他小物品，制作个性化的踏步石，再用它们做成一条穿过花园的路径。

5. 安全事项

（1）小心不要吸入混凝土粉尘，你可以戴一个口罩。

（2）成人和儿童在接触混凝土时应该戴手套，因为它可能会刺激皮肤。

（3）如果有些儿童还在不停地往嘴里塞感官材料，那么他们就不能参加这个活动。

这是给小鸟准备的

1. 概念

（1）小鸟需要饮水并用水来洗澡。

（2）人们可以通过淡水来吸引小鸟。

（3）建造鸟浴盆是一种为小鸟提供淡水的有效方式。

2. 材料

洗碗盆或其他搅拌混凝土的大型容器、配有盖子的120升塑料垃圾桶（侧面是直的，这样鸟浴盆比较容易取出来）、混凝土混合物、水管（接在有水源的地方）、小泥铲、手套、旧的轮胎、植物油、铁丝网或金属布（比垃圾桶盖子小2.5厘米）、装饰物（如陶瓷块、贝壳、大理石、玻璃球、纽扣、石头）。

3. 描述

（1）让儿童在垃圾桶盖子里涂一层植物油，这样鸟浴盆完成后可以更容易取出来。另一个方法就是在盖子里铺塑料膜。

（2）让儿童把垃圾桶的盖子放进轮胎里，与之齐平。如果你没有轮胎，可以在地上或沙池里挖一个坑，与盖子保持在一个平面上。

（3）把混凝土倒入洗碗盆，倒的时候让儿童往后站，避免吸入粉尘。你需要足够多的混凝土，以填满整个盖子，从上到下约5厘米。不用过于担心精确度，如有必要，你可以多做一些，多余的部分可以用于踏步石。

（4）让儿童每次加一点水，用小泥铲轻轻搅拌。加入适量的水，让混凝土完全湿透，不要过量，你能用它揉成一个球就可以了。

（5）指导儿童用混凝土混合物填满这个盖子模具，大约2.5厘米深。在混凝土上铺铁丝网或金属布，用力压一下，使其固定在那个位置，然后在铁丝网上再倒入2.5厘米厚的混凝土。（金属布会增强鸟浴盆的强度，避免开裂。）

（6）把垃圾桶立起来，竖直放在盖子里，位于混凝土中间。用力往下压，这样垃圾桶周围的混凝土就会被挤压上来。

（7）用水管在整个垃圾桶里装满四分之一的水。随着你不断往里面加水，垃圾桶的重量会把混凝土压得更深，在鸟浴盆中间形成边缘，像一口井的形状。

（8）用混凝土填满盖子里的空隙，把边缘弄平整。

（9）让儿童在鸟浴盆边缘的外侧，用物品进行装饰，用力将其压进混凝土里。

（10）待混凝土凝固1小时左右、保持形状后，将垃圾桶取走。让儿童装饰鸟浴盆的内部。

（11）将保鲜膜轻轻地铺在混凝土上，让其慢慢变干。把鸟浴盆晾干3天，然后从模具中取出来。把最后成型的鸟浴盆，放在花园里的木桩上或其他坚固的基座上，确保它不会掉下来，或者儿童靠在上面时不会打翻它。

4. 延伸

让儿童定期清洗鸟浴盆，更换里面的水。鼓励他们用图表、绘图、照片和故事记录小鸟使用鸟浴盆的情况。

5. 安全事项

（1）小心不要吸入混凝土粉尘，你在搅拌混凝土时可以戴一个口罩。

（2）成人和儿童在接触混凝土时，应该戴手套和口罩，因为它可能会刺激皮肤。

（3）如果有些儿童还在不停地往嘴里塞感官材料，那么他们就不能参加这个活动。

花园里的 A-B-C

1. 概念

（1）花园里的植物有各种各样的名字。

（2）所有的书都有一些共同的特点（如封面、扉页、装订）。

（3）花园需要各种工具、材料和设施，它们都有名字。

2. 材料

三环活页夹或橡皮箍、26张白纸（按字母表顺序，每页上有一个字母）、三孔打孔器、园艺杂志或种子目录、花园植物的照片、蜡笔或彩色铅笔、剪刀、胶水或胶带、相机或其他花园的图片、花园字母书（见附录1）。

3. 描述

（1）把材料放在桌上，给儿童读一本与花园有关的字母书，然后让他们制作自己的花园字母书。告诉儿童，这本书可以关于维护花园所需的任何东西或现在花园里的任何植物。

（2）帮助儿童制作书的封面和扉页，写上书名、作者和"出版社"（例如你的学校或班级的名字)。

（3）让每一名儿童从字母表上选一个字母（如他们姓氏的首字母）。

（4）让儿童想一想曾经在花园里看到的一种植物、园艺工具、生物或活动。例如，他们可能想用蚂蚁（ants）代表字母"A"，球茎植物（bulbs）代表字母"B"，松果菊（coneflower）代表字母"C"。

（5）让儿童把所选的单词，写在带字母的那张白纸上。如果一些儿童不会写字，教师可以替他们写。你也可以向他们示范如何把单词打印出来并剪贴到那张白纸上。

（6）让儿童从园艺目录或杂志中，把他们的植物或花园的相关单词所对应的图片剪下来。如果没有这样的照片，儿童可以自己画，或用数码相机拍照片后贴在那张白纸上。把花园日志里拍摄的照片进行复制也可以。

（7）每个儿童画好或粘好图片后，就可以找下一个物品了，可以从原来的那个字母开始，也可以从新的字母开始。

（8）等胶水干了，所有的页面都完成了，就可以把它们用三环活页夹进行装订，或用金色的双脚钉固定在一起。如果你没有三孔打孔器，磁铁相册也可以制作成一本很好的书，而且不用等胶水变干。

（9）把制作完的书放在阅读区，让书的"作者"在接下来的一周，将书分享给其他儿童、家长以及访客。

4. 延伸

与一些儿童一起，带一套字母卡片到花园里，进行寻宝游戏［每张卡片上有一个字母，并配有这个字母所表示的事物的图片，如"A"表示鳄鱼（alligator）］。给每一名儿童一张卡片，让他们找一找花园里以这个字母开头的植物或物品，例如"D"表示尘土（dirt），"S"表示洒水器（sprinkler），"Z"表示百日草（zinnias）。如果儿童愿意的话，你还可以把这些发现作为新的记录内容，并添加到字母书里。

附录 1
有关花园及其动植物的儿童读物

注意：星号 * 说明这本书的文本很简单，适合婴幼儿，同时里面有很多非常好的图片，同样适合年龄较大的儿童。

科幻类

Bugs: Insects, Spiders, Centipedes, Millipedes, and Other Closely Related Anthropods by Frank Lowenstein and Sheryl Lechner (Black Dog and Leventhal Publishers, 1999)

Bugs! Bugs! Bugs! by Bob Barner (Chronicle Books, 1999)

Bugs for Lunch by Margery Facklam (Charlesbridge, 1999)

The Carrot Seed by Ruth Krauss (HarperCollins, 1945)

City Green by DyAnne DiSalvo-Ryan (Marrow Junior Books, 1994)

Compost Stew: An A to Z Recipe for the Earth by Mary McKenna Siddals (Tricycle Press, 2010)

Counting Is for the Birds by Frank Mazzola Jr. (Charlesbridge, 1997)

The Curious Garden by Peter Brown (Little, Brown and Company, 2009)

Flower Garden by Eve Bunting (Harcourt, 1994)

From Caterpillar to Butterfly by Deborah Heiligman (HarperCollins, 1996)

The Gardener by Sarah Stewart (Square Fish, 1997)

Growing Vegetable Soup by Lois Ehlert (Harcourt, 1987)*

How Groundhog's Garden Grew by Lynne Cherry (Blue Sky Press, 2003)

In the Garden with Van Gogh by Julie Merberg and Suzanne Bober (Chronicle, 2002)*

Inch by Inch: The Garden Song by David Mallett (HarperCollins, 1995)

Jack's Garden by Henry Cole (Greenwillow Books, 1995)

The Little Red Hen and the Ear of Wheat by Mary Finch (Barefoot Books, 1999)

The Magic School Bus Gets Ants in Its Pants: A Book about Ants by Joanna Cole (Scholastic, 1996)

One Bean by Anne Rockwell (Walker Publishing Company, 1998)

One Hundred Hungry Ants by Elinor J. Pinczes (Houghton Mifflin, 1993)

Our Community Garden by Barbara Pollak (Beyond Words Publishing, 2004)

Our School Garden by Rick Swann (Readers to Eaters, 2012)

Princess Chamomile's Garden by Hiawyn Oram (Dutton Children's Books, 2000)

Rah, Rah, Radishes! A Vegetable Chant by April Pulley Sayre (Beach Lane Books, 2011)*

Sunflower House by Eve Bunting (Harcourt Brace and Company, 1996)

This Year's Garden by Cynthia Rylant (Aladdin Paperbacks, 1984)

Tiny Green Thumbs by C. Z. Guest (Hyperion Books for Children, 2000)

Tops and Bottoms by Janet Stevens (Harcourt, 1995)

Two Bad Ants by Chris Van Allsburg (Houghton Mifflin, 1988)

The Ugly Vegetables by Grace Lin (Charlesbridge, 1999)

Water, Weed, and Wait by Edith Hope Fine and Angela Demos Halpin (Tricycle Press, 2010)

Weslandia by Paul Fleischman (Candlewick Press, 1999)

纪实类

Ants by Cheryl Coughlan (Pebble Books, 1999)*

Ant Cities by Arthur Dorros (HarperCollins, 1987)

附录 1
有关花园及其动植物的儿童读物

注意：星号 * 说明这本书的文本很简单，适合婴幼儿，同时里面有很多非常好的图片，同样适合年龄较大的儿童。

科幻类

Bugs: Insects, Spiders, Centipedes, Millipedes, and Other Closely Related Anthropods by Frank Lowenstein and Sheryl Lechner (Black Dog and Leventhal Publishers, 1999)

Bugs! Bugs! Bugs! by Bob Barner (Chronicle Books, 1999)

Bugs for Lunch by Margery Facklam (Charlesbridge, 1999)

The Carrot Seed by Ruth Krauss (HarperCollins, 1945)

City Green by DyAnne DiSalvo-Ryan (Marrow Junior Books, 1994)

Compost Stew: An A to Z Recipe for the Earth by Mary McKenna Siddals (Tricycle Press, 2010)

Counting Is for the Birds by Frank Mazzola Jr. (Charlesbridge, 1997)

The Curious Garden by Peter Brown (Little, Brown and Company, 2009)

Flower Garden by Eve Bunting (Harcourt, 1994)

From Caterpillar to Butterfly by Deborah Heiligman (HarperCollins, 1996)

The Gardener by Sarah Stewart (Square Fish, 1997)

Growing Vegetable Soup by Lois Ehlert (Harcourt, 1987)*

How Groundhog's Garden Grew by Lynne Cherry (Blue Sky Press, 2003)

In the Garden with Van Gogh by Julie Merberg and Suzanne Bober (Chronicle, 2002)*

Inch by Inch: The Garden Song by David Mallett (HarperCollins, 1995)

Jack's Garden by Henry Cole (Greenwillow Books, 1995)

The Little Red Hen and the Ear of Wheat by Mary Finch (Barefoot Books, 1999)

The Magic School Bus Gets Ants in Its Pants: A Book about Ants by Joanna Cole (Scholastic, 1996)

One Bean by Anne Rockwell (Walker Publishing Company, 1998)

One Hundred Hungry Ants by Elinor J. Pinczes (Houghton Mifflin, 1993)

Our Community Garden by Barbara Pollak (Beyond Words Publishing, 2004)

Our School Garden by Rick Swann (Readers to Eaters, 2012)

Princess Chamomile's Garden by Hiawyn Oram (Dutton Children's Books, 2000)

Rah, Rah, Radishes! A Vegetable Chant by April Pulley Sayre (Beach Lane Books, 2011)*

Sunflower House by Eve Bunting (Harcourt Brace and Company, 1996)

This Year's Garden by Cynthia Rylant (Aladdin Paperbacks, 1984)

Tiny Green Thumbs by C. Z. Guest (Hyperion Books for Children, 2000)

Tops and Bottoms by Janet Stevens (Harcourt, 1995)

Two Bad Ants by Chris Van Allsburg (Houghton Mifflin, 1988)

The Ugly Vegetables by Grace Lin (Charlesbridge, 1999)

Water, Weed, and Wait by Edith Hope Fine and Angela Demos Halpin (Tricycle Press, 2010)

Weslandia by Paul Fleischman (Candlewick Press, 1999)

纪实类

Ants by Cheryl Coughlan (Pebble Books, 1999)*

Ant Cities by Arthur Dorros (HarperCollins, 1987)

附录 1　有关花园及其动植物的儿童读物

Bees by Kevin J. Holmes (Bridgestone Books, 1998)*

Birds: A Guide to Familiar Birds of North America (Golden Guide) by Herbert S. Zim and Ira N. Gabrielson (St. Martin's Press, 2001)

Bugs! by Christopher Nicholas (McClanahan Book Company, 1998)

Bugs, Bugs, Bugs! by Mary Reid and Betsey Chessen (Scholastic, 1998)*

Bumble Bees by Cheryl Coughlan (Pebble Books, 1999)*

Butterflies by Kevin J. Holmes (Bridgestone Books, 1998)*

Butterflies and Moths (Golden Guide) by Robert T. Mitchell and Herbert S. Zim (St. Martin's Press, 2002)

A Butterfly Is Patient by Dianna Hutts Aston (Chronicle Books, 2011)

Composting: Nature's Recyclers by Robin Michal Koontz (Picture Window Books, 2007)

Down to Earth: Garden Secrets! Garden Stories! Garden Projects You Can Do! by Michael J. Rosen (Harcourt Brace, 1998)

Earthworms by Kevin J. Holmes (Bridgestone Books, 1998)*

Eyewitness: Bird by David Burnie (DK Publishing, 2008)

Eyewitness: Butterfly and Moth by Paul Whalley (DK Publishing, 2012)

Eyewitness: Insect by Laurence Mound (DK Publishing, 2007)

Eyewitness: Plant by David Burnie (DK Publishing, 2011)

Flowers by Gail Saunders-Smith (Pebble Books, 1998)*

Flowers: A Guide to Familiar American Wildflowers by Herbert S. Zim and Alexander C. Martin (Golden Press, 1987)

From Flower to Honey by Robin Nelson (Lerner Publications Company, 2003)

From the Garden: A Counting Book about Growing Food by Michael Dahl (Picture Window Books, 2004)

From Seed to Plants by Gail Gibbons (Holiday House, 1991)

Garbage Helps Our Garden Grow: A Compost Story by Linda Glaser (Millbrook

Press, 2010)

Garden Wigglers: Earthworms in Your Backyard by Nancy Loewen (Picture Window Books, 2006)

A Handful of Dirt by Raymond Bial (Walker and Company, 2000)

Insects (Golden Guide) by Clarence Cottam and Herbert S. Zim (St. Martin's Press, 2002)

It Could Still Be a Flower by Allan Fowler (Children's Press, 2001)

It's Our Garden: From Seeds to Harvest in a School Garden by George Ancona (Candlewick Press, 2013)

Ladybugs by Cheryl Coughlan (Pebble Books, 1999)*

National Audubon Society First Field Guide: Insects by Christina Wilsdon (Scholastic, 1998)

Oh Say Can You Seed? All about Flowering Plants by Bonnie Worth (Random House, 2001)

Plant Secrets by Emily Goodman (Charlesbridge, 2009)

Ready Set Grow! Quick and Easy Gardening Projects by DK Publishing (DK Publishing, 2010)

A Seed Is Sleepy by Dianna Hutts Aston (Chronicle Books, 2007)

Seeds by Gail Saunders-Smith (Pebble Books, 1998)*

Spiders by Gail Gibbons (Holiday House, 1993)

Sunflower Houses: Inspiration from the Garden—A Book for Children and Their Grown-Ups by Sharon Lovejoy (Workman Publishing, 2001)

Those Amazing Ants by Patricia Brennan Demuth (Simon and Schuster, 1994)

The Vegetables We Eat by Gail Gibbons (Holiday House, 2007)

Very First Things to Know about Ants by Patricia Grossman (Workman Publishing, 1997)

Weeds (Golden Guide) by Alexander C. Martin (Golden Press, 1972)

What Do Insects Do? by Susan Canizares and Pamela Chanko (Scholastic, 1998)*

What Do Roots Do? by Kathleen V. Kudlinski (NorthWord Books, 2005)

Where Butterflies Grow by Joanne Ryder (Lodestar Books, 1989)

Where Do Insects Live? by Susan Canizares and Mary Reid (Scholastic, 1998)*

Wiggling Worms at Work by Wendy Pfeffer (HarperCollins, 2004)

Yucky Worms by Vivan French (Candlewick Press, 2010)

字母书

The ABC's of Fruits and Vegetables and Beyond by Steve Charney and David Goldbeck (Ceres Press, 2007)

The Butterfly Alphabet Book by Brian Cassie and Jerry Pallotta (Charlesbridge, 1995)

Eating the Alphabet: Fruits and Vegetables from A to Z by Lois Ehlert (Harcourt, 1989)

An Edible Alphabet: 26 Reasons to Love the Farm by Carol Watterson (Tricycle Press, 2011)

The Flower Alphabet Book by Jerry Pallotta and Leslie Evans (Charlesbridge, 1988)

A Garden Alphabet by Isabel Wilner (Dutton Children's Books, 1991)

A Gardener's Alphabet by Mary Azarian (Houghton Mifflin, 2000)

The Vegetable Alphabet Book by Jerry Pallotta and Bob Thompson (Charlesbridge, 1992)

The Yummy Alphabet Book: Herbs, Spices, and Other Natural Flavors by Jerry Pallotta (Charlesbridge, 1994)

适合婴幼儿的地板书

My Garden/Mi Jardin by Rebecca Emberley (Little, Brown and Company, 2005)

A Green, Green Garden by Mercer Mayer (Harper, 2011)

In the Garden by Leslie Bockol (Innovative Kids, 2009)

In the Garden by Elizabeth Spurr (Peachtree, 2012)

The Little Composter by Jan Gerardi (Random House Children's Books, 2010)

The Little Gardener by Jan Gerardi (Random House Children's Books, 2012)

My First Garden by Wendy Lewison (Little Simon, 2009)

What's in My Garden? A Book of Colors by Cheryl Christian (Star Bright Books, 2013)

附录 2
有关花园动植物的参考书目

The Complete Idiot's Guide to Composting: Turn Your Organic Wastematerial into Black Gold by Chris McLaughlin (Alpha Books, 2010)

Composting for Dummies by Cathy Cromell and The National Gardening Association (Wiley Publishing, 2010)

Garden Insects of North America: The Ultimate Guide to Backyard Bugs by Whitney Cranshaw (Princeton University Press, 2004)

Good Bug Bad Bug: Who's Who, What They Do, and How to Manage Them Organically (All You Need to Know about the Insects in Your Garden) by Jessica Walliser (St. Lynn's Press, 2008)

Organic Gardening for Dummies, second edition by Ann Whitman，Suzanne DeJohn and the National Gardening Association (Wiley Publishing, 2009)

Snail Trails and Tadpole Tales by Richard Cohen and Betty Phillips Tunick (Redleaf Press, 1993)

What's Wrong with my Vegetable Garden? 100% Organic Solutions for All Your Vegetables, from Artichokes to Zucchini by David Deardorff and Kathryn Wadsworth (Timber Press, 2011)

Worms Eat My Garbage: How to Set Up and Maintain a Worm Composting System, second edition by Mary Appelhof (Flower Press, 1997)

附录 3
书中植物的名称

中文名	英文名	中文名	英文名
龙舌兰	agave	小白菜	bok choy
芦荟	aloe	笑靥花	bridal wreath
朱顶红	amaryllis	西兰花	broccoli
大花曼陀罗	angel's trumpet	毛茛	buttercup
落新妇	astilbe	醉鱼草	butterfly bush
杜鹃花	azalea	柳叶马利筋	butterfly weed
长辣椒	banana pepper	卷心菜	cabbage
伏牛花	barberry	花椰菜	cauliflower
罗勒	basil	美人蕉	canna
菜豆	bean	胡萝卜	carrot
香蜂花	bee balm	蓖麻子	castor bean
颠茄	belladonna	甘菊	chamomile
狗牙根	bermuda grass	蓝鼠尾草	chaparral sage
黑莓	blackberry	酸浆	Chinese lantern
天人菊	blanketflower	薄荷	chocolate mint
荷包牡丹	bleeding heart	巧克力花	chocolate plant
蓝莓	blueberry	鸡冠花	cockscomb
蓝鼠尾草	blue salvia	耧斗菜	columbine

（续表）

中文名	英文名	中文名	英文名
金鸡菊	coreopsis	凤仙花	impatiens
玉米	corn	蓝靛	indigo
波斯菊	cosmos	鸢尾	iris
番红花	crocus	甜椒	jalapeño pepper
黄瓜	cucumber	长寿花	jonquil
水仙花	daffodil	羊耳朵	lamb's ears
大丽花	dahlia	蜜蜂花	lemon balm
沙漠万寿菊	desert marigold	柠檬薄荷	lemon mint
雪叶莲	dusty miller	莴苣	lettuce
茄子	eggplant	紫丁香	lilac
常春藤	English ivy	莱姆薄荷	lime mint
蕨	ferns	万寿菊	marigold
毛地黄	foxglove	香瓜	melon
大蒜	garlic	草原松果菊	Mexican hat
天竺葵	geranium	金钱花	money plant
银杏	ginkgo	菊花	mum
西葫芦	gourd	旱金莲	nasturtium
葫芦	gourd, birdhouse	油莎草	nutsedge
小盼草	grasses that rustle	洋葱	onion
四季豆	green beans	牛至	oregano
青椒	green pepper	三色堇	pansy
长生花	hens and chicks	水仙	paperwhite narcissus
蜀葵	hollyhock	殴芹	parsley
玉簪	hosta	石竹	pinks
风信子	hyacinth	爆裂玉米	popcorn

（续表）

中文名	英文名	中文名	英文名
马铃薯	potato	南瓜	squash
黄色南瓜	pumpkin	星辰花	statice
紫松果菊	purple coneflower	草莓	strawberry
野胡萝卜	Queen Anne's lace	麦秆菊	strawflower
萝卜	radish	香雪球	sweet alyssum
红鼠尾草	red salvia	艾菊	tansy
玫瑰	rose	百里香	thyme
鼠尾草	sage	番茄	tomato
景天	sedum	郁金香	tulip
灌木月季	shrub rose	紫罗兰	violets
金鱼草	snapdragon	百日草	zinnia
菠菜	spinach		

附录 4
有毒植物

中文名	英文名	有毒部分	症状
秋水仙	autumn crocus	所有部位，尤其是圆球形的鳞茎	口腔有灼烧感、呕吐、恶心、严重腹泻
杜鹃花	azaleas	所有部位，尤其是叶子和花	恶心、呕吐、抑郁、呼吸困难、低血压、抽搐，严重时可致人死亡
苦甜藤	bittersweet	叶子、根和浆果	呕吐、恶心、腹痛、腹泻、嗜睡、震颤，可能导致呼吸困难
刺槐	black locust	树皮、叶子和种子	口腔灼痛、腹痛、恶心、呕吐、严重腹泻
荷包牡丹	bleeding heart	叶子和根	量大可能会导致中毒
花叶芋	caladium	所有部位	口腔、舌头、喉咙和嘴唇的强烈灼烧和刺激感，嘴唇和舌头肿胀，可能会导致窒息
马蹄莲	calla lily	所有部位，尤其是叶子和根	嘴唇和嘴巴有强烈的灼烧感
蓖麻子	castor bean	种子，咀嚼时有毒（有毒物质：蓖麻毒素）	口腔有烧灼感、腹痛、恶心、呕吐、严重腹泻、肾衰竭，可能致命
圣诞玫瑰	Christmas rose	所有部位	胃、肠和皮肤刺激

（续表）

中文名	英文名	有毒部分	症状
虎刺梅	crown-of-thorns	所有部位	口腔、舌头、喉咙和嘴唇的强烈灼烧感和刺激，嘴唇和舌头肿胀，皮肤和眼睛刺激
水仙花	daffodil	球茎	胃痛、呕吐、腹痛、腹泻
瑞香花	daphne	所有部位，特别是浆果、树皮和叶子（有毒物质：瑞香苷）	口腔和咽喉有灼烧感、腹痛、呕吐、腹泻、肾损害，可能致命
花叶万年青	dieffenbachia, dumbcane	所有部位	口腔、舌头、喉咙和嘴唇的强烈灼烧感和刺激，嘴唇和舌头肿胀，可能会导致窒息
接骨木莓	elderberry	茎、根和未成熟或生的浆果（成熟的浆果可食用）	恶心、呕吐、腹泻
象耳芋	elephant ears	叶子	口腔、舌头、喉咙和嘴唇的强烈灼烧感和刺激，嘴唇和舌头肿胀，可能会导致窒息
常春藤	English ivy	所有部位，尤其是浆果和叶子	流口水过多、恶心、呕吐、口渴、严重腹泻、腹痛，可能导致呼吸困难
毛地黄	foxglove	所有部位，尤其是叶子、种子和花	胃痛、恶心、呕吐、腹痛、腹泻、口腔刺激，可能会产生心律不齐，还可能致命
金链花	golden chain	所有部位，尤其是树皮、叶子和种子	腹痛、恶心、呕吐、头痛、头晕、皮肤和口腔刺激、抽搐，可能致命
风信子	hyacinth	所有部位，尤其是球茎	呕吐、腹痛、腹泻，可能致命
冬青	holly	浆果	恶心、呕吐、腹痛、腹泻
鸢尾	iris	叶子和根	胃痛、恶心、呕吐、腹痛、腹泻、口腔有灼烧感

（续表）

中文名	英文名	有毒部分	症状
三叶天南星	jack-in-the-pulpit	所有部位，特别是叶子	口腔、舌头、喉咙和嘴唇的强烈灼烧感，嘴唇和舌头肿胀，可能影响说话、吞咽或呼吸
日本紫杉	Japanese yew	叶子和种子	腹痛、呕吐，严重者肌肉无力，心脏和呼吸紊乱
茉莉	jasmine	浆果	引发消化和神经系统病状，可能致命
冬珊瑚	Jerusalem cherry	所有部位，特别是叶子和果实（不成熟的果实）	恶心、呕吐、腹痛、腹泻、瞳孔扩大、嗜睡
马缨丹	lantana	所有部位，特别是绿色浆果	胃部不适、呕吐、腹泻、身体虚弱、视觉障碍
飞燕草	larkspur	植物种子	胃痛、紧张、易怒、抑郁
铃兰	lily of the valley	所有部位，特别是根、叶子、花和果实	胃痛、恶心、呕吐、腹痛、腹泻，可能导致心律不齐
足叶草	mayapple	根、叶、茎和绿色果实	腹痛、呕吐、腹泻、脉搏紊乱
槲寄生	mistletoe	叶、茎和浆果	呕吐、腹泻、瞳孔放大、神志不清、呼吸困难
舟形乌头	monkshood	所有部位，尤其是根和叶子	喉咙充血、流口水增多、虚弱、恶心、呕吐、有刺痛感、出冷汗、系统性中毒
蝙蝠葛	moonseed	成熟的果实	抽搐、系统性中毒，可能致命
牵牛花	morning glory	所有部位，尤其是种子	幻觉、系统性中毒
虎眼万年青	star-of-Bethlehem	花和球茎	胃痛、呕吐、腹痛、腹泻
甜豌豆	sweet pea	种子	大量摄入会引起系统性中毒

（续表）

中文名	英文名	有毒部分	症状
番茄	tomato	叶子、藤蔓和芽	头痛、腹痛、呕吐、腹泻，抑制呼吸系统
美国藤	Virginia creeper, American ivy	浆果和叶子（有毒物质：草酸）	恶心、呕吐、腹痛、腹泻、头痛
紫藤	wisteria	豆荚和种子	腹痛、恶心、呕吐、腹泻
常绿钩吻	yellow jessamine, Carolina jessamine	所有部位	心脏骤停、视力障碍、头晕、头痛、口干，可能致命
马缨丹（黄鼠尾草、红鼠尾草）	yellow sage, red sage	叶子和不成熟的果实（绿色浆果）	胃痛、呕吐、腹痛、腹泻、嗜睡、瞳孔扩张、意识不清、呼吸困难、乏力，可能致命

参考文献

ADA (Americans with Disabilities Act). 1998. "ADA Accessibility Guidelines for Buildings and Facilities: Building Elements Designed for Children's Use." *Federal Register* 63 (8): 2059–91.

Asthma and Allergy Foundation of America. 2014. "Allergy Facts and Figures." Accessed January 23.

Bergroth, Eija, Sami Remes, Juha Pekkhanen, Timo Kauppila, Gisela Büchele, and Leea Keski-Nisula. 2012. "Respiratory Tract Illnesses During the First Year of Life: Effect of Dog and Cat Contacts." *Pediatrics* 130 (2): 1–10.

Bredekamp, Sue, and Teresa Rosegrant, eds. 1992. *Appropriate Curriculum and Assessment for Young Children.* Vol. 1 of *Reaching Potentials.* Washington, DC: National Association for the Education of Young Children.

Cadwell, Louise Boyd. 1997. *Bringing Reggio Emilia Home: An Innovative Approach to Early Childhood Education.* New York: Teachers College Press.

Centers for Disease Control and Prevention. 2010. "Increasing Prevalence of Parent-Reported Attention-Deficit/Hyperactivity Disorder among Children—United States, 2003 and 2007." *Morbidity and Morality Weekly Report* 59 (44): 1439–43.

———. 2014. "Obesity and Extreme Obesity Rates Decline among Low-Income Preschool Children." Last modified January 7.

Cleveland Botanical Garden. 2014. "Elizabeth and Nona Evans Restorative

Garden." Accessed January 23.

Cornell, Joseph. 1998. *Sharing Nature with Children: The Classic Parents' and Teachers' Nature Awareness Guidebook.* 2nd ed. Nevada City, CA: Dawn Publications.

Curtis, Deb, and Margie Carter. 2011. *Reflecting Children's Lives: A Handbook for Planning Your Child-Centered Curriculum.* 2nd ed. St. Paul, MN: Redleaf Press.

Gonzalez-Mena, Janet. 2007. "What to Do for a Fussy Baby: A Problem-Solving Approach." *Young Children* 62 (5): 20–24.

Harlan, Jean D., and Mary S. Rivkin. 2012. *Science Experiences for the Early Childhood Years: An Integrated Affective Approach.* 10th ed. Boston: Pearson.

Helm, Judy Harris, and Lilian G. Katz. 2011. *Young Investigators: The Project Approach in the Early Years.* 2nd ed. New York: Teachers College Press; Washington, DC: National Association for the Education of Young Children.

Holt, Bess-Gene. 1989. *Science with Young Children.* Rev. ed. Washington, DC: National Association for the Education of Young Children.

Isenberg, Joan Packer, and Mary Renck Jalongo. 2010. *Creative Thinking and Arts-Based Learning: Preschool through Fourth Grade.* 5th ed. Upper Saddle River, NJ: Merrill.

Jones, Elizabeth, and John Nimmo. 1994. *Emergent Curriculum.* Washington, DC: National Association for the Education of Young Children.

Kalich, Karrie, Dottie Bauer, and Deirdre McPartlin. 2009. *Early Sprouts: Cultivating Healthy Food Choices in Young Children.* St. Paul, MN: Redleaf Press.

Katz, Lilian G. 1984. "Fostering Communicative Competence in Young Children." No. ED251228. Urbana, IL: ERIC Clearinghouse on Elementary and Early Childhood Education.

———. 1994. "The Project Approach." No. ED368509. Urbana IL: ERIC Clearinghouse on Elementary and Early Childhood Education.

———. 2009. "Lilian Katz: Reflections: Asking Children Questions." *Inside Gateways*, Winter, 4–5, Bloomington, IL: Gateways to Opportunity.

Katz, Lilian G., and Sylvia C. Chard. 1989. *Engaging Children's Minds: The Project Approach*. Norwood, NJ: Ablex Publishing Corporation.

Lewis, Marie C., Charlotte F. Inman, Dilip Patel, Bettina Schmidt, Imke Mulder, Bevis Miller, Bhupinder P. Gill et al. 2012. "Direct Experimental Evidence That Early-Life Farm Environment Influences Regulation of Immune Responses." *Pediatric Allergy and Immunology* 23 (3): 265–69.

Louv, Richard. 2005. *Last Child in the Woods: Saving Our Children from Nature-Deficit Disorder*. Chapel Hill, NC: Algonquin Books.

——— 2011. *The Nature Principle: Reconnecting with Life in a Virtual Age*. Chapel Hill, NC: Algonquin Books.

Millet, Patrick. 2009. "Integrating Horticulture into the Vocational Rehabilitation Process of Individuals with Fatigue, Chronic Fatigue, and Burnout: A Theoretical Model." *Journal of Therapeutic Horticulture* XIX:10–22.

National Research Council. 1996. *National Science Education Standards*. Washington DC: National Academy Press.

Oliver, Jamie. 2010. "Teach Every Child about Food." TED Talk.

Rideout, Victoria J., Elizabeth A. Vandewater, and Ellen A. Wartella. 2003. *Zero to Six: Electronic Media in the Lives of Infants, Toddlers and Preschoolers*. Henry J. Kaiser Family Foundation.

Ruebush, Mary. 2009. *Why Dirt Is Good: 5 Ways to Make Germs Your Friends*. New York: Kaplan Publishing.

Sobel, David. 1996. *Beyond Ecophobia: Reclaiming the Heart in Nature Education*. Great Barrington, MA: The Orion Society.

Taylor, Andrea Faber, and Frances E. (Ming) Kuo. 2011. "Could Exposure to Everyday Green Spaces Help Treat ADHD? Evidence from Children's Play Settings." *Health and Well-Being* 3 (3): 281–303.

UCLA Food and Drug Allergy Care Center. 2014. "Why Are Allergies Increasing?" Accessed January 23.

United States Geological Survey. 2012. "The Big Squeeze: Pythons and Mammals in Everglades National Park."

Warden, Claire. 2006. *Talking and Thinking Floorbooks: Using "Big Book Planners" to Consult Children.* Auchterarder, Perthshire, Scotland: Mindstretchers.

Wells, Nancy M., and Gary W. Evans. 2003. "Nearby Nature: A Buffer of Life Stress among Rural Children." *Environment and Behavior* 35 (3): 311–30.

图片清单

梅莉萨·希姆斯泰特（Melissa Himstedt）：第 7、9、116、117（上）、126 和 165 页图片

莫妮卡·莱南（Monica Lehnen）：第 14 和 15 页图片

戴安娜·布彻（Dyana Butcher）：第 22 页图片

珍妮弗·瓦卓斯基（Jennifer Wachowski）：第 24、73 和 76 页图片

克丽丝特尔·克朗普（Crystal Klomp）：第 43、77 和 93 页图片

玛丽萨·阿格斯（Marissa Argus）：第 50 页图片

玛丽安·托克维奇（Maryann Tonkovich）：第 55 页图片

卡桑德拉·马顿（Cassandra Mattoon）：第 63 页图片

克丽斯蒂·德拉鲁克（Kristi Draluck）：第 80 和 97 页图片

玛蒂·戈特利布（Marty Gottlieb）：第 94 页图片

克里斯蒂娜·基维尔（Christine Kiewra）：第 140 和 141 页图片

塔米·戴维斯（Tammy Davis）：第 148 和 232 页图片

凯特·德罗尔夫（Kate DeRolf）：第 155、168 和 224 页图片

霍莉·艾尼根伯格（Hollie Eenigenburg）：第 179 和 249 页图片

巴布·梅拉兹（Barb Meraz）：第 194、197 和 198 页图片

（其他图片由本书作者提供）